조선시대 방각본 출판 연구

한국 현대 출판의 뿌리를 찾아서

부길만 지음

서울출판미디어

국립중앙도서관 출판시도서목록(CIP)

조선시대 방각본 출판 연구: 한국 현대 출판의 뿌리를 찾아서 /
부길만 지음. -- 서울 : 서울출판미디어, 2003
  p. ;   cm. --

ISBN   89-7308-126-8 93020

012.90911-KDC4
070.509519-DDC21   CIP2003001321

책 머리에

이 책은 방각본을 중심으로 조선시대 출판을 연구한 것이다. 방각본이란 민간에서 판매 목적으로 간행한 출판물을 말한다. 현대 사회에서 출판이란 당연히 상업출판이 중심이지만, 조선조 사회에서 출판은 대개 정부 주도로 이루어졌다. 따라서, 출판문화사 연구도 정부 간행물 중심으로 진행되어왔으며, 개화기 이전 민간 출판에 대한 관심은 아직도 미미한 실정이다. 그러나 민간의 상업 출판이라야 현대적 출판이라고 할 수 있기 때문에, 방각본 출판 연구는 바로 한국 현대 출판의 뿌리를 찾는 작업이라고 할 수 있다.

이 책은 출판문화사 연구가 매우 부족한 상황에서 개화기 이전의 민간 출판을 다룬 필자의 박사학위논문 「조선시대 방각본 출판의 특성에 관한 연구」를 수정 보완하고 체재를 바꾸어 펴낸 것이다.

책은 모두 8장으로 구성되어 있다.

제1장은 서론으로서 이 책의 주제를 설명한다. 제2장은 방각본의 개념, 기원, 등장 여건 등을 논의하고, 제3장에서는 연구의 전제로서 조선시대 방각본 출판을 세 시기로 구분하였음을 밝힌다.

제4장과 제5장에서는 방각본의 내용적 특성을 시기별·지역별로 나

누어 고찰한다. 여기에서 백과사전, 농사 기술, 서식이나 서간문 작성법, 의술, 병법, 의례 등을 다룬 실용서, 도의 교본이나 천자문 익히기 같은 아동용 학습서, 유학 관련 도서, 오락적인 재미를 추구하는 소설 등 다양한 분야의 방각본 80여 종에 대해 검토한다.

제6장에서는 방각본과 관판본의 차이점을 조명한다. 우선, 비교대상으로서의 관판본의 범위를 『조선왕조실록』에 간행 기록이 있는 서적 50여 종으로 확정한 다음, 발간목적, 출판물 유형, 보급·유통으로 갈라서 비교한다. 제7장은 방각본 출판이 당시 사회상황과 어떤 관계가 있는지 살핀다. 구체적으로 인구 변동, 농업생산력의 증대, 상품화폐경제의 발달, 신분제의 변화 등을 핵심 요인으로 삼아, 유럽의 출판 발전도 간략하게 비교하며 검토한다.

마지막 장은 이상의 연구에서 얻어낸 나름의 메시지를 담고 있다. 핵심적인 것은 한국인들의 서적에 대한 존중과 애호이다. 바로 여기에서 민족의 문화적 자부심이 형성되어왔음을 인식하게 되었다. 그리고 한국의 출판문화적 전통은 실용성을 바탕으로 한다는 점을 확인하였다.

이제, 조선시대 출판에 관한 이해는 특정 연구자의 전유물이 아니라 전국민적 교양으로 확산되어야 한다고 생각한다. 그것은 바로 우리 정신문화의 자랑스런 원천의 하나를 확인하는 일이기 때문이다. 이 책의 출간 의의도 이런 점에서 찾아볼 수 있다고 말하고 싶다.

이런 맥락 속에서 조선시대 출판에 대한 연구가 방각본에서 그칠 것이 아니라, 사찰판본, 서원판본 등으로도 확장되어야 한다고 본다. 특히, 서원판본 출판에 관한 연구는 한국 교육의 문제를 푸는 작업과도 연결될 수 있을 것으로 생각되지만, 후일의 과제로 미루기로 한다.

끝으로, 필자에게 따뜻한 가르침과 격려를 해주신 정대철 교수님을 비롯한 여러 교수님들께 감사를 드린다. 또한, 이 책의 발간을 맡아준 서울출판미디어 여러분께도 감사의 마음을 전한다.

2003년 9월
부길만

차례

제1장 서론

　방각본이란 민간인이 판매 목적으로 간행한 책을 말한다. 즉 중앙
관서나 지방관서에서 간행한 책을 말하는 관판본(官板本), 사찰에서
주로 포교 목적으로 간행한 사찰판본(寺刹板本), 서원에서 간행한 서원
판본(書院板本), 개인이 자비로 간행하여 대가를 받지 않고 펴낸 책인
사가판본(私家板本) 등과 구별되는 개념이다.

　1950년대까지는 일반인은 물론이고 관련 학자들까지도 방각본에
대하여 전혀 주의를 기울이지 않았다. 그러나 1960년대 이후 우리 것
과 서민문화에 대한 관심이 높아지면서 비로소 방각본에 대한 연구가
일어나 현재까지 이어지고 있는데, 주로 문헌정보학 전공자들이 서지
학적으로 접근한 연구가 대부분이다. 그 결과 방각본에 대한 서지학
적 정리는 상당한 정도의 성과를 거두었다고 본다. 이제는 방각본의
자료 확인에서 더 나아가 방각본 출판의 의의를 사회사적으로 연구해
야 할 필요가 있다고 생각한다.

　지식과 정보가 사회 발전의 기반이 되고 있는 현대 사회에서 출판
의 중요성은 새삼 거론할 필요가 없을 것이다. 한국은 오래 전부터
출판의 중요성을 인식하고 정부 차원에서 직접 활자를 주조하고 서적

을 발행하는 데 큰 힘을 기울였다. 오늘도 우리는 스스로 인쇄출판문
화에 앞선 나라로 자부하고 있다. 즉 한국은 금속활자를 독일의 구텐
베르크보다 200년 앞서서 발명하고 사용했다는 주장을 되풀이하고
있는 것이다. 물론 이것이 역사적 사실임은 외국에서도 인정하고 있
지만, 정작 한국의 근대적인 출판문화는 우리보다 늦은 서구의 인쇄
술을 받아들인 일본을 거쳐서야 비로소 시작된 것 또한 엄연한 역사
적 사실이다.

　독일을 비롯한 유럽은 인쇄술이 시작된 15세기 중엽부터 곧바로
민간인 중심의 상업적 출판을 활성화시켜 독자 수와 출판량이 급속도
로 늘어나면서, 인쇄 기술의 발달을 가져왔다. 한국의 경우는 15세기
초엽부터 정부 주도로 다량의 금속활자를 주조하고 서적 간행에 힘을
기울였지만,[1] 민간 중심의 상업출판은 활성화되지 못하는 속에서 인
쇄술과 출판업의 발달이 늦어진 것이다. 특히, 임진왜란을 겪은 이후
에는 정부의 서적 간행 여건도 심하게 악화되어, 금속활자가 아니라
목활자나 목판 또는 필사에 의하여 서적을 만들게 되었다.[2]

　여기에서 우리는 상업적 출판으로서 방각본 출판에 주목하게 된다.
방각본 출판의 시작은 조선조 중기(16세기 후반)로서 개화기의 근대적
인 활판인쇄술이 등장하기 이전에 해당되는데, 목판인쇄로 책을 만들

---

1) 정부에서는 서사(書肆)를 설치해야 한다는 주장도 여러 번 제기되었다. 이를 가장
　강력히 주장했던 어득강(魚得江)은 서적을 공급하는 곳은 교서관뿐이니 서사를
　설치하여 누구나 책을 구입할 수 있도록 하자고 제안했다(『조선왕조실록』, 중종
　17년 3월). 그러나 그 당시 곧바로 서사가 설치 운영되었다는 기록은 나오지 않고
　있다.

2) 16세기 말엽에 일어난 임진왜란 당시 일본군은 활자와 서적은 물론이고 인쇄기술
　자까지 보이는 대로 약탈하고 잡아갔다. 악화된 간행 여건은 18세기 초반(영조대)
　까지 계속되어, 왕이 참여하는 경연(經筵)에서 사용할 책을 인쇄할 비용이 없어
　필사하게 하였다는 기록이 『조선왕조실록』에 나올 정도였다.

어 판매한 것이다.

목판인쇄는 목판, 활판, 전자출판으로 이어지는 인쇄술의 발달사에서 최초의 단계에 속한다. 또한 팽(Irving Fang)이 주장하는 매스커뮤니케이션 역사를 관통하는 6단계의 정보혁명에 적용시킨다면, 제1단계의 필사혁명(Writing Revolution) 다음에 오는 제2단계 인쇄혁명(Printing Revolution)에 속할 것이다(Irving Fang, 1997: xvii~xviii).[3] 사실상 목판인쇄물은 인쇄술이나 매스미디어 발달사에서 낮은 단계의 산물에 속하겠지만, 그것의 연구는 필수적이다. 왜냐하면, 현 단계와 미래의 출판에 대한 평가와 전망을 가능케 해주기 때문이다.

또한 이 책에서는 사회적 변화와 수요의 진전에 따라 기술의 발달은 뒤따르는 것이라는 인식에서, 정보기술의 발달 단계로서가 아니라, 사회적 변화의 과정 속에서 방각본의 출판에 중점을 두고자 한다. 즉 상업적 출판물로서 빈약한 경제 상황 속에서도 나름대로 문화 발전과 독자들의 욕구를 채워주는 데 중요한 역할을 했고 개화기 이후 현대적인 출판으로 발달하는 데 역사적 기반이 되어준 방각본 출판에 주목하고자 하는 것이다. 이러한 방각본 출판에 관한 연구는 현대 한국 출판의 뿌리를 파악하는 작업이 될 것이며, 한국 출판문화사 연구에 기여할 수 있을 것으로 생각한다.

이러한 인식을 바탕으로 이 책에서는 다음의 두 가지에 주안점을

---

3) Irving Fang(1997)은 정보혁명의 6단계를 서구적인 관점에서 필사 혁명, 종이의 수입과 구텐베르크의 인쇄기 발명이 결합되어 나온 인쇄혁명, 전신의 발명으로 시작된 매스미디어혁명, 녹음기, 카메라, 동영상 등의 기술과 함께 저렴해진 대중소설이 등장하는 오락혁명, 각종 정보기술의 발달을 통해 정보와 오락이 가정 안으로 들어선 정보혁명, 그리고 현재 진행중인 정보고속도로로 보고 있다. 필자는 목판인쇄의 발명도 제2단계에 속하는 것으로 파악한다. 동양에서의 목판인쇄는 서구의 활판인쇄와 마찬가지로 커다란 사회적 개인적 변화들을 일으켰기 때문이다.

두고자 한다. 첫째는 조선시대 방각본의 내용적 특성을 시기별 지역별로 살펴보는 것이고, 둘째는 방각본 출판을 관판본 출판과 비교하는 것이다. 이를 바탕으로 조선시대 방각본 출판의 특성을 당시 사회 상황과의 관계 속에서 밝혀보고자 한다.

기존 연구의 검토

먼저 조선시대의 출판에 관한 연구와 방각본에 대한 연구로 나눈 다음, 논문 발표순으로 검토하고자 한다.

우선, 조선시대의 출판을 주제로 다룬 연구를 살펴보면, 서지학적 측면에서 접근하는 것이 대부분이었다. 정형우(1982)는 조선시대 서적정책을 전기와 후기로 나누어 연구했다. 조선 전기는 주로 세종조에서 성종조에 이르는 시기를 대상으로 삼았는데, 장서제도(藏書制度)의 정비를 검토하고 서적 수집과 보존을 위한 여러 시책을 살펴보았다. 조선 후기는 영조와 정조조의 문예진흥 시기를 중심으로 삼았는데, 영조의 인재등용정책과 서적편찬 사업, 정조의 문풍진흥책과 서적정책 등을 다루었다. 또한 조선시대 편사사업(編史事業)을 『국조보감(國朝寶鑑)』의 편찬 경위를 예로 들어 탐구했으며, 서사(書肆)제도의 설립 문제를 검토하였다. 이러한 작업은 조선시대 서적정책에 대한 최초의 본격적인 연구로서 의의를 지닌다고 할 수 있다.

특정 시기의 출판에 대한 연구로서 강순애(1983)는 조선조 영조 때 관에서 편찬·간행한 서적들을 고찰했는데, 우선 서적들을 주제별과 활자별로 갈라서 분석한 다음, 그 자료적 성격을 밝혀냈다. 주제별 분석은 경사자집(經史子集)으로 나누었는데, 사부(史部)가 가장 큰 비중을

차지하는 것으로 나타났다. 또한, 자료적 성격으로는 첫째, 숭유우문
정책(崇儒右文政策), 둘째, 군사 방위, 셋째, 정법제도(政法制度), 넷째,
탕평책, 다섯째, 균역법과 중농정책, 여섯째, 사역(司譯), 일곱째, 문물
제도를 다룬 점 등을 제시하였다. 이 연구는 영조 당시 관찬·관인 도
서를 서지학적으로 정리하고, 그 특성을 밝혀냄으로써 조선 후기 출
판문화사 연구에 기여하였다고 생각된다.

　역시 특정 시기에 대한 연구로서 윤정옥(1985)은 조선 후기 순조와
헌종 재위기간(1800~1849)에 나온 각종 관찬·관인 서적을 종합적으
로 조사·분석하고, 당시 전적문화의 특성을 밝혔다. 우선, 관찬 도서
를 편찬 목적에 따라 유학, 선조(先祖)의 현양(顯揚), 모훈(謨訓), 외교,
관제(官制), 문장(文章) 등에 관한 서적으로 나누어 검토하였다. 그리고
당시 선사(繕寫)된 서적, 목판인쇄 및 활자인쇄로 간행된 서적 등으로
나누어 각 서적의 발행종수와 전체적인 경향을 살펴보았다. 이러한
모든 서적들을 경사자집의 주제별로 나누어 분석하였는데, 사부(史部)
의 비중이 가장 컸고, 집부(集部)에서는 정조의 문집인『홍재전서(弘齋
全書)』의 간행이 의미 있는 작업이라고 밝혔다. 당시는 평민층의 지식
에 대한 욕구가 증대하였던 시기이기 때문에, 관찬·관인서적뿐만 아
니라 사찬(私撰)·사간(私刊)서적까지 아울러 분석해야 당시 전적문화
의 전반적 면모를 파악할 수 있을 것이라고 결론에서 제언하였다.

　강순애(1989)는 정조에 의하여 세워진 규장각의 도서 편찬·간인 및
유통을 연구하였다. 이를 위해 편찬·간인 제도의 규정을 살핀 다음,
규장각에서 편찬·간인한 도서를 어제서(御製書), 어정서(御定書), 일반
서 등으로 나누어 정조조부터 고종조까지 검토하였다. 또한, 편찬도
서의 간행 방법을 활자본, 활자번각본(活字飜刻本), 목판본, 필사본 등

으로 나누어 고찰하였다. 그 다음, 간인된 도서의 유통을 밝히기 위하
여 반사(頒賜)제도를 살핀 다음, 서적 반사의 범위와 양상을 활자본,
활자번각본, 목판본 등으로 나누어 검토하였다. 이 논문은 규장각을
중심으로 한 서적 출판과 유통을 집중 조명함으로써, 조선 후기의 출
판뿐만 아니라 학술 문화 전반의 발전에 기여한 규장각의 역할을 총
체적으로 밝혀주었다는 점에서 연구의 의의가 있다고 생각한다.

조선 전기의 출판에 관한 연구로서 세종조의 시기를 대상으로 삼은
김윤식(1992)은 우선, 세종 이전 조선 개국 초기의 도서 편찬과 간행
사업을 검토하고, 세종조 도서 편찬 및 간행사업의 정치·사회적 및
학술·문화적 배경을 살폈다. 그리고 세종의 학문 활동과 세종조의 도
서 수집을 고찰한 다음, 집현전, 춘추관, 언문청(諺文廳) 등의 도서편찬
기관과 그 활동상황 및 편찬도서의 내용 분석, 나아가 관판본뿐만 아
니라 왕실판본, 사찰판본, 사가판본 등의 간행 활동까지 검토하였다.
결론에서 연구자는 세종의 우문정책(右文政策)을 통해 이루어진 도서
편찬과 간행사업이 당대 문화를 크게 흥륭(興隆)시켰을 뿐만 아니라
후대의 문화창달에 크게 기여하였는데, 이 점은 세종이 도서를 소중
히 여겨 그것을 경세지구(經世之具)로 잘 이용하였다는 점과 무관하지
않다고 주장하였다. 다만, 세종이 사가판본에 대해서는 관판 인쇄와
달리 별다른 육성책을 마련하지 않았다는 것이 아쉬운 점이라고 중요
한 지적을 한 바 있다.

조선 후기의 서적문화를 다룬 신양선(1994)은 정부의 서적정책을
17세기부터 각 세기별로 연구하였다. 17세기는 임진난, 병자난 등으
로 인한 폐해를 복구하려는 노력이 서적문화에서도 그대로 반영된
'복구기'로 보았고, 18세기는 국제적으로 동아시아 지역의 안정, 국내

적으로 규장각의 활용이 문화 전반의 발전과 더불어 서적 문화를 진전시킨 '발전기'로 보았다. 반면에, 19세기는 국내외적으로 극도에 달한 정국의 혼란기로서 서적문화도 '위축기'로 보았다. 이러한 3세기에 걸친 연구의 결론에서 "서적 편찬은 정부의 총체적 합의에 의한 진행보다는 군주 개인의 주도하에 집행되었고, 근대 의식이 성장함에 따라 활성화된 것이 아니라 통치체제를 강화하는 수단으로 정비되었다"고 주장하였다. 이것은 조선 후기 관찬도서의 특성을 잘 나타내주는 지적이라 할 수 있다.

이상의 연구들은 모두 정부 주도의 서적 간행사업 또는 정부의 출판정책에 중심을 둔 연구라고 할 수 있다. 즉 조선시대 출판을 연구하면서도 민간인에 의한 출판 또는 상업출판에 대한 연구는 아직 이루어지지 않았음을 알 수 있다.

다음, 방각본에 대한 연구를 검토해보면, 무엇보다 방각본 소설에 대한 연구가 큰 비중을 차지하고 있음을 알게 된다.

일찍이, 김동욱(1960)은 한글소설 방각본을 찾아내어 경판본(京板本) 40여 종과 안성판(安城板) 9종, 완판본(完板本) 17종을 간략하게 소개하였다. 이것은 소설에 국한된 것이기는 하지만, 방각본에 대한 최초의 연구로서 의의를 지닌다고 할 수 있다.

안춘근(1968)은 방각본의 기원을 고찰하고 비소설 방각본 목록을 보여준 다음, 방각본의 판원(板元)을 소개하였다. 짧은 연구이지만, 비소설 방각본을 제시하였다는 데에 의의가 있다고 할 수 있다.

김동욱(1970)은 방각본의 기원과 한글 소설 방각본의 성립, 방각본의 간기(刊記)와 판종(板種) 등에 대하여 연구하였다. 여기에서 그는 서민문화의 유산으로 방각본의 중요성을 강조하고 그 정리작업의 시급

함을 역설하였다.

방각본에 대한 본격적인 연구는 완판 방각소설에 대한 유탁일(1980)의 논문에서부터 시작된다고 볼 수 있다. 이 논문은 완판 방각본 간행의 출판문화적 및 사회경제적 배경과 판소리계 소설 간행의 민속문화적 배경을 고찰한 다음, 완판 방각소설의 실태를 조사하였다. 또한, 완판 방각소설에 대한 문헌학적 분석을 통하여 간행연대를 구명(究明)하고, 계보설정과 함께 문헌의 전화(轉化) 양상을 밝혔는데, 분석의 주요 대상으로 삼은 소설은 『조웅전』『심청전』『유충열전』『춘향전』『화용도』『소대성전』『초한지』『홍길동전』『장풍운전』 등이다.

특정 지역의 방각본에 대한 연구로서 권희승(1981)은 소설뿐만 아니라 방각본 전반에 관하여 호남지방의 판각사정(板刻事情)을 검토하고 방각본의 내용분석을 간략하게 시도하였다. 내용은 전체적으로 소략하지만, 방각본 전체로 연구의 시야를 넓힌 데에 의의가 있다고 할 수 있다.

앞서 유탁일의 완판 방각소설 연구에 이어 경판 방각소설을 주제로 삼은 이창헌(1994)은 현전하는 52종의 경판 방각소설을 대상으로 판본의 선후 관계를 검토하여 판본 변모의 일반적인 양상을 규명하였다. 여기에서 경제적 여건의 급격한 변화로 인하여 방각소설의 한 권 분량이 점점 줄어드는 현상을 밝혀내었다. 또한, 판본 변이의 원인을 작품 안에서보다 작품 바깥에서 찾는 것이 타당하다고 보았다. 즉, 생산자로서의 작가와 소비자로서의 독자 사이에서 이를 매개하는 역할을 담당한 방각업자들이 처한 사회경제적 배경과 관련하여 판본 변이의 이유를 설명하는 것이 타당하다고 주장하였다. 이는 상품으로서의 방각소설의 특성을 인식한 연구라고 할 수 있다.

방각본에 대한 미학적 접근을 시도한 연구도 나왔는바, 박현희 (1999)는 조선 후기 한글소설 방각본의 서풍(書風)을 조사·분석하였다. 우선, 조선 후기 사회 변동과 한글소설 방각본의 성행 상황을 살피고 완판본 소설에 대한 자료 분석을 한 다음, 완판 방각본 소설에 나타난 서체와 자형의 변화를 시대의 흐름에 따라 검토하였다. 이 연구에서 는 서체가 초기 판본에서는 모본(母本)인 필사본의 흘림체가 거의 그 대로 드러나지만, 시간이 흐름에 따라 가독성이 강조되어 통일미를 주는 정자체로 변형되었으며, 자형도 초기 흘려 쓴 세련된 필치에서 가독성이 높은 정자의 형태로 변화되어 갔음을 밝혀냈는데, 이것은 독자를 의식한 방각본의 속성에 따른 흐름을 파악한 것으로 생각된다.

조선시대의 방각본 전체를 서지학적으로 종합정리한 이혜경(1999) 은 방각본을 간행지역, 간행연도, 주제별로 분석해냈다. 간행지역으로 는 서울의 경판본, 전주의 완판본, 태인판본, 달성판본, 안성판본, 금 성판본 등으로 분류하여 조사했는데, 서울이 가장 큰 비중을 차지했 고, 그 다음이 전주, 3위는 태인과 달성으로 나왔다. 방각본의 주제별 분석은 경사자집의 4부 항목으로 구분하여 살펴보았는데, 경부(經部) 가 35종, 사부(史部)가 4종, 유가(儒家)·병가(兵家)·농가(農家)·의가(醫家) ·술수·유서(類書)·종교류 등이 들어 있는 자부(子部)가 26종, 집부(集 部)가 63종으로 나타나, 집부가 가장 많고 사부가 가장 적었다. 이것 은 앞에서 살펴본 관찬 도서에서 사부가 가장 큰 비중을 차지하는 것 과 대조되었다. 또한 간기미상(刊記未詳)의 서적까지 포함하여 현재까 지 학계에서 확인된 128종의 방각본 서지사항을 작성하고 방각본 종 합서목(綜合書目)으로 제시하여 후속 연구에 도움을 주었다.

방각본의 형태에 관심을 둔 이민희(2000)는 경판 방각소설의 형태

물리적 특성을 완판 방각소설과 비교하여 조사·분석하였다. 그 결과, 경판본은 내용면에서나 분량면에서 많은 축약이 가해졌으며, 전체적으로 단순하게 판식을 구성함으로써 조밀도를 높이고 있다는 사실을 밝혀냈는데, 이러한 사실은 경제적 이유에서 나온 것으로 보았다. 즉, 경판본의 상업출판물로서의 성격이 완판본에 비해서 강했다는 점을 의미한다고 주장한 것이다. 전술한 바 있는 연구논문들과 맥이 통하는 연구라 할 수 있다.

이상의 연구들을 살펴보면, 조선시대의 출판 연구에서도 민간인에 의한 상업출판으로서의 방각본 출판에 대한 부문은 빠져 있고, 방각본 자체에 대한 연구도 아직은 서지학적 차원이거나 국문학계에서의 소설 연구에 국한되고 있음을 확인하게 된다. 말하자면 전체적인 방각본의 출판현상에 주목하여 그 특성을 관판본과 비교하며 당시 사회 상황과의 관계 속에서 밝히려고 시도한 연구는 없다고 할 수 있다.

연구 문제

기존 연구에 대한 검토에서 밝혔듯이 방각본에 대한 현재까지의 연구는 서지학이나 국문학적 연구에 국한되고 있는 실정이다. 그러나 역사 속에 나타난 방각본에 대한 올바른 이해를 위해서는 방각본을 독립적인 실체로서보다는 역사적인 출판행위의 산물로서 연구할 필요가 있다고 생각한다. 역사적으로 보면, 출판은 처음에는 복제의 기능에 치중했으나, 복제의 기술이 발달하고 문맹자가 줄어, 서적 수요량이 늘어감에 따라, 저작자와 독자의 공명(共鳴)을 위한 커뮤니케이션 기능이 증대되었다(민병덕, 1969: 10). 나아가 차배근은 서적출판이

란 출판사가 매개체가 되어 저작자와 독자 사이에 서적을 통하여 이
루어지는 모든 커뮤니케이션 행위 또는 그 현상이라고 파악한다(차배
근, 1987: 135).

이와 같은 인식을 전제로 하여 크게 세 가지 연구문제로 정리해보
았다.

첫째, 조선시대 방각본의 내용적 특성은 무엇인가?
► 조선시대 방각본의 내용은 시기별로 어떤 차이가 있는가?
► 조선시대 방각본의 내용은 지역별로 어떤 특성이 있는가?
둘째, 조선시대 출판에서 방각본과 관판본은 어떤 차이가 있는가?
► 발간 목적의 차이는 무엇인가?
► 출판물 유형에서 어떤 차이가 있는가?
► 보급·유통은 어떤 차이를 보이는가?
셋째, 조선시대 방각본 출판은 당시 사회상황과 어떤 관계가 있는가?
► 인구 변동과 방각본 출판은 어떤 관계가 있는가?
► 농업생산력의 증대와 방각본 출판은 어떤 관계가 있는가?
► 상품화폐경제의 발달과 방각본 출판은 어떤 관계가 있는가?
► 신분제의 변화와 방각본 출판은 어떤 관계가 있는가?

첫째, 방각본의 내용적 특성을 시기별 지역별로 나누는 것은 방각
본의 단순한 내용 검토보다는 그 내용의 변화를 하나의 커뮤니케이션
현상으로 파악하여 시기별로 지역별로 차이점을 밝혀보기 위함이다.

방각본의 내용적 특성은 주제 분류에 따라 여러 각도로 나올 수
있기에 주제 분류가 제1차적 분석 대상이다. 그 다음 단계의 내용적

특성에서는 일반 서적의 경우 발간취지가 가장 중요한 분석 대상이
되고, 소설의 경우 시대적 배경과 줄거리가 가장 중요한 분석 대상이
된다.

우선 전반적인 내용의 검토는 시기별 내용 분석에서 확인한다. 따
라서, 지역별 검토에서는 당시 각 지역의 특징을 『조선왕조실록』의
자료를 통하여 밝혀내고 그 지역에서 출간된 방각본의 내용적 특성을
찾아내는 데에 중점을 둔다.

두번째 연구문제인 관판본 출판과 방각본 출판의 차이를 밝히기 위
하여 첫째 발간 목적, 둘째 출판물 유형, 셋째 보급·유통으로 나누어
살펴본다. '발간 목적'을 살피는 것은 커뮤니케이터로서의 출판 발행
주체가 "왜 이러한 메시지를 만들었나" 하는 것을 밝히고자 함이다.
이러한 것을 관판본과 비교하여 그 공통점과 차이점을 살펴봄으로써,
방각본 출판의 커뮤니케이션적 특성을 알 수 있을 것으로 생각한다.

'출판물 유형에서의 차이'란 방각본과 관판본을 주제와 발간 취지
에 따라 분류하여 그 공통점과 차이점을 찾아보려는 것이다. 물론 이
것은 '발간 목적에서의 차이'와도 연계를 지니는 것인데, 주제 분류와
함께 검토하여 관판본과의 차이를 보다 선명하게 확인하고자 하는 것
이다.

'보급·유통'이란 용어는 관판본과 방각본의 차이에서 나온다. 즉
보급이란 관판본의 경우인데, 서적의 판매 행위가 중심이 아니라 정
부의 필요에 따라 관이나 일반인에게 배포한 행위가 중심이 되는 것
을 의미한다. 반면에 유통이란 방각본의 경우인데, 서적이 하나의 상
품으로서 소비자에게 판매되어 퍼져나간 것을 의미한다. 앞에서 설명
했듯이, 출판행위를 저작자와 독자 사이에 서적을 통하여 이루어지는

커뮤니케이션 행위라고 볼 때, '보급·유통'은 바로 이러한 커뮤니케
이션을 가능케 하는 핵심적인 사항이므로 연구문제로 삼았다.

관판본의 경우는 『조선왕조실록』을 근거로 발간 목적과 출판물 유
형, 배포 상황 등을 확인해 나가면 관판본이 수행한 역할이 밝혀질
것으로 생각한다.

방각본의 경우, 발간 목적과 유형은 방각본의 내용 분석에서 가능
할 것이다. 또한 보급·유통의 차이는 관판본과 방각본의 보급 방식의
차이, 사용 언어의 변화 및 이에 따른 독자층의 변화에 대한 해석을
통하여 확인할 수 있을 것으로 생각한다. 이것을 방각본의 시기별 내
용 변화와 함께 살펴보면서 방각본의 커뮤니케이션적 특성을 확인할
수 있을 것으로 생각한다. 또한 『조선왕조실록』에 방각본과 같은 내
용의 서적이 관판본으로 발간된 상황도 함께 살펴, 방각본 출판이 수
행한 역할을 확인하고자 한다.

마지막으로, 출판을 사회상황과의 관계 속에서 파악하고자 한다.
이것은 출판행위가 단순한 서적의 제작 행위가 아니라, 사회의 중요
한 구성원에 해당되는 독자들과의 공감을 중요시하는 사회적인 커뮤
니케이션 행위이기 때문에, 필수적인 작업이다. 여기에서 당시 사회
상황이란 조선시대 사회상황을 말하는데, 사회상황의 내용에 대한 이
론적 근거는 기존의 조선시대 사회경제사 연구에서 찾았다. 또한 조
선시대 커뮤니케이션의 발달에서 중요시되어야 할 사항들을 동시에
고려하였다. 그 결과 사회상황의 핵심적인 사항으로 첫째, 인구변동,
둘째, 농업생산력, 셋째, 상품화폐경제의 발달, 넷째, 신분제의 변화
등 네 가지를 담았다. 이에 따라 방각본 출판과 사회상황과의 관계에
대한 연구문제도 네 가지로 정리하였다.

인구 변동은 인구의 증가, 농촌 인구의 도시로의 이동, 신분별 인구 변화 등을 내용으로 한다. 이것은 커뮤니케이션의 발달과도 밀접한 관계를 갖는 사항이므로 연구문제로 삼았다. 조선시대에는 전국의 행정기관이 3년마다 정기적으로 조사하여 국왕에게 보고한 호구 통계가 있다. 이것을 토대로 인구 변동을 파악하고 방각본 출판과의 관계를 살핀다.

조선시대 생산의 핵심적인 기초는 농업이었기 때문에, 농업생산력은 당시의 사회경제적 변화를 파악하기 위한 기본 자료가 된다. 이러한 사회경제적 변화는 커뮤니케이션의 발달과도 밀접한 관계가 있을 것이므로 농업생산력의 문제는 중요하게 살필 필요가 있다고 생각한다. 조선 후기 농업생산력의 증대는 농사 기술의 발달과 농업 경영의 변화 등을 통하여 이루어진다. 그것과 방각본 출판과의 관계를 검토한다.

민간 상업의 발달, 화폐의 유통, 시장경제 등을 검토하고 당시 방각본 출판과 어떤 관계가 있는지 살핀다. 상업 출판에서는 판매 유통 행위가 중요시되기 때문에 출판과 관련된 사항으로 상품화폐경제의 발달 사항은 핵심 사항의 하나라고 생각한다. 출판행위가 확장되는 기초는 상업 행위에서 나오기 때문에 상품화폐경제의 발달은 방각본 출판의 특성을 확인하는 데에도 중요한 연관이 있을 것이기 때문에 연구문제로 삼았다.

신분제의 변화란 양반층의 분화 및 증가, 중인신분의 성장, 전통적인 신분구조의 해체 등을 중심 내용으로 하고 있는데, 조선 후기의 사회적 상황에서 중요한 것으로 파악된다. 이러한 변화는 커뮤니케이션 전반의 발전과도 커다란 연관이 있을 것이고, 또한 독서인구의 확대에도 영향을 끼쳤을 것으로 생각한다. 이러한 인식을 토대로 신분제의 변화와 방각본 출판의 관계를 살핀다.

연구 방법

이 연구는 문헌조사 방법을 취한다. 우선, <표 2>～<표 4>에서 제시한 80종에 달하는 조선시대 방각본을 해설서와 원본을 참조하여 살펴나간다. 일반 도서의 경우 저자와 발간취지를 확인하고 내용을 분석한다. 또한 소설의 경우는 대부분의 경우 작자가 미상이므로 작품의 배경과 줄거리를 확인하고 내용을 분석한다. 이러한 내용 분석은 출판물의 내용을 당시의 역사적 상황과의 관련성 속에서 알아보기 위한 것이므로 양적 분석이 아니라 질적 분석 방법을 사용한다.

또한 조선시대 연구의 제1차 사료에 해당되는 『조선왕조실록』을 검토하는데, 그것은 주로 방각본과 관판본의 차이 및 당시의 사회상황을 파악하기 위한 것이다. 그리고 조선시대 및 방각본에 관련된 기존의 연구를 수렴하고 조선 후기 출판상황을 알 수 있는 인접 분야의 문헌을 조사한다.

이러한 연구에서 전제로 삼고자 하는 것은 사회사적 관점이다. 사회사적 연구는 역사를 "사회의 전체성 속에서 파악"하여 "사회 전체의 특질을 부상"시키는 작업이다(최완기, 2000: 54～55). 이 연구에서도 출판 현상을 사회상황과의 관련성 속에서 살펴보고 방각본 출판의 전개과정에서 나타나는 특성을 찾아내고자 한다.

제2장 방각본에 관한 이론적 논의

방각본의 개념과 유형

방각본이란 민간인이 영리를 목적으로 판각(板刻)하여 출판한 서적을 말하는데, 그 형태는 오늘날의 양장본과 달리 한국 전통의 저지(楮紙)를 사용하여 오침안정법(五針眼訂法)으로 꿰맨 선장본(線裝本)인 것이 그 특징이다(권희승, 1981: 1).

방각본(坊刻本)에서 '방(坊)'이란 '동네' 또는 '읍리(邑里)'라는 뜻 이외에 저자(市) 즉 상고(商賈) 무역(貿易)하는 곳이라는 뜻이 있는데, 여기서는 뒤의 뜻으로 쓰여진 것이다.

방각본(坊刻本)이란 용어는 본래 중국에서 나온 것으로서 방(坊)의 의미를 역사적으로 살펴보면, 중국 오대(五代, 907~960년)의 '서사(書肆)', 북송(北宋)시대(960~1127년)의 '서림(書林)·서당(書堂)', 남송(南宋)시대(1127~1276년)의 '서붕(書棚)·서포(書鋪)'를 이르는 것부터 근대의 '서점·서국(書局)' 등을 모두 포함하고 있는데, 일반적으로 '서방'(書坊, 상업적인 서점)에서 출판된 서적을 방각본이라고 부르게 된 것이다(陳國慶, 1985: 64). 책을 인쇄하여 파는 곳에 대한 용어로는 서포(書

鋪) 외에도 방사(坊肆), 서방(書坊), 서사(書肆) 등이 있으며, 이곳에서 간행된 판본은 '방각본'이라는 용어 외에 방본(坊本), 방간본(坊刊本), 서방본(書坊本), 서사본(書肆本), 사본(肆本) 등으로 그 명칭이 다양했다(천혜봉, 1995: 184).

방각본은 전술했듯이, 관판본, 사찰판본, 서원판본, 사가판본 등과 구별되는 개념이다.4) 관판본은 관판, 관간본(官刊本), 관본 등으로도 불리는데, 간인의 방법에 의해 목판본과 활자본으로 구분할 수 있다. 활자인쇄는 인출 부수에 제한을 받았기 때문에, 수요가 많거나 간단없이 요구되는 책은 목판본의 공급이 아울러 이루어졌다. 사찰판본은 사찰이 공양 또는 포교를 위해 간행하거나, 신도들이 공덕 또는 명복을 빌기 위해 시주하여 간행한 책들이며, 주로 불교 경전과 고승의 저술 그리고 불교신앙 및 의식에 필요한 것이 차지하고 있다. 후대에 일반인들의 시문집 등이 간행되기도 하였지만, 부분적인 것에 지나지 않았다. 서원판본은 조선시대의 사학(私學)인 서원에서 간인한 책을 말한다. 서원은 필요한 책을 중앙관서나 지방관서에서 받기도 했지만, 자체적으로 간행하기도 했다. 그러나 경제적인 여유가 별로 없었기 때문에, 간행작업이 활발하게 이루어지지는 않았다. 사가판본은 개인이 자비로 간인하여 대가를 받지 않고 펴낸 책을 일컫는데, 조선시대에는 시문집, 전기, 족보류가 주류를 이루고 있다.

한편, 방각본은 내용상에서 몇 가지 유형으로 나누어 설명할 수 있다. 첫째, 일반상식이나 역사지식 등을 담은 백과사전이나 농사 지침서, 서간문 작성법 서적, 병법서 같은 실용서가 큰 비중을 차지한다.

---

4) 각 판본의 구별은 천혜봉(1995)에 의거하여 설명하였는데, 왕실에서 간인한 불서(佛書)인 '국왕 및 왕실판본'은 생략하였음.

둘째, 도의 교본이나 아동용 학습서가 중요한 비중을 차지한다. 여기
에는 천자문 같은 한자 학습서에서부터 역사 서술이나 수신과 교양을
위한 서적에 이르기까지 다양하게 나타난다. 셋째, 유교적 교양을 위
한 유교 경전이나 그 해설서들이 많은 비중을 차지한다. 넷째, 소설처
럼 오락을 목적으로 한 도서들이 또한 많다. 이 방각본 소설은 19세기
후반 이후 활발하게 등장했다.

방각본의 기원

중국에서는 당대(唐代)에 목판인쇄술이 발명된 이래로 송대(宋代)에
이미 방각본이 성행하였고, 이후 요(遼), 금(金), 원(元), 명(明), 청(淸)에
걸쳐 면면히 각지에서 성행하다가 청나라 말기 근대식 인쇄술이 일어
난 후에 서적업이 상해(上海)로 모이고 각성(各省)의 방사·각서(刻書)는
쇠퇴하고 말았다5)(김동욱, 1970: 98).
한국에서는 상업적인 출판 행위, 즉 방각본의 간행시기에 대해서는
명확하게 규명된 바가 없다. 그러나 여러 학자들이 다양하게 의견을
제시한 바 있다.
일찍이 1960년 방각본 연구를 시작한 김동욱(1970)은 임진왜란 이
후인 17세기에 방각본이 전라도에서 발생하여 서울로 전해진 것으로
추정한다.
김치우(1973)는 방각본의 역사를 중국과 비교하여 추정한다. 즉 여
말선초(麗末鮮初)에 송(宋)·원판(元板)의 복각판이 조선에 들어와서 서
적의 간행과 배포를 수행했던 교서관에서 서적이 판매된 것은 중국의

---

5) 중국은 우리의 고려 초엽(初葉) 시기에 방각본이 성행하였던 셈이다.

영향에 기인한 것이며, 그로 인해서 서사(書肆)가 설립되어 한국에서 방각본이 시작되었다고 보고 있다. 그러나 이 서사의 설립 자체가 의문시된다. 설령 있었다 하더라도 관 주도의 출판 기관이었으므로, 일반 민간의 서사는 될 수 없고, 따라서 방각본의 기원설에도 문제가 있다고 생각한다.

안춘근(1967)은 방각본의 시작을 처음 서사의 설립 논의가 있었던 1519년(중종 14)으로 추정하고 있다. 이는 서사의 설립과 방각본의 시작을 동일하게 보는 견해로서 가능성은 있지만, 당시 서사의 설립이 논의에 그친 것으로 보아 아직 인정받지 못하고 있다.

천혜봉(1995)은 1576년(선조 9)에 간행된 『고사촬요(攷事撮要)』를 방각본의 기원으로 보고 있다. 이 주장은 『고사촬요』 마지막 장에 기입된 "1576년 7월 서울의 수표교 아래 북변2제리의 수문 입구에 있는 하한수 집에서 목판으로 새겼으니 살 사람은 찾아 오라(萬曆四年七月 日水標橋下北邊二第里門入河漢水家刻板買者尋來)"고 새긴 간기(刊記)를 근거로 추정하고 있다. 즉 실물에 의한 주장이다.

이와 같이 방각본의 기원에 대해 다양한 견해가 제시되어 있지만, 가장 일반적으로 천혜봉의 주장인 1576년을 받아들이고 있다. 앞으로 새로운 방각본 원본이 발견될 경우 1576년의 기원설이 수정될 테지만6), 현재로서는 천혜봉의 견해에 따라 논의를 전개하고자 한다.

---

6) 1554년(명종 9) 발간된 『고사촬요』 권하(卷下)에 나오는 "서책시준(書冊市准)" 항목에는 서명(書名)과 함께 서적의 가격에 해당하는 쌀[米]과 면포(綿布)의 양이 적혀 있는 것으로 보아, 1576년 이전에 방각본이 등장했을 가능성은 충분하다. 다만, 현재까지 실물이 보이지 않고 있다.

방각본 등장의 여건

방각본 등장의 전제적 여건에 대하여 권희승(1981)은 다음과 같이
설명하였다.7)

첫째, 중앙의 서적인쇄 및 보급정책에 힘입은 지방 관서의 인쇄술
이 발달하여 그 지역의 민간인까지 판각인쇄술을 경험한 데 기인한다
고 볼 수 있다. 조선조의 서적보급정책은 중앙에 주자소를 두고 각종
활자를 다양하게 만들어 책을 찍어서 중앙의 문사에게 내사하여 줌은
물론 일부를 지방의 각 관서에 보내어 그것을 저본(底本)으로 다시 복
각 또는 중각(重刻)하게 하여 그 지방에 널리 펴내는 인쇄보급정책을
썼다. 이러한 인쇄보급정책은 지방관서의 인쇄술을 크게 발달시켰고
그것이 그 지역의 민간인에게까지 판각인쇄술을 오랜 기간에 걸쳐 체
험케 했던 것이다.

둘째, 관판의 공급이 주로 특정 문사에 한정되고 일반대중에 필요
한 서적의 공급이 제대로 이루어지지 않아 일반 대중과 서민의 책 수
요에 대한 요망이 매우 컸음을 들 수 있다. 과거시험에 필요한 교과서
인『성리대전』,『사서오경대전』같은 것조차 지방의 각 관서, 향교,
궁벽한 시골에는 한 권도 소장되어 있지 않아 향읍의 뜻 있는 선비가
책을 보고자 하더라도 얻어 볼 길이 없었다. 이와 같이 관판의 공급이
중앙관리와 지방의 선비에 있어서까지 매우 어려운 실정이었으니, 하
물며 지방의 일반 대중과 서민에게는 얼마나 어려웠을지 짐작할 수

---

7) 권희승은 관서에서의 서적 판매도 하나의 요건으로 보고 있으나, 그것은 주로 종
   이를 받고 책을 찍어준 것이고, 또한 드문 일이었기에 방각본 등장의 여건으로 보
   는 것은 적절치 않다고 생각하여 생략하였음.

있다. 이러한 저간의 사정이 마침내 민간인으로 하여금 일반대중과 서민들이 필요로 하는 서적을 판각하여 판매하는 일을 촉진케 하였던 것이다.

셋째, 전주, 안성 등 일부 지방에는 판각인쇄에 필요한 인적 및 물적 자원이 풍부하였던 점을 주요한 여건으로 들 수 있을 것이다. 앞에서도 제시하였듯이 지방관서의 인쇄술이 그 지방의 판각기술을 발달케 하여 지방의 각공을 많이 길러냈음이 그 첫번째의 여건이 될 것이다. 책판을 만들어내는 데 필요한 좋은 목재가 이를테면 방각본이 성행되었던 안성이라든가 전주 등지에서 다량 산출되어 그 비용이 매우 저렴한 것이 두번째의 여건이 되었을 것이다. 그리고 책을 찍어내는 데 필요한 종이의 생산이 용이하여 그 비용이 저렴한 것도 세번째 여건이 될 것이다. 특히 판각이 가장 성행하였던 전주 지방은 지금까지도 전통적인 제지로 유명함이 이를 뒷받침해준다.

이와 같은 여건 중에서 가장 크게 작용한 것은 둘째 항목, 즉 서적 구하기의 어려움이었을 것이다. 이것은 관판본과 같은 내용의 서적에 대한 수요 증대 때문도 있고, 동시에 관판본으로 출간되지 않은 도서에 대한 국민들의 요청 때문이기도 하다고 생각한다.

방각본의 의의

한국에서 관판이나 사찰판, 사가판 등에 비할 때, 방각본은 확실히 천시되었고, 따라서 옛날에는 그 어떤 서목(書目)에서도 이것을 채록(採錄)하지 않았다고 한다. 김동욱(1970)은 이 방각본을 제일 먼저 중요시하고 한국 서지에 수록한 것은 1890년대에 『한국서지(韓國書誌,

Bibliographie Coréenne)』를 펴낸 외국인 모리스 쿠랑이었다고 말한다. 구
한말에 외교관으로서 한국에 체류한 모리스 쿠랑(Maurice Courant,
1865~1935)은 『한국서지』에서 직접 수집한 방각본들을 분야별로 하
나하나 소개하고 있어 그 중요성을 벌써 인식했음을 알게 한다.[8] 쿠
랑을 제외하면 당시는 물론이고 일제시기와 해방을 거친 후인 1950
년대까지도 방각본은 천시되어 뜯어서 초배지로 사용될 정도였다고
한다. 그러나 1960년대 이후 방각본은 한국의 출판문화에서 중요한
자리를 차지할 뿐만 아니라 서민문화을 알리는 귀중한 자료로서 그
중요성을 인식하기 시작했다.

　방각본은 관판본의 수량에 한계가 있어 수혜로부터 제외된 문사와
아동들의 면학에 필수적인 교육도서를 비롯하여 일반 대중용의 참고
도서 및 여염 규수의 오락용 소설에 이르기까지 다양하게 간행되었으
므로 그 시대의 교육과 교양에 이바지한 공헌도는 매우 높게 평가되
고 있다(권희승, 1981: 1). 방각본 중에는 중앙관서나 지방관서에서 간
행하지 않은 서민문화 연구에 필요한 자료가 적지 않다.[9] 또한 신분

---

8) 예를 들면, 교육류(敎育類) 도서에는 『천자문』, 『유합(類合)』, 『동몽선습』 등이 있
　고, 간독류(簡牘類)에는 『간례휘찬(簡禮彙纂)』과 『간독정요(簡牘精要)』, 『언간독』
　등이 있고, 경서류(經書類)에서는 『주역언해』, 『서전언해』, 『시경언해』, 『대학언
　해』, 『중용언해』 등 언해본을 많이 다루고 있다. 성적류(聖蹟類)에서는 『공자가
　어』, 『공자통기』 등을, 전설류(傳說類)에서는 『구운몽』, 『당태종전』, 『진대방전』,
　『숙향전』, 『장풍운전』, 『소대성전』, 『숙영낭자전』 등 주로 소설을 다루고 있다.
　사서류(史書類)에서는 『통감절요』, 『사요취선』 등을 소개하고 있다. 책에 대한 안
　내가 일정하지 않아서, 책의 내용을 상세히 소개한 것도 있고, 서지사항 중 일부
　만 기록한 것도 많지만, 처음으로 방각본을 세계적으로 알려 주었다는 점에서 큰
　의의가 있다고 생각한다(Courant, 이희재 역, 1994).
9) 관에서 출간하지 않고 방각본으로만 나온 자료들은 후기로 오면 많아진다. 구체적
　으로 예를 들면, 『구운몽』 『유충열전』 『조웅전』 『삼설기』 『숙향전』 『남훈태평가』
　『퇴별가』 등 다양한 장르의 문학서, 『아희원람』과 같은 아동용 학습서, 『규합총
　서』와 같은 가정 살림살이 백과, 『방약합편』 『보유신편』 등의 의학서적, 『명성

사회인 조선조에 있어서 유일하게 대중문화를 자유롭게 전파 보급시
킨 점에서 일반 서민의 문화와 출판현상을 연구하는 데 있어서도 중
요한 구실을 한다(권희승, 1981: 2). 앞에서 밝힌 대로 방각본은 관 주
도가 아니라 민간인이 민간인을 대상으로 출판하고 판매했다는 점에
서 현대적인 출판의 기원을 밝히는 데에도 필수적인 연구로서 그 의
의가 크다고 할 수 있다.

경』, 『옥황보훈』 등의 도가서(道家書), 『유서필지(儒胥必知)』 『간독정요』 『언간
독』 등 서식이나 서간 작성법을 안내하는 서적 등이 있다.

제3장 조선시대 방각본 출판의 시기 구분

조선시대 방각본에 관한 연구는 현재까지 서지학적 연구와 국문학적 연구가 주를 이루었기 때문에, 조선시대 방각본 출판의 시기 구분을 체계적으로 시도한 연구는 거의 없는 실정이다. 다만, 최근 이혜경이 기존의 서지학적 연구를 종합하여 조선조의 방각본 전체를 총괄하면서 방각본의 간행연도별(刊行年度別) 분석을 할 때, '방각본의 특징을 고려하여' 다음의 3 시기로 구분한 바 있다(이혜경, 1999: 40∼51).

<제1기> 방각본의 출현기: 1576년(선조 9)부터 1686년(숙종 12)
<제2기> 방각본의 전성기: 1725년(영조 1)부터 1909년(순종 3)
<제3기> 방각본의 쇠퇴기: 1910년부터 1920년대

이 시기 구분에서는 제1기와 제2기 사이에 비어 있는 기간(1687∼1724)이 보이는데, 이것은 해당 연도의 간기(刊記)가 적힌 방각본이 보이지 않는 데에서 연유한다. 따라서 이러한 시기 구분은 방각본 출판의 시기 구분이라기보다는 간행연도에 따른 분석을 위해, 구분한 것으로 볼 수 있다. 그러나 방각본 출판의 시기 구분을 위한 기초 자료

<표 1> 방각본 간행의 시기 구분과 발행종수

구분	연도	시기	종수
제1기 출현기	1576~1686년	선조 초기 ~ 숙종 중기	8
제2기 전성기	1725~1909년	영조 초기 ~ 순종 말기	72
제3기 쇠퇴기	1910~1929년	일제시대	22

를 최초로 제공한 데에서 의의가 크다고 할 수 있다.

앞의 논문에서는 '방각본의 간행연도별 분석'을 <표 1>과 같이 제시한 바 있다.10) 이러한 시기 구분은 그 기준을 방각본의 간행 상황에 두고 있음을 알 수 있다. 그러나 여기에서 제시한 제3기는 이혜경(1999)이 밝히듯이, 방각본이 간행되어 유통된 하한 시기(1910년 한일합방 전후) 이후로서 자취를 감추는 시기이다. 즉 "1895년 갑오경장 이후부터 신식 납활자로 간행한 '신소설(新小說)'이 출현하여 방각본에 대한 수요가 쇠퇴"한 시기로서 방각본이 사라지는 시기로 보고 있다. 그러므로 <표 1>에서처럼 제3기에 22종의 방각본이 간행된 것으로 나와 있으나, 이 기간은 방각본 출판에서는 별다른 의미가 있다고 볼 수 없다. 따라서 이 책에서도 일제시대에 해당하는 제3기에 대한 검토는 생략한다.

조선시대 방각본 출판의 시기 구분을 위한 기준

조선시대 방각본 출판의 시기 구분을 위한 기준으로 앞에서 밝힌

---

10) <표 1>은 앞에서 언급한 논문(이혜경, 1999: 51)에서 제시된 표를 일부 변형하였음을 밝힌다. 즉, 표의 제목은 필자가 고친 것이며, 종수도 필자가 신간만을 중심으로 다시 계산한 수치임.

사회사적 관점을 적용할 때, 출판 현상과 사회적 변화와의 관련성을
함께 고려해야 할 것이다.

　여기에서 출판 현상이란 전반적인 방각본 간행 양상을 말함일 것이
다. 동시에 방각본의 내용에 대한 분석이 고려되어야 한다. 또한 어떤
종류의 방각본들이 어떤 독자층에 퍼져나갔는지에 대한 검토도 포함
되어야 한다. 이러한 출판현상이 당시 사회상황과 어떤 관계가 있는
지 확인해야 할 것이다.

조선시대 방각본 출판의 시기 구분

　조선시대 방각본 출판의 시기를 구분하는 데 있어 그 기준으로서
출판 현상과 사회상황과의 상호 관련성을 고려하되, 방각본의 내용에
중점을 두어 구분할 때, 다음과 같이 세 시기로 나눔이 적절하다고
생각한다.

　　<제1기> 실용성의 강조(1576년부터 1724년까지)
　　<제2기> 유교적 교양과 아동 학습의 강조(1725년부터 1842년까지)
　　<제3기> 오락 기능의 강화와 실용성의 확대(1843년부터 1910년까지)

　제1기는 방각본 출판이 시작된 기간으로 왕조로는 선조 초기부터
경종 재위기간을 의미한다. 이 기간은 임진왜란과 병자호란 등이 일
어나고 그 여파로 국가 경제가 극도로 위축된 시기이다. 전쟁 이후
조선조 초기의 엄격한 양반 관료 체제가 붕괴되었으며, 토지제도, 수
취제도, 병제 등의 기반이 문란해졌다. 17세기 후반 이후부터 도적이

횡행하고 아사자가 속출하고 민란이 발생하던 시기이다. 이러한 민란은 1720년대 이후 전국 각지로 퍼져나가 말 그대로 궁핍과 혼란의 사회상을 보여주는 시대이다.

그러나 의식적으로는 17세기 중반 이후부터 전통적 가치 규범에 대한 비판의식이 대두되고 영리 위주의 농업으로 부를 증대시킨 상업인들이 활약하기 시작하였다. 또한 16세기 후반기에 서양의 천주교가 유입되어 천주교 서적이 보급되기 시작하였으며 북경을 왕래한 조선의 사신들에 의해 서양 문물이 전파되었다.

이 시기 방각본의 출판은 1세기 반 동안 겨우 8종이 발견된 정도이다. 제1기에 출간된 방각본을 종류별로 살펴보면, <표 2>에서 보듯이, 정치, 외교, 일반상식을 담은 백과사전류가 가장 많았다. 역사서로 표시한 『사요취선』도 사실상 역사용 백과사전에 해당되므로 용도로는 같다고 할 수 있어, 백과사전으로 분류하여야 할 것이다. 그리고 초학자를 위한 도의 교본과 문장학 교과서도 들어 있다. 또한 기근 구제용 서적과 농학서가 눈길을 끈다. 이것은 당시 아사자가 속출하던 시대적 상황과 밀접한 관계가 있을 것이다. 민간의 궁핍한 상황을 출판을 통해서 극복하려 한 시도로 보인다. 결국 이 시기의 방각본 출판은 백과사전과 실용서가 중심이 되었다고 할 수 있다.

제2기는 방각본 출판이 활성화된 시기로서 왕조로는 영조 초기부터 헌종 전반기까지가 해당된다. 정치적으로 영조와 정조가 숭문정책을 펼치면서 문예 부흥을 시도하던 시기이다. 또한 실학사상의 영향으로 종래의 주자학 일변도 서적에서 기술서도 등장하기 시작하였다. 특히 양반 신분의 선비 또는 사대부의 규수, 중인, 서출, 서리(胥吏) 등이 독자층으로 부상하였다. 이 시기에는 방각본 출판도 활발히 일어나 29종의 방각본이 확인되었다(<표 3> 참조). 이 방각본들은 주로 유교 경전이나 그 해설서가 18종으로 제2기에 확인된 전체 방각본 중에서 60퍼센트가 넘을 정도로 많았다. 이러한 출판작업은 유교적 교양의 함양에 주력한 것으로 평가할 수 있다. 이것은 이 시기의 특징으로 규장각을 설치하고 정통 주자학의 입장에서 학문의 쇄신과 문예 부흥을 시도한 정조의 영향력이 가장 두드러지게 나타나, 정조 재위 기간은 물론 다음 왕조인 순조대(특히 1810년)에까지 이어진 것에 크게 기인한 것으로 보인다. 따라서 이 시기의 방각본에서도 유학서 중심의 출판이 활발했다고 생각된다. 이 시기 방각본은 유학서 외에는 아동용 학습서가 5종으로 강세를 보였고, 그 외에도 병법서, 의례서, 소설 등이 한 종씩 포함되어 있어 제1기보다는 더 다양해졌음을 알수 있다.

제3기는 방각본 출판에서 오락적 독서물이 강세를 보이던 시기로서, 왕조로는 헌종 후반기부터 순종 때까지이다. 이때는 정치적으로 19세기 초반부터 시작된 안동김씨의 세도정치가 정착되었지만, 1863년 고종의 등극과 함께 대원군의 정권 장악, 이후 민비세력의 등장, 임오군란의 발생 등 정치사회적 상황은 혼란기였고 열강의 세력이 한반도에서 각축하던 시기이다.

19세기 후반에는 쇄국주의에서 벗어나 문호가 개방되면서 서구 문물이 수입되었다. 농업 인구가 서울로 상경하면서 상품 및 화폐경제의 발달이 촉진되었다. 이런 상황에서 방각본도 상품으로서 본격적으로 유통되기 시작하였다. 출판물도 이제는 소설의 줄거리를 도식화하는 등 대중적 독자를 겨냥하여 나오기 시작하였다. 이 시기는 <표 4>에서 보듯이 43종의 방각본이 확인되었는데, 가장 많은 분야는 소설이다. 제2기에도 소설이 한 종 발견되기는 하였지만, 그것은 김만중이 자신의 모친을 위해 지었다는 『구운몽』에 그치고 있다. 말하자면 독자층의 형성과는 큰 관련이 없다고 볼 수 있다. 이에 비해 제3기에는 사대부 가문의 부녀자뿐만 아니라 평민에게까지 독자층이 확대되면서 다양한 내용의 소설들이 등장하였다. 이제까지 유교적 교양이나 학습 목적으로 출판되던 방각본이 오락을 목적으로 출판되기 시작한 것이다. 즉 방각본 소설의 등장이다. 이는 전쟁의 상처, 사회적 불안 극복 및 스트레스 해소용으로 광범위한 독자층으로 퍼져갔다. 또한 그동안 억눌리고 갇혀 있던 여성들의 의식이 분출되었는데, 구체적인 작품으로 『정수정전』, 『옥주호연』 등을 통해 여성들이 직접 장군이 되어 전쟁에서 승리를 쟁취하는 내용으로 표출되었다.

또한 일반인들이 사용하는 서간문이나 서식 작성법을 다룬 방각본들이 여러 종류가 나왔고, 의학서, 도가서, 백과사전류가 출간되는 등 서적의 종류가 다양해지기 시작했다. 이것은 일반인들이 자신들의 필요와 욕구를 만족시켜 줄 도서를 찾기 시작한 것으로 해석할 수 있다.

제4장 조선시대 방각본 내용의 시기별 특성

제1기: 실용성의 강조

제1기에 출간된 방각본의 내용을 살펴보면, 우선, 백과사전류의 서적이 많이 등장하고 있다. 백과사전은 조선조 사회에서 양반 지식인층이 필수적으로 구비해야 하는 서적이었다. 그것은 교양으로서뿐만 아니라 과거시험에서 답안을 작성하는 데 있어서 기초적으로 알아두어야 하는 사항들이었던 것이다. 둘째는 어문학 분야인데, 시 또는 명문장을 모아 놓은 서적들이었다. 모두 문장 능력을 길러주는 데 필요한 책들이라고 할 수 있다. 셋째는 실용 및 일반 교양을 목적으로 한 서적들인데, 특히 농사 기술을 전파하고 기근 구제를 위한 서적들이 발간된 것이 특기할 사항이다.

이상의 방각본들의 내용적 특성에 대하여, 개별 도서들을 당시의 상황과의 관련성 속에서 각 주제별로 첫째, 백과사전, 둘째, 어문학 도서, 셋째, 실용 및 교양 서적으로 나누어 하나씩 검토한 다음, 전반적인 특성을 살펴보기로 한다.

<표 2> 조선시대 방각본 내용 소개(제1기)

간행 연도	서명	편저자	판원	주제 분류	내용 소개
1576	攷事撮要	어숙권	京板	백과사전	왕조, 외교 및 일반 상식에 관한 일용 소백과사전. 卷上에는 大明紀年, 왕조의 忌辰, 誕日, 제인 접대사례, 6曹郎官所掌 등이 실려 있고, 卷下에는 服制肌式, 八道程途, 書冊市准 등 수록.
1648	史要聚選	權以生 엮음	完板	歷史書	중국 역사(상고시대~명)에서 발췌한 학습 교재. 내용면에서는 역대 王朝들의 秘蹟에 관한 것이 주이고 서술형식도 詩歌體를 형식으로 서술
1664	明心寶鑑抄	范立本 編	泰仁	儒學 敎養書	『명심보감』을 抄略한 한문 조학자의 도의교본
1676	古文眞寶大全	黃堅 편	泰仁	詩文選集	조학자를 위한 문장학 교재(시. 서당에서 古文 體法을 익히기 위하여 교재로 쓰던 詩文選集. 중국의 戰國時代부터 宋代까지의 詩文을 수록
1679	事文類聚抄	權以生 엮음	泰仁	소백과사전	자연현상, 관직, 불교 등에 관한 백과사전 및 유형 단편 모음
1680	大明律詩	미상	泰仁	문 학	明나라 詩人들의 七言律詩만을 가려 뽑은 책
1686	農家集成	申洬 엮음	泰仁	農學書	한국 풍토에 맞는 농사방식 제시. 한국 최고의 농업 서적인 農事直說과 朱熹의 勸農文, 강희맹이 만든 朴陽雜錄 및 四時纂要 모으 책
1686	新刊救荒撮要	申洬 엮음	泰仁	農學書	기근 구제용 서적. 1554년 간행된 『救荒撮要』 중 일해 부분을 수정한 것에다 김숙 저자 신속이 인해 편찬한 『救荒補遺方』을 합침. 구황촬요』는 왕명에 의하여 간행되었는데, 해마다 호남과 영남의 기근이 심하므로 왕이 使者를 보내 救濟의 방법을 강구하고, 한데으로드는 구황에 필요한 것을 정리 수록

자료: 현재까지 확인된 방각본을 서지학적으로 종합해놓은 이혜경의 논문(1999)에서 정리된 서적 중에서 조선시대(1576~1910년)에 해당되는 도서만을 연대순으로 정리한 다음, 필자가 별도로 '주제 분류'와 '내용 소개'를 작성하였음.

백과사전: 지식인의 필수 자료

『고사촬요(攷事撮要)』는 원래 승문원(承文院) 이문학관(吏文學官)을 역임한 학자 어숙권이 1554년(명종 9) 편찬한 백과사전이다. 『고사촬 요』는 1554년 이후에도 계속 발간되고 증보되었는데11), 이 책은 정부에서 활자본으로 간행한 것을 1576년(선조 9) 민간에서 방각본으로 복각한 것이다. 간행처는 하한수가(河漢水家)이다. 전술하였듯이, '하한수가'는 간행처를 하한수란 사람이 자신의 집으로 명기한 것인데, "책을 새겼으니 살 사람은 찾아 오라"고 간기에 적어 놓아 방각본임을 알게 해준다. 하한수에 대해서는 그의 집이 수표교 부근에 위치한다는 사실만 알려져 있을 뿐이고, 하한수가에서 간행한 다른 책들이 있는지도 알려져 있지 않다.

이 책은 서두에 명시되어 있듯이, 조선 사회에서 경대부(卿大夫)와 서리(胥吏)는 물론 보통 선비에 이르기까지 응당 알아두어야 했던 사대교린(事大交隣)을 위시한 일상생활에 필수 불가결한 일반 상식 등을 수록하고 있는 당시의 일용소백과전서(日用小百科全書)이다.

『고사촬요』는 중국의 『사림광기(事林廣記)』와 『거가필용사류전집 (居家必用事類全集)』같은 백과사전의 편찬 취지와 마찬가지로 조선의 『제왕역년기(帝王歷年紀)』와 『요집(要集)』을 근거로 하여 새로운 역사적 사실을 보완하고 그 당시 사정에 알맞은 조항을 첨가하여 편찬되었는데, 사대교린에 관한 것을 위주로 하고 기타 일용(日用)에 관한 것

---

11) 『고사촬요』는 당시 지식인들의 필수 서적이었기 때문에, 어숙권이 처음 편찬한 이후 1771년(영조 47) 서명응이 그 내용을 대폭 개정증보하여 『攷事新書』로 改題하기까지 12차에 걸쳐 간행되었다.

을 부수적으로 하였다.12)

구성은 권상(卷上), 권하(卷下)로 되어 있는데, 권상에는 대명기년(大明紀年), 왕조의 기신(忌辰), 탄일(誕日), 왜인 접대사례, 육조낭관소장(六曹郞官所掌) 등이 실려 있고, 권하에는 복제식(服制式), 반록(頒綠), 노비결송정한(奴婢決訟定限), 팔도정도(八道程途), 서책시준(書冊市准) 등이 실려 있다.

『조선왕조실록(朝鮮王朝實錄)』을 보면, 역대 왕조에서 『고사촬요』를 의례의 규준으로 삼거나 지난 고사를 확인하는 근거로 삼아 토론하는 대목들이 곳곳에서 나타난다[『조선왕조실록』(이하 『실록』으로 표시) 광해 3년 4월 21일, 10년 6월 27일; 인조 26년 8월 3일; 효종 2년 7월 1일, 6년 10월 4일; 숙종 7년 10월 12일, 13년 6월 19일, 40년 7월 22일 등]. 심지어 임진왜란 말엽 조선에 온 중국 사신은 『고사촬요』에 실린 내용을 근거로 하여 군사용 말을 요구하기도 하였으며(선조 31년 3월 15일), 일본인도 이 『고사촬요』를 『퇴계집(退溪集)』과 함께 구입하고자 하였으나 허락하지 않았다는 기사도 나온다(현종 5년 6월 3일). 이것을 보아, 『고사촬요』는 당시 조선에서뿐만 아니라 대외적으로도 널리 알려진 서적임을 알 수 있다.

『사문유취초(事文類聚抄)』는 『사문유취(事文類聚)』의 초략본인데, 간행처는 전이채박치유(田以采朴致維)으로 나와 있다. 간행처가 전이채와 박치유 두 사람의 공동 이름으로 명기된 것인데, 이 두 이름은 방각본 간행초기부터 민간 출판업자로서 여러 책의 간기에 나오고 있다. 현

---

12) 여기에서 사대교린에 관한 것을 위주로 한 것은 찬자(撰者)가 오랫동안 승문원(承文院)에 직(職)을 두고 있어 명(明)과 관계되는 일에 밝았기 때문인 것으로 생각된다(金致雨, 1972: 3).

재 알려진 바로는 전이채는 숙종조에 살았던 태인지방의 아전이고, 고려 때『고문진보』를 간행한 전녹생(田祿生)의 후손으로서, '전이채' 단독 또는 박치유와 공동으로 다수 방각본을 출판한 인물인데, 신분 상승을 꾀하는 계층의 문화적 욕구에 민감하여 그들의 요구에 부합한 서적을 출판한 사람이라는 평가가 있다(유탁일, 1989: 210~211). 전이채는 단독 명의로『고문진보대전』를 출간하였고, 박치유와 공동 명의로『사요취선』,『대명률시』,『농가집성』,『신간구황촬요』,『신간소왕사기』등을 간행하였다. 박치유는 간행처 표기에서 전이채 뒤에 따라서 나오는 사람인데, 전이채와 동업 출판업자임을 알려주는 간기 외에 다른 기록은 현재로서 없다.

『사문유취』는 방대한 저작물인데, 전집(前集) 60권(卷), 후집(後集) 50권(卷), 속집(續集) 28권(卷), 별집(別集) 32권(卷)은 송(宋)나라 축목(祝穆)이 편집하였고, 신집(新集) 36권(卷), 외집(外集) 36권(卷)은 원(元)나라 부대용(富大用)이, 또한 유집(遺集) 15권(卷)은 원나라 축연(祝淵)이 편찬한 것이다.『사문유취초』는 전이채(田以采)의 요청에 따라 권이생이『사요취선』의 자매편으로 초록하여 3권으로 만든 것임을『사요취선』의 서문이 알려준다.

『사문유취초』는 축목이 편집한『사문유취』의 체재(體裁)를 따라서 광범위하게 가려 뽑았지만, 초략자의 서문이나 발문이 없고 3장의 목록을 권두에 붙이고 모두 세 권으로 나누었다. 주요한 목차의 내용은 다음과 같다.

  권(卷)1 천도(天道), 천시(天時), 지도(地道), 인도(人道), 사진(仕進), 선불(仙佛), 민업(民業), 기예(技藝)

권(卷)2 인륜(人倫), 형체(形體), 곡채(穀菜), 임목(林木), 화초, 모충(毛蟲),
익충(翼蟲)
권(卷)3 거처, 식물(食物), 등화, 조복(朝服), 의투(衣套), 악기, 진보(珍寶),
기용(器用), 관직.

이 목차에서 보듯이, 이 책 안에는 하늘, 땅, 사람, 음식, 의복, 과거
(科擧) 및 관직, 불교(佛敎) 등 다양한 내용들이 실려 있다. 이러한 각
주제에 따라 정의(定義)를 내리고, 저자 및 명인(名人)들에 대한 설명이
주어진다. 그 다음, 주어진 주제에 대한 산문과 운문체의 유명한 작품
을 소개하고 있다. 따라서 이 책은 백과사전의 기능과 유명한 문학작
품의 단편 모음집의 역할을 동시에 하고 있다(Courant, 1994: 210). 이
와 같은 특징 때문에 이 책은 1679년 방각본으로 출간된 이래, 민간
에서 과거시험 공부용으로 널리 활용되었다.
『사문유취초』가 이처럼 민간에서 널리 퍼진 것과 함께, 그 원본에
해당되는『사문유취』역시 임금이 읽어 풍속을 변경하는 일에 참조한
사례가 있음을『조선왕조실록』의 기사가 보여줄 정도로 광범위하게
퍼진 책이었음을 짐작하게 한다. "(하교하기를) 신구(新舊) 경신일(庚申
日)과 과세(過歲)하는 밤에 진배(進排)하는 풍속은 그 유래를 알 길 없
었는데,『사문유취』를 지금 상고하여 보고서 내 나름대로 생각하기
를, 올바른 말을 듣고 올바른 일을 행하는 길은 늘상 마음을 바로잡고
몸을 수양하여야 되지, 경신일과 제석에 앉아서 밤을 지샌다 하여 무
슨 보탬이 있겠는가? 때문에 이날의 진배를 그만두라고 명한 것이다"
(영조 46년 10월 8일).
『사요취선(史要聚選)』은 중국 상고시대(上古時代)로부터 명(明)나라

에 이르기까지의 역사 가운데 요점이 되는 사실들을 가려 뽑은 책인
데, 안동의 권이생(權以生, 생몰연대 미상)이 엮은 것으로 나와 있다. 간
행처는 서계(西溪)이다. 서계는 지금의 전주시에 소재하고 있는데, 방
각본 중에서도 완판본 출판의 원류로 볼 수 있다.

『사요취선』의 「서문(序文)」에서 엮은이는 무성(武城) 현감이 등초(謄
草)한 『제사상록(諸史詳錄)』을 읽으니, 반고(盤古) 이하 국계(國系) 및 열
전(列傳) 사적(事蹟)이 빠진 것이 많고, 『역대회령(歷代會靈)』에도 와루
(訛漏)된 부분이 있으므로, 이것을 교정한 것이라고 밝히고 있다. 『역
대회령』은 당(唐)에서 처음으로 출간된 이후 각 왕조(王朝)를 내려오면
서 내용이 점차 증보된 것인데, 이 책도 이러한 『역대회령』의 내용을
더욱 증보한 것이다. 특히 전국시대(戰國時代)의 열국(列國)들에 대한
사실을 『열국지(列國志)』와 『국어(國語)』에서 보충하였고, 송대(宋代)의
사실은 『명신록(名臣錄)』에서 보충하였다고 그 서문에서 밝히고 있다.
이 책은 9권으로 구성되어 있는데, 각권의 주요한 목차의 내용은 다
음과 같다.

권1 제왕상(帝王上)
권2 제왕하(帝王下), 공족(公族), 부오월(附吳越)
권3 후비(后妃), 기첩(妓妾), 열녀(烈女)
권4 장수(將帥), 직신(直臣), 절의(節義)
권5 성현(聖賢)
권6 이단(異端), 문장(文章), 은일(隱逸)
권7 참위(僭僞), 찬역(簒逆), 간흉(奸凶), 현환(賢宦), 외척(外戚), 양리(良
　　吏), 혹리(酷吏), 변사(辯士), 명필(名筆), 부객(富客)
권8 열전상(列傳上)

권9 열전하(列傳下)

이상의 목차를 보더라도 『사요취선』은 중국 역사상 제왕을 비롯한 정치 행정의 지도자들뿐만 아니라 성현과 명문장가, 나아가 열녀, 갑부, 변사, 이단자에 이르기까지 각계의 역사적 인물들을 총망라한 역사 인물사전이라 할 수 있다. 이 책의 형식이나 체재는 일반 사서(史書)의 것과 다를 바 없으나, 내용 면에서는 일반 사서와는 특이한 점이 있음을 알 수 있다. 즉 일반 정사(正史)를 기록하고 있는 것이 아니라 역대 왕조(王朝)들의 비적(秘蹟)에 관한 것이 주류를 이루고 있다. 또한 서술형식도 일반 역사서술의 형식을 취하기보다는 시가체(詩歌體) 형식으로 서술하고 있다[『古漢籍解題(史部・集部 合刊)』 I, 1990: 32~33]. 책의 내용들은 당시 과거 공부를 하는 사람들에게 매우 유용한 자료로 활용되기 때문에 널리 퍼져나갔다. 즉 1648년 전주에서 처음 나온 이래, 1679년 태인에서 발간되었고, 1856년과 1859년에는 경성에서도 나왔다.

어문학 도서: 문장능력의 함양

『고문진보대전(古文眞寶大全)』은 중국 송나라 말기의 학자 황견(黃堅)이 편집한 시문선집(詩文選集)인데, 조선시대 서당에서 고문(古文)의 연변(演變)과 체법(體法)을 익히기 위한 교재로 쓰였다. 방각본의 간행처는 전이채(田以采)로 나와 있다. 이 책이 한국에 유입된 경위는 확실히 알려진 것이 없고, 다만, 고려시대의 문신(文臣) 전녹생(田祿生, 1318~1375)이 쓴 『야은일고(野隱逸稿)』에, 그가 중국에서 『고문진보(古文眞

寶)』를 사 가지고 와서 산증(刪增)을 가하여 처음으로 합포에서 간행하였다는 기록이 있는 것으로 보아 이미 14세기에 들어왔음을 알 수 있다(윤동원, 2000: 14). 그 뒤 1420년에 『선본대자제유전해(先本大字諸儒箋解)』라는 명칭으로 옥천에서 간행되었고 1452년 『상설고문진보대전』이란 명칭으로 간행되었는데, 그 뒤 복간을 거듭하여 이 대본이 널리 유포·사용되었다고 한다.

이 책에는 중국의 전국시대(戰國時代)부터 송대(宋代)까지에 걸치는 유명 시문(詩文)들이 전집(前集)·후집(後集)으로 나누어 수록되어 있다. 전집에는 권학문(勸學文), 오언고풍단편(五言古風短篇), 오언고풍장편(五言古風長篇), 칠언고풍단편(七言古風短篇), 칠언고풍장편(七言古風長篇), 가류(歌類), 음류(吟類), 사(辭) 등으로 목차가 짜여 있는데, 운문이 중심이다. 후집의 목차를 보면, 어부사(漁父辭), 추풍사(秋風辭), 귀거래사(歸去來辭) 등의 사(辭), 조굴원부(弔屈原賦), 아방궁부(阿房宮賦), 전적벽부(前赤壁賦), 후적벽부(後赤壁賦) 등의 부(賦), 모영전(毛穎傳), 박이전(泊夷傳), 독맹상군전(讀孟嘗君傳) 등의 전(傳), 악지론(樂志論), 붕당론(朋黨論) 등의 논(論), 그 외에도 잠언(箴言)이나 비(碑)·명(銘), 설(說) 등등 다양한 형식의 산문들로 채워져 있다.

이 책은 비록 중국인에 의하여 중국인의 글을 모은 것이라는 한계성으로 인해 비판적 견해가 없지는 않았으나 변려문을 억제하고 고문을 숭상하던 기조[13]에 편승하여 초학자들에게 널리 익힌 교재이며,

---

13) 여기에서 변려문은 4자 또는 6자의 대구(對句)를 많이 써서 읽는 사람에게 미감(美感)을 주는 화려한 문체이고, 고문은 중국 진한(秦漢) 이전의 실용적인 산문체를 말하는데, 중국 당나라의 문장가 한유·유종원은 내용이 공소하고 화려한 변려체 문장이 아니라, 유교적 정신을 바탕으로 간결하며 뜻의 전달을 지향하는 새로운 산문운동을 전개하였다(윤동원, 2000: 17 참조).

언해본(諺解本)·현토본(懸吐本) 등이 나올 정도로 폭넓게 수용되었음을 알 수 있다(윤동원, 2000: 17).

이 책은 방각본으로 간행되기 이전부터 매우 귀한 책으로 통용되었던 것으로 확인된다. 『실록』의 기록에 의하면, 왕도 직접 참조하였을 뿐만 아니라 반사하는 중요한 서책의 하나로 등장하였다(중종 23년 8월 17일; 중종 31년 3월 16일). 심지어 선조대에는 이진형이 임금에게 안평대군자 『고문진보』를 진상하였다 하여 관직을 제수받았는데, 이러한 사실을 알게 된 정언 이지완이 취소하라는 건의를 올리지만, 임금이 문제가 되지 않는다고 대답할 정도였다(선조 34년 3월 19일). 또한 관리였던 사정(司正) 이희원은 『고문진보』를 바치자, 선조는 숙마(熟馬) 한 필을 내리라고 명령하였다는 기록도 있다(선조 36년 12월 29일).

이와 같은 기록을 보면, 이 『고문진보』는 그야말로 희귀도서로서 매우 소중히 여겼음을 알 수 있다. 이러한 『고문진보』가 1676년 이후 방각본으로 출간되면서 많은 이들의 애독서로 자리를 잡았을 것으로 생각된다.

『대명률시(大明律詩)』는 중국 명(明)나라 시인(詩人)들의 칠언율시(七言律詩)만을 가려 뽑은 책인데, 간행처는 전이채박치유로 나와 있다. 가장 많이 수록된 시인들은 이반룡(李攀龍), 이몽양(李夢陽), 하경명(何景明) 등인데, 이는 명대(明代) 의고풍(擬古風)의 국내 유입양상을 보여준다고 한다(『규장각소장어문학자료』-문학편 해설II, 2001: 274).

이 책에는 서문이나 발문이 없고, 이 율시 편찬에 대한 기록도 지금까지 찾지 못하고 있다 한다. 조선시대에 우리나라에서는 두보(杜甫) 시 등의 당시(唐詩)가 많이 애독되고 서적으로 나왔지만, 명나라 시에 대해서는 그리 관심을 두지 않은 상황에서 17세기 후반 숙종대에 근 100명에 가까운 명나라 시인의 율시(律詩)를 모아 간행했다는 것은 관심이 가는 일이며 여기에 이 책의 시문학사적 의의가 있다(유탁일, 1981: 368).

당시(唐詩) 일변도의 상황에서 명나라의 시를 모아 간행할 수 있었던 까닭은 여러 측면에서 찾아볼 수 있겠으나, 이 책이 간행될 때가 명나라가 멸망한 지 20년 이후라는 점을 감안할 때, 대명절의(大明節義)를 부르짖던 시대의 산물이라고 해석할 수 있을 것이다(유탁일, 1981: 368).

실용 및 교양 서적: 기근 극복과 마음 밝히기

『농가집성(農家集成)』은 1655년 신속(申洬)이, 『농사직설(農事直說)』과 주희(朱熹)의 「권농문(勸農文)」, 세조 때 강희맹이 만든 『금양잡록(衿陽雜錄)』 및 『사시찬요(四時纂要)』 등을 모아 정리한 책이다. 이 여러 책들 중에서도 가장 중요한 자료는 세종의 명을 받아 편찬한 『농사직설』인데, 당시까지 한국 최고의 농업서적이었다. 신속은 15세기에 나온 『농사직설』의 효용성을 스스로 시험해보고, 충분히 인식하였지만, 『농사직설』은 17세기에 이미 구하기 어려운 책이 되어버렸다. 이러한 상황이 『농가집성』을 편찬한 주요한 계기였음을 『농가집성』의 발문(跋文)을 통해서 알 수 있다.

『농사직설』은 세종이 한국의 풍토가 중국과 다른 점이 있어 중국의 농서(農書)를 직접 한국에 그대로 실시할 수 없기 때문에, 각 도의 관찰사에게 명령하여 그 지방의 경험 많은 농부에게 방법을 묻고, 기록하여 보고케 하고 이를 차례로 정리하여 한 권으로 만든 것이다. 그러나『농가집성』은『농사직설』을 그대로 전재(轉載)만 한 것이 아니라 당시의 여러 속방(俗方)과 지역농서(地域農書)의 내용을 중심으로 상당한 양의 증보를 덧붙였다. 즉 신속은 한편으로 조선 전기의 농서를 집대성하고 새로운 농법의 변화를 적극적으로 수용하는 자세를 지니고 있었던 것이다(廉定燮, 2000: 109). 또한,『농사직설』을 비롯한 조선시대의 농서가 주곡작물(主穀作物) 위주의 내용을 담고 있는 데에 비해서,『농가집성』은 목면(木棉) 재배법을 함께 수록함으로써 농서의 영역을 넓혔다는 점이 주목된다.

『농가집성』은 당시 조정에서도 크게 인정받은 책이었음을『조선왕조실록』의 기록을 통하여 확인할 수 있다. 우선, 효종 6년인 1655년 임금은 "공주 목사 신속이『농가집성』이라는 책을 올렸는데, 호피(虎皮)를 하사하라고 명하였다"는 기록이 보인다(효종 6년 11월 3일). 효종은 신속이 올린『농가집성』을 인쇄하여 널리 보급시키게 하였는데, 다음 해인 1656년 봄에『농가집성』을 전남도(지금 전라도) 관찰사 조계원(趙啓遠)에게 내려 보내 개간(開刊)하여 인출하게 하였다. 이때 나온『농가집성』은 1686년 방각본으로 출간되었는데, 그 간행처는 전이채박치유로 나와 있다.

17세기 후반 방각본의 유행이라는 출판 환경의 변화 속에서 농가류에 해당하는『농가집성』이 광범위한 방각 대상 판본으로 선정되어 유통되었다는 점은 농업기술의 보급이라는 측면에서 또한 농업기술에 대한 관심이라는 측면에서 중요한 의미를 지닌다고 할 수 있다(廉定燮, 2000: 123).

이『농가집성』의 출판과 보급은 방각본으로 간행된 이후에도 정부 차원에서 지속적으로 중요하게 다루어졌다. 영조대와 정조대의 실록 기사가 그것을 보여준다.

영조대에 정부에서는 팔도(八道)에 권농하는 유시를 내리면서 『농가집성』을 반포할 것을 명하였다. "『농가집성』의 판본이 있는 곳을 물어서 그 책을 인출하여 널리 반포함으로써 우리 성조(聖祖)께서 백성을 위하여 찬집(撰集)한 성대한 뜻이 어긋남이 없게 하라"(『실록』, 영조 10년 1월 1일).

정조(正祖)도 농사를 권장하고 농서를 구하는 구언 전지를 내린 바 있는데, 이에 호응하여 공주에 사는 유진목이 올린 농서에도 "『농가집성』을 참고하여 오늘날의 실정에 맞는 농서를 만들어야 한다."고 주장하였다. 이에 대해 정조는 1798년 『농가집성』에 나오는 송시열의 서문이 말뜻이 절실하다고 하면서, 신속과 유진목을 칭찬한 바 있다. "참으로 농가의 지침이 되는 것이며, 풍속을 교화시키는 근원이 되는 것이다. 근래에 날마다 올라와 쌓이는 상소문을 보건대 여기에 대해 언급한 자가 한 사람도 없었다. 그런데 오로지 공주 생원 유진목만이 능히 말하였다. 이 책을 편찬한 자가 바로 공주 목사였는데, 지금 146년이 지난 뒤에 그 말이 또 공주에 사는 선비에게서 나왔으니, 기이하다고 할 만하다"(『실록』, 정조 22년 11월 30일).

『신간구황촬요(新刊救荒撮要)』는 1660년 서원(西原)(지금의 청주) 현감으로 있던 신속(申洬)이 엮은 기근 구제를 내용으로 한 책인데, 방각본은 1686년 이것을 목판으로 다시 간행한 것이다. 말하자면, 관판본만으로는 수요를 충당할 수가 없어 방각본으로 다시 찍은 것이다.

『신간구황촬요』는 1554년(명종 9)에 간행된 『구황촬요(救荒撮要)』중 언해 부분을 약간 수정한 것에다 같은 저자 신속이 언해, 편찬한

『구황보유방(救荒補遺方)』을 합철하였다. 구성을 보면, 송시열의 서문, 『구황보유방』, 『구황촬요』, 그리고 신속의 발문으로 되어 있다. 1554년의 『구황촬요』는 왕명에 의하여 간행되었는데, 해마다 호남과 영남의 기근이 심하므로 왕이 사자(使者)를 보내어 진휼구제(賑恤救濟)의 방법을 강구하고, 한편으로는 구황에 필요한 것을 초집하여 알기 쉽게 펴낸 것이다. 여기에 대한 기록은 『조선왕조실록』에 나와 있다. 1554년(명종 9) 진휼청에서 아뢴 내용이다. "근래에는 해마다 큰 흉년이 들었는데 영남과 호남 두 도가 더욱 심하였습니다. 국가에서는 사신을 보내 진구하게 하고, 또 구황에 가장 요긴한 것들을 뽑아 모아서 하나의 방문(方文)으로 만들어서, 언문으로 번역하여 이름을 『구황촬요』라 하고 인출하여 중외에 반포하여 집집마다 알게 하였으니, 이는 실로 민생들을 구제하는 좋은 방책입니다"(명종 9년 11월 25일).

이 책은 그 후에도 계속 실제적으로 활용되어, 선조 때인 1593년에는 "진휼(賑恤)할 때에 『구황촬요』에 기록되어 있는 상실(橡實), 송피(松皮), 초식(草食) 등의 물품도 조처하도록 하라" 하는 기록이 나온다 (선조 26년 9월 9일). 그 후 인조 때인 1639년에도 『구황촬요』 한 권을 임금이 반사(頒賜)하였다는 기록도 나온다(인조 17년 4월 8일). 이처럼 왕조에서도 매우 중요시하던 이 『구황촬요』를 1660년 서원 현감 신속이 새롭게 증보하여 다시 왕에게 올렸다. 이때 현종은 이 책을 인쇄하여 모든 도에 반포하라고 명령을 내린 것이다(현종 1년 11월 4일). 이에 따라, 지방 관청에 반포되었을 뿐만 아니라, 그 간행·보급을 중앙 정부에서 적극 권장·감독하기까지에 이르렀으니, 『실록』에 나타난 다음의 기사가 당시의 상황을 잘 전해준다.

상평청에서 아뢰기를, "갑자년 겨울에 진휼청(賑恤廳)에서 『구황촬요』에 기재된 바 가정(嘉靖) 연간의 계목(啓目) 중에 솔잎[松葉] 먹는 방법을 상고해 가지고 민간에 권유하도록 여러 도(道)에 알렸는데, 각 고을에서는 태만하여 이를 거행하지 않았으므로, 민간에서는 골고루 알지 못하고 실행하지 아니 합니다. 이렇게 좋은 구황(救荒) 방법을 다시금 신칙(申飭)하지 않을 수 없습니다. 일체 가정(嘉靖) 연간의 계목에 따라 경향(京鄕)을 막론하고 모두 인쇄하여서 민간에 널리 보급할 것이며, 향민 중에 모르는 사람이 많이 있으면, 그 고을의 담당관리를 문책하고, 더욱 심한 고을은 그 수령(守令)을 처벌할 것입니다. 또 사방의 모든 산의 솔잎은 전례에 따라 채취를 허용한다는 뜻을 널리 알리는 것이 어떻겠습니까?" 하니, 윤허한다고 전교하였다(숙종 12년 11월 17일).

이상의 기록을 보면, 『구황촬요』는 단순히 서적에 그친 것이 아니라 기근 극복을 위한 실천 지침서로 활용되었음을 확인할 수 있다. 실제로 굶은 사람 구제하는 법과 솔잎 먹는 방법이 나오는데, 일례를 들면 다음과 같다(신속, 1686: 3~4).

굴믄 사룸이 믄득 밥을 먹거나 더온거술 머그면 일뎡 죽ᄂᆞ니 몬져 쟝을 ᄎᆞᆫ믈에 프러머기고 버거시 근쥭을 머기되 셰거든 념념으로 쥭을 주어 머기라.

구황의 송엽이 웃듬이어니와 느릅겁질믈을 섯거 뼈야 밋 막히는 환이 업ᄂᆞ니라.

이러한 방법은 당시 기근이 중대한 사회적 문제로 대두되는 상황을 극복하기 위하여 정부 차원에서 1550년대 이후부터 꾸준히 기근 구제 방책으로서, 농사기술의 전수와 함께 지속적으로 보급되어온 것으로 파악할 수 있다. 1660년대에는 신속이 다시 새롭게 『구황촬요』를 간행하였고, 20여 년이 지난 1686년에는 민간 차원에서 방각본으로 다시 간행·유통되어 당시의 기근 상황을 극복하려 했음을 알 수 있다.

『명심보감초(明心寶鑑抄)』는 1393년(洪武二十六年) 명나라 초기 사람인 범입본(范立本)이 편저(編著)한 『신간대자명심보감(新刊大字明心寶鑑)』 원본(原本) 중에서 가려 뽑은 책이다. 『신간대자명심보감』의 편자인 범입본이 어떤 인물인지 알려지지 않고 있다. 단지 범입본이 쓴 서문에 의하여 책의 목적이 선(善)을 권하기 위한 것이었음을 확인할 뿐이다. 그러나 『명심보감초』에는 서문도 없고 다만 책의 맨 뒷장에 나온 간기를 통해서 태인 지방에서 손기조(孫基祖)가 1664년(현종 5) 간행한 것임을 알 수 있다. 손기조에 대해서는 현재 알려진 바가 없고 간행한 방각본도 『명심보감초』뿐이지만, 전이채박치유보다 앞서서 태인에서 출판업을 했다는 데에 의의가 있다.

『명심보감(明心寶鑑)』은 '마음을 밝히는 보배로운 거울'이란 책 제목이 보여주듯 좋은 명구(名句)들을 선현(先賢)들의 가르침과 각종 서적에서 발췌하였다. 등장하는 인물(人物)들은 공자(孔子), 한소열(漢昭烈), 열자(列子), 강태공(姜太公), 장자(莊子), 순자(荀子), 마원(馬援), 사마온공(司馬溫公), 주문공(朱文公) 등이며, 인용(引用)된 서목(書目)은 경행록(景行錄), 익지서(益智書), 공자가어(孔子家語), 격양시(擊壤詩), 성리서(性理書), 근사록(近思錄), 예기(禮記), 역경(易經), 시경(詩經) 등이다.

이 『명심보감』의 주요한 목차를 보면, 계선편(繼善篇), 천명편(天命篇), 순명편(順命篇), 효행편(孝行篇), 정기편(正己篇), 안분편(安分篇), 근학편(勤學篇), 성심편(省心篇), 입교편(立敎篇), 치정편(治政篇), 치가편(治家篇), 안의편(安義篇), 준례편(遵禮篇), 교우편(交友篇), 부행편(婦行篇) 등

제목만 보아도 선을 권하는 내용으로 차 있음을 알 수 있다.

『명심보감』에서 강조하는 점을 몇 가지 열거해보면, 첫째, 하늘에 순응해야 한다는 안분수명(安分守命)(順天子存逆天者亡), 둘째, 수신제가 치국평천하(修身齊家治國平天下)의 원칙론(原則論), 셋째, 선을 행하는 자는 하늘이 복을 준다는 천(天)의 섭리(攝理)(爲善者 天報之以福 爲不善者 天報之以禍), 넷째, 자기 반성과 인간본연의 양심의 보존을 통한 숭고한 인격 도야 등을 들 수 있다(金世漢, 1991: 354).

특기할 만한 점은 조선시대 남성 위주의 교육에서 여성의 수양방법을 제시한 부행편(婦行篇)이 들어 있는 점이다. 여기에서는 부인의 덕성을 강조하면서, 현명하고 어진 부인은 남편을 귀한 사람으로 만들고 육친(六親)을 화목하게 한다고 주장한다.

이 책은 중국인의 저술이지만, 초략본이 나와, 한국에서는 이미 조선초기부터 한문(漢文) 초학자(初學者)의 도의교본(道義敎本)으로 널리 읽혀진 것으로 유명하다. 그러나 중국에서 범입본이 편찬한 『명심보감』과 한국에서 초략한 『명심보감초』와는 그 내용상에서 다음과 같은 차이가 나타난다(김동환, 1999: 183).

범입본은 유가사상(儒家思想)을 근간으로 하고 도가(道家)와 불가(佛家)의 사상 또한 과감히 수용하는 삼가융합적(三家融合的)인 입장에서 책을 편집하였다. 즉 원본 『명심보감』에는 본문 중에서 불가의 내용을 담고 있는 문장이 모두 36장에 이르고 있으며, 도가의 사상을 나타내고 있는 문장(文章)은 102장에 달하고 있어 전체 본문 가운데 이들이 약 18퍼센트를 점유하고 있다. 반면에 초략본의 경우는 불가 4장, 도가 34장만을 본문으로 수록하고 특히 불가의 사상을 내포하고 있는 문장을 대폭적으로 삭제하였음을 엿볼 수 있다. 다만, 불가와 도가에

서 나온 문장이라 해서 이들을 모두 삭제한 것은 아니고 유가의 사상
에 위배되는 내용을 담고 있지 않는 경우는 이들의 일부를 수용하여
본문으로 채택한 것이다.

전반적 특성

이상에서 살펴본 방각본의 내용적 특성을 종합적으로 검토할 때,
다음과 같이 제시할 수 있을 것이다.14)

첫째, 제1기의 방각본 출판은 그 성격에서 백과사전류가 중심을 이
루고 있는 점이 특성이라 할 수 있다. 즉 하나의 분야에서 통일된 주
제를 가지고 집중적으로 탐구해 들어간 단행본이 아니라, 모든 분야
에서 중요하다고 생각되는 사항들을 사전 형식으로 분류 배열하여 해
설해놓은 백과사전 또는 그와 같은 기능을 하는 서적들이 가장 큰 비
중을 차지하고 있다. 예를 들면, 『사문유취초』는 자연현상, 관직, 불
교 등에 관한 사전적 해설 및 유명 단편모음으로서 백과사전의 역할
을 하는 서적이다. 『사요취선』 역시 중국 역사인물사전으로서 역사분
야의 백과사전이라 할 수 있다. 『대명률시』와 『고문진보』 역시 어느
한 작가나 주제를 다룬 문학서가 아니라, 명나라의 율시(律詩) 또는 전
국시대부터 송대까지의 유명 시와 각종 명문들을 엮어낸 시문선집으
로서 당시로서는 일종의 문장 백과사전과 같은 기능을 한 것으로 생
각된다. 『농가집성』도 백과사전은 아니지만, 당시까지의 중요한 농서

---

14) 제1기는 기간으로는 가장 길게 잡은 시기이지만, 방각본이 8종에 불과하므로, 전
반적인 특성을 살피기에는 무리가 있을 것이다. 다만, 현재까지 확인된 서적에 한
하여 대략적인 흐름을 살피고 제2기와 제3기 방각본의 특성과 비교하여 전체적인
맥락을 파악하기 위하여 주어진 한계에서 검토하는 것임을 밝힌다.

들을 모두 집대성했다는 점에서 농학 분야의 백과사전과 같은 기능도
함께 하였다고 볼 수 있다.

이와 같은 백과사전이 방각본의 중심이 된 데에는 몇 가지 이유가
있을 것이다. 우선, 상업 출판으로서의 방각본 출판은 아직 시작 단계
이므로, 출판을 통하여 정밀한 이론이나 학문을 내세우기보다는 우선
계몽적 역할을 하는 것에 더 큰 비중이 주어진 때문이 아닌가 한다.
또한 당시 지식인으로서 가장 중요한 과거(科擧) 공부에 유익한 자료
를 찾다 보니 백과사전과 같은 형식의 서적들이 주류를 이루게 된 중
요한 요인이었을 것으로 해석할 수 있다.

둘째, 첫번째 특성과 어울리는 문제로서 당시 책을 펴내거나 읽는
목적은 실용성에 중점을 두었다. 이것은 출판사(出版史)에서 진일보한
것으로 평가해야 할 것이다. 왜냐하면, 조선 왕조에서는 정부가 주도
하여 많은 활자를 주조하고 서적을 간행하는 사업을 하였지만, 민간
에서 상업적 목적으로 책을 펴내는 일은 활발하게 이루어지지 않았다.
정부에서도 『조선왕조실록』과 같은 일부 서적의 경우는 열람보다는
보관을 더 중요시했다고도 할 수 있다.

그러나 실용성이 강조되는 서적의 경우에는 정부에서 적극적으로
보급시키고자 노력함으로써 더 많은 사람들에게 유통되어 나가기 시
작했다고 볼 수 있다. 이러한 경향은 농업 서적의 경우 더욱 두드러졌
다. 특히 『구황촬요』 같은 책의 경우 17세기 후반에 이르러 정부가
책의 내용대로 시행하는지 고을의 담당 관리에게 인쇄·보급의 책임
을 묻게 할 정도로 활용 가치가 높은 책이 되었다. 출판 또는 독서에
서의 실용성은 과거 공부에 도움이 된다는 단순한 개인적 실용성도
중시하였지만, 동시에 이제는 국가적으로 기근이라는 위기를 극복하

기 위한 구체적인 실천 지침이요 방안으로서 활용할 것을 정부 차원
에서 강조할 정도로 발전한 것이다. 실용성의 강조는 『구황촬요』에서
극도로 강조되고 있지만, 『농가집성』의 경우에도 그와 같은 정부정책
차원의 실용성을 그대로 담고 있는 것이다. 이러한 분위기에서 『농가
집성』이나 『구황촬요』 같은 서적들은 민간에서 방각본으로도 간행되
어 실용성과 상업적 목적이 결합되면서 널리 퍼져나간 것이라고 생각
한다. 이러한 실용성의 강조는 실학사상이 대두되기 시작한 시기, 한
국의 사회적 분위기와도 같은 맥락이라고 볼 수 있다.

셋째, 제1기의 방각본은 축약본이 많다는 점이다. 이것은 바로 한
국적인 출판의 시작이기도 하고, 앞에서 나온 실용성의 강조가 책의
내용을 보다 쉽게 읽히게 하는 추세로 나아간 것과도 연관성이 있다
고 볼 수 있다. 이것은 출판 또는 서적 자체의 권위보다도 저자와 독
자의 커뮤니케이션 행위 자체를 더 중시한 데에서 나오는 현상으로
해석할 수 있다. 즉 중국에서 나온 방대한 서적을 그대로 간행하는
것이 아니라 민간인들이 읽기 편하게 다이제스트판을 만들어 보급하
는 것이다. 『사요취선』, 『명심보감초』, 『사문유취초』 등은 대표적인
축약본이라 할 수 있다.

제2기: 유교적 교양과 아동 교육의 강조

제2기에 출간된 방각본을 살펴보면, 사서삼경 등의 유학 관련 서적,
『천자문』, 『동몽선습』 등의 아동용 학습서와 『언해경민편』, 『효경대
의』 등의 윤리 또는 교화 서적, 『구운몽』, 『어정규장전운』, 『사례촬

<표 3> 조선시대 방각본 내용 소개 (제2기)

간행연도	서명	편저자	판원	주제 분류	내용 소개
1725	九雲夢	金萬重	錦城	소설	현실부정의 불교적인 인생관을 제시한 한글소설. 중국을 배경으로 하였으나, 전형적인 조선중기 양반사회의 생활상을 나타낸 대표적 작품
1736	謙洛風雅	미상	泰仁	문학	성리학자들의 시 모음
1748	諺解警民編	金正國	南原	윤리 교화서	황해도 관찰사 金正國을 백성을 교화하기 위해 편찬 간행한 책. 백성이 범하기 쉬운 덕목을 부모·형제자매·족친·奴主·隣里·鬪毆·勤業 등 13조목으로 해설을 붙이고, 不倫하였을 때 적용되는 벌칙을 제시. 특히 향촌질서의 유지에 필요한 유교적 덕목 강조
1774	童蒙先習	朴世茂	完板	아동용 학습서	한구 최초의 아동 교양 학습서. 오륜과 중국 및 한구의 역사 서술. 중국 역사는 三皇五帝에서부터 明나라까지의 역대사실을 소개하고 한구의 역사는 檀君에서부터 朝鮮朝까지의 역사를 서술. 단군의 개구설화를 교육용 교재로 최초로 소개
1791	御定奎章全韻	奎章閣 편	京板	漢字 韻書	정조의 명에 따라 구장각에서 편찬한 韻書.
1792	疑禮類說	신구 편	京板	의례서	의례와 예절에 관한 고금의 異說에 대한 의문점을 설명
1803	孝經大義	주희 刊誤	泰仁	儒學書	공자와 증자가 효도에 관하여 문답한 내용. 효는 천자·경대부·서민 등 모든 신분층에 동일하게 적용되는 윤리규범임을 밝힘.
1803	兒戲原覽	張混 편	完板	아동용 교재	고금의 역사와 문화현상에서 가려 뽑은 실용적인 민간교육용 교재
1804	註解千字文	미상	京板	아동용 한자학습서	천자문을 쉽게 풀이

1804	孔子通紀	慶潘府	泰仁	儒學書	공자의 생애를 연대별로 서술한 책
1804	新刊素王事紀	미상	泰仁	儒學書	孔子의 事歷 및 역대의 追崇 등에 대하여 서술한 책.
1804	孔子家語	미상	泰仁	儒學書	孔子의 언어와 행적 및 제자들과의 문답과 논의를 기록한 책. 孔子의 62제자 명단, 공자 年表와 族譜, 孔子와 관계 있는 관직명과 諡號에 대한 표, 공자의 祠堂들, 그에게 바치는 기도문들, 그에 대한 祭體 등을 소개.
1805	三略直解	劉寅 풀이	京板	兵法書	중국의 병법서인 『삼략』을 풀이한 언해본
1807	童子習	朱逢吉	泰仁	아동용 서	아동들이 일상 생활에서 지켜야 할 도리 서술
1807	孟子集註大全	胡廣 등 엮음	完板	儒學書	『孟子』에 대한 여러 유학자들의 주석을 모은 책
1809	千字文	미상	京板	아동용 학습서	아동용 한자 학습서
1809	十九史略諺解	余進민	京板	歷史書	명나라 余進이 편찬한 중국 歷史書 『十九史略通攷』의 제1권을 언해한 책. 중국 태고의 천황(天皇)·지황(地皇)·인황(人皇)에서 시작하여 오(五)·연(燕)·진(秦)나라까지의 역사를 서술
1810	中庸章句大全	胡廣 등 엮음	完板	儒學書	中庸을 『禮記』의 한 편목에서 따로 떼어내어 장구로서 해석한 책
1810	中庸諺解	미상	完板	儒學書	사서의 하나인 중용을 언해한 책
1810	論語集註大全	胡廣 등 엮음	完板	儒學書	『論語』에 대한 여러 유학자들의 주석을 모은 책

1810	周易傳義大全	胡廣 등 엮음	完板	儒學書	『周易』에 대한 여러 주석을 모아 펴낸 책
1810	論語諺解	미상	完板	儒學書	『論語』에 한글로 토를 달고 언해한 책
1810	周易諺解	미상	完板	儒學書	『주역』에 한글로 토를 달고 언해한 책
1810	大學章句大全	胡廣 등 엮음	完板	儒學書	『大學』에 대한 주석을 모은 책
1810	大學諺解	미상	完板	儒學書	『大學』의 원문에 한글로 토를 달고 언해한 책
1810	書傳大全	미상	完板	儒學書	『書傳』에 대한 주석을 모은 책
1810	書傳諺解	미상	完板	儒學書	『書傳』을 한글로 언해한 책
1810	詩傳大全	미상	完板	儒學書	『詩傳』에 대한 주석을 모은 책
1810	詩經諺解	미상	完板	儒學書	『詩經』에 한글로 토를 달고 언해한 책

자료: <표 2>와 같음.

요』,『삼략직해』등 소설, 운서(韻書), 의례서, 병법서 등으로 다양해진
출판물을 확인할 수 있다.

유학서

유학경전의 언해본 및 주석서

여기에서 유학 경전이란 물론 사서삼경을 의미한다. 언해란 한문으
로 된 원전을 한글로 해석한 것을 말한다.15) 언해 작업은 세종조의
한글 창제 이후부터 국가적인 사업으로 행해졌다. 특히 선조조에 언
해사업이 활발하게 이루어졌다.

선조는 경서(經書)에 토(吐)를 달고 해석하는 방식이 유학자들마다
달라 빚어지는 혼란을 바로 잡으려는 목적으로 교정청(敎正廳)을 설치
하고 사서삼경의 토(吐)와 석(釋)을 확정하여 언해하는 작업을 한 것이
다. 그러나 언해작업을 해놓고 미처 간행하지 못했다가 임진왜란이
발생하여 유실되어버리고 말았다. 그리하여 언해본이 간행된 것은 광
해군대에 들어와서였다.

---

15) 최현배(1940)는 "한글이 창제된 이래로부터는 한문의 조선화(朝鮮化)는 본격적
발전을 이루었나니, 곧 한글을 사용하여서 종래의 구결(口訣)과 석의(釋義)를 겸하
고 다시 번역을 더하여 조선사람의 이해에 가장 편리하게 한 것이 곧 언해"라고
설명한 바 있다. 다시 말하면, 언해는 한문의 조선화의 최후 단계가 되는 것이라
는 것이다. 그런데 언해라고 할 때는 한문 원전의 해석에만 국한시켰고 다른 언어
는 번역이라 하였다. 즉 "언해란 말은 지나(支那)는 중화로 숭배하고 조선은 이적
(夷狄)으로 자처하는 조선사람이 지나어는 화어(華語)임에 대하여 조선말은 이어
(俚語), 언어(諺語)이요, 한자는 진서(眞書)임에 대하여 조선글은 언서(諺書), 언문
(諺文)이라고 하는 사상에서 진서인 한자 원문을 언어(諺語), 언문으로 해석한 것
이란 뜻이다. 지나어문에 관한 조선식 해석에 대해서만 특히 언해라 이름하고, 다
른 근린국어(近隣國語) 일본어, 만주어, 몽고어에 관한 조선식 해석에 대해서는
결코 언해란 이름을 붙이지 아니하였다"(최현배, 1940: 119).

이렇게 하여 사서삼경에 해당되는 『논어언해』 『대학언해』 『중용언해』 『주역언해』 『시경언해』 『서전언해』 등이 간행된 것이다. 이 책들은 원문을 앞에 싣고 뒤에 언해를 붙였는데, 원문에는 한글 토와 한자음을 달아 놓았다. 더 많은 사람들에게 읽히기 위한 목적이었음은 자명하다. 유교를 국시로 삼았던 조선조에서는 이 사서삼경은 정치와 행정은 물론 일상생활의 세세한 데 이르기까지, 왕을 포함한 고위 정책담당자들부터 일반 백성들에 이르기까지 도덕적 규범과 행위의 근거로서 널리 활용되었다. 그것은 또한 학습의 대상으로서 세자부터 서민들까지 전국민의 필독서로 받아들여졌다. 따라서 국가 사업으로 간행된 언해본들은 16세기 후반부터 20세기 초에 이르기까지 중앙과 지방 관서를 통하여 배포하고, 후에는 이 책들을 민간에서 복각하여 방각본으로 유통시킨 것이다.

이 사서삼경의 언해본 방각본들은 모두 전주의 하경룡장판(河慶龍藏板)에서 간행되었다. 하경룡장판은 하경룡이라는 인명을 상호로 내세운 것이다. 하경룡장판에서는 1810년 1년 동안 『맹자』를 제외한 사서삼경을 거의 전부 간행해내었다. 사서 중 맹자는 그보다 앞선 1807년에 풍패(豊沛)에서 『맹자집주대전』이 나온 바 있다.

이와 같은 사서삼경의 언해 방각본들은 19세기 초엽의 것이 다수를 차지하고 있는데, 이 시기는 영정조대, 특히 주자학적 학문의 융성과 문예부흥에 큰 힘을 쏟은 정조 집권 직후의 시기임을 감안할 때, 정부의 문예정책이 민간의 출판사업에까지 영향을 미쳤다고 볼 수 있다.

앞에서 말한, 전국민을 대상으로 한 사서삼경의 언해본 외에도, 좀 더 깊이 있는 경전 이해를 위하여 경전에 대한 주석 작업이 함께 이루어졌다. 구체적으로, 『논어집주대전(論語集註大全)』『맹자집주대전(孟子集註大全)』『대학장구대전(大學章句大全)』『중용장구대전(中庸章句大全)』, 『시경대전(詩經大全)』, 『서전대전(書傳大全)』, 『주역전의대전(周易傳義大全)』 등인데, 방각본의 간행처는 모두 전주의 하경룡장판(河慶龍藏板)이다.

『논어집주대전』은 1415년 한림학사(翰林學士) 호광(胡廣) 등이 명나라 영락황제의 칙명을 받아 편찬한 『사서대전(四書大全)』 가운데 한 책이다. 이 책은 주자의 『논어집주』 아래 송나라 유학자들의 소주(小註)를 모았으나, 원나라 예사의(倪士毅)의 『사서집석(四書輯釋)』을 가찬(加纂)한 데 불과한 것이라 한다(『선본해제 I』, 1970: 1).

『맹자집주대전』 역시 호광 등이 편찬한 『사서대전(四書大全)』 중의 한 책이다. 주자의 『맹자집주』를 근간으로 하여 다시 이것에 대한 여러 학자들의 주석을 덧붙인 것이다.

『대학장구대전』은 『대학』에 대한 여러 주석을 모은 것인데, 당시 『대학』은 국가적으로 중요시하던 경전이었기 때문에 영조가 직접 서문을 작성하여 첨가할 정도였다. 그리고 주자가 쓴 「독대학법(讀大學法)」이 함께 수록되어 있다.

『주역전의대전(周易傳義大全)』은 『주역』에 대한 여러 주석을 모아 펴낸 책이다. 이 책은 원래 명나라 성조(成祖)의 칙명으로 호광(胡廣) 등 42인이 합력해서 편찬한 것으로 인용된 유학자들의 수만도 240명이나 되는 만큼 규모가 방대하다고 한다(윤동원, 2000: 174).

『사서삼경』에 대한 이해는 과거의 문과 응시자들에게 필수적인 과정이었다. 과거 급제를 위하여 조선시대 선비들은 첫째, 경학에 능통해야 하고, 둘째, 문학에 능해야 하고, 셋째, 시무(時務)에 밝아야 했다.

특히, 과거시험에서 초장(初場)의 경학에서는 세종조 이후 사서삼경에 관하여 책을 보여주지 않고 구두로 문답하는 배송강경(背誦講經) 방식을 택하였다(조좌호, 1996: 364~365). 이렇게 사서삼경을 중심으로 평가했던 과거 제도는 임진왜란 이후 서적이 거의 대부분 산실되어버린 상황에서도 그대로 유지되었다.

『조선왕조실록』의 기사에 의하면, 전란으로 서적이 없어져 버려 선비들이 읽고자 해도 읽을 수 없으므로 과거시험에서 강경을 할 사서삼경의 서적 수를 줄여달라고 예조에서 임금에게 이렇게 건의한 바 있다(선조조 35년 11월 6일). "문과식년(文科式年)에 사서삼경(四書三經)으로 강경(講經)하는 것이 법전인데, 난리를 겪고 난 후로 서책이 구비되지 않아서 지난 경자년에는 사서는 전부 하였지만 삼경은 한 경(經)만 하게 할 일을 대신에게 의논해서 결정하라고 계하(啓下)했었습니다. 오는 계묘년 식년시에도 일체 법전에 의거하여 실시해야 할 것 같습니다만 요즘도 서적이 전혀 없는 형편입니다. 『주역(周易)』이나 『춘추(春秋)』는 여염(閭閻)간에 아주 없거나 겨우 있는 정도입니다. 그런데 지금 모두 강하게 하면 유리하는 선비들이 외우려고 해도 형편이 어쩔 수 없어서 반드시 까닭 없이 과거를 그만두는 자가 많을 것입니다. 몇 년만 지나면 안팎에서 경서를 간행할 것이니 내년 식년시만큼은 지난 경자년에 계하한 것에 의거하여 시행하소서."

그러나 그 자리에서 임금은 그렇게 할 수 없다는 답을 내린다. 책을 구할 수 없어도 사서삼경을 외는 시험을 보게 해야 한다는 것이 최고 통치권자의 확고한 생각이었던 것이다. 그만큼 사서삼경의 중요성을 인식하고 있는 당시의 시대적 분위기를 보여주는 기사라고 할 수 있다.

공자의 생애, 업적, 추숭(追崇)

『공자통기(孔子通紀)』는 공자의 사적(事蹟)을 통관(通觀)할 수 있도록 만든 것이기 때문에 공자통기라는 제목을 붙인 것이다. 즉 유학 경전은 물론, 자부(子部)와 사부(史部)에 실려 있는 공자에 관한 기록을 참고하여 그 일대기를 정리한 책이다. 이 책은 중국 명나라 반부(潘府)가 저술한 것으로 1504년에 광동(廣東)에서 간행된 것이데, 한국에서는 1625년 장성현에서 처음 간행되고 1803년 태인에서 방각본으로 출간된 것이다(유탁일, 1989: 198~199). 간행처는 전이채박치유이다.

『공자가어(孔子家語)』는 공자의 언행과 제자들과의 문답·논의를 기록한 책인데, 간행처는 『공자통기』와 마찬가지로 전이채박치유이다. 내용은 주로 『좌씨전(左氏傳)』·『국어(國語)』·『순자(荀子)』·『맹자』·『예기』 등에서 집록한 것인데, 공자가 당시 공경(公卿)·사대부 및 제자들과 더불어 행한 도(道)에 관한 문답이 중심을 이룬다. 따라서 공자의 일상생활에서의 진면목이 표현되고 있다(儒敎事典編纂委員會, 1990: 120).

『신간소왕사기(新刊素王事紀)』는 공자의 사력(事歷) 및 역대의 추숭(追崇) 등에 대하여 서술한 책이다. 여기에서 소왕은 위(位)가 없는 왕으로서 공자를 말한다. 책의 주요 항목으로 노사구상(魯司寇像), 선성기년도(先聖紀年圖), 사제(祀祭), 주현학묘(州縣學廟), 설배(說拜) 등이 있다. 책 끝에는 조선의 문묘향사위(文廟享祀位) 등이 실려 있다.

조선조는 유교의 시조로서 공자의 사상뿐만 아니라 공자 자체를 모시는 행위도 중요시되는 사회였기 때문에 이와 같은 서적이 방각본으로도 출간된 것으로 보인다. 그러나 편자는 미상이고, 간행처는 태인의 전이채박치유(田以采朴致維)이다.

아동 교육 및 윤리 교화

아동 교육

『동몽선습(童蒙先習)』은 1544년(중종 39) 문신(文臣) 박세무(朴世茂)가 서당에 처음 입학한 학동을 위하여 지었는데, 한국 최초의 아동 교육 학습서로 한자 학습서인『천자문』과 함께 가장 널리 그리고 또 오래도록 사용된 책의 하나이다. 이 책은 왕세자의 교육용으로도 활용되었으며(『실록』, 영조 34년 7월 25일), 일반인들을 위한 방각본으로도 이미 18세기에 만들어져 널리 활용되었고, 19세기는 물론 20세기 초까지 간행되었다. 간행처는 완산으로 나와 있다. 완산은 지명을 간행처명으로 명기한 것인데, 지금 전주의 매곡교 부근인 것으로 알려져 있다. 이 완산에서는『동몽선습』 외에도 같은 아동 학습서인『아희원람』과『유충열전』, 『심청전』 등의 소설, 공사용 문서 작성법을 다룬『간례휘찬』, 그리고『통감절요』, 『문자유집』 등 다양한 분야에서 많은 책을 내어 왕성한 출판활동을 했음을 알 수 있다.

『동몽선습』의 구성은 전반부에서는 오륜을 강조하고 후반부에서는 한국과 중국의 역사를 소개하고 있다. 앞부분의 「경(經)」과 뒷부분의 「사(史)」가 비슷한 분량으로 구성되어 있는데, '경'에 대한 부분은 오륜을 평이하게 설명하고 있고, '사'에 관한 부분은 중국과 조선의 역사를 비슷한 비중으로 함께 서술하고 있다. 이것은 중국을 향한 사대주의 일변도의 시류를 극복하고 우리 역사를 기재함으로써 배움을 시작하는 첫 단계의 아동에게 민족에 대한 자긍심을 가질 수 있도록 한 것(윤영숙, 1996: 22)임을 알 수 있다.[16]

---

16) 『동몽선습』의 이와 같은 아동 교재상의 뚜렷한 자취는 이후『동학초독(童學初

중국 역사는 삼황오제부터 명나라까지의 역대 사실을 소개하고 한
국은 단군에서부터 조선조까지의 역사를 서술하였다. 정순목(1985)은
『동몽선습』이 조선의 건국을 단군으로 잡은 것은 한국사를 중국 역사
의 원류인 요(遼)와 동시대로 잡음으로써 우리 민족사의 독자성을 은
연중에 나타내려는 것이었다고 파악하면서, "단군의 개국설화는 기록
상으로 삼국유사·제왕운기·동명왕 설화·세종실록지리지 등 몇 편에
실려 있지만 교육용 교재로 다룬 것은 이 책이 처음이었다"고 밝힌다.
『동몽선습』이 처음 간행된 것은 16세기 전반이었는데 당시 여러
번에 걸친 사화(士禍)로 말미암아 국민적인 도의와 윤리의식이 극도로
쇠퇴하고 선비의 기상이 저상(沮喪)된 때로서 국민윤리관의 정립이 급
선무였던 시대였다. 이때에 저자는 도의질서를 바로잡고 민족적 자부
심을 어린이에게 심어주고자 『동몽선습』을 저술한 것이다(정순목,
1985: 107~108). 이 『동몽선습』은 이후 계속 전해오고 18세기 이후에
는 방각본으로 널리 퍼져나갔다. 나아가 실학이 본격화하면서 민족
교재 발간의 선구가 되었고, 다시 개화기와 일제기의 서당교육에 이
르기까지 민족의 교과서로 활용되었다(정순목, 1985: 108).
『동자습(童子習)』은 중국에서 명나라 때 주봉길(朱逢吉)이 지어 건양
(建陽)에서 1404년(永樂 2년)에 간행된 것이다. 한국에는 세종 연간에
전래된 사실을 성삼문이 지은 「동자습서(童子習序)」에서 확인하게 되
는데, 중국어를 배우기 위한 교과서로서 사용되었다. 이것이 퇴계 때
에 와서는 아동용 학습서로 간행되었고, 이후에도 영해(寧海), 태인,
제주, 서흥(瑞興) 등 여러 곳에서 간행되었다(유탁일, 1989: 183~184).

讀)』, 『계몽편(啓蒙編)』 등의 유사한 초학(初學) 학습서 발간의 계기가 되기도 했
다(尹英淑, 1996: 22).

『동자습』에는 주자치(周子治)가 쓴 서문이 있다. 그 서문에서는 효제의 중요성을 강조하는데, "성인의 가르침은 항상 그 본연의 것을 인하여 마땅한 바를 다하게 한다. 즉 소위 효제의 지극함은 통하지 않는 바가 없는 것이니 다른 데서 구하지 말라"고 주장한다. 책의 내용은 아동들이 생활에서 지키고 알아두어야 할 사항들을 사친(事親), 사장(事長), 우애, 쇄소(灑掃), 언어, 음식, 의복, 향학(向學), 관례(觀禮), 융사(隆師), 교우, 사군(事君) 등으로 갈라서 설명하고 있다. 이 책의 첫머리에 나오는 '사친'에서 부모의 은혜가 하늘 땅과 같으니 효도 봉양이 필수라고 강조하고 있는 것에서 확인되듯이, 당시 아동들이 지켜야 할 도리를 강조하고 있으며, 그들의 이해를 돕기 위하여 본문에 다음 예처럼 한글 토를 달았다.

<예> 父母之尊이 恩同天地ᄒ니 子之報之는 孝養을 須至니라.

『천자문(千字文)』은 아동들을 위한 한자 학습서인데, 간행처는 서울의 동현(銅峴)으로 나와 있다. 동현은 1860년대에 서울에서 활동했는데, 간행물로는 『천자문』 외에 소설 『위지경덕전』이 있다. 간기가 몇 개 보이지 않는다는 점에서 비교적 영세한 간행처였을 것으로 추정하고 있다(이창헌, 1994: 252).

『천자문』의 편찬자는 중국 양(梁)나라 주흥사로 알려져 있다. 옛날에 무제(武帝)가 단철석(段鐵石)에게 명령하여 종요(鐘繇)와 왕희지의 글씨 일천 자 중에서 중복되지 않도록 베끼게 하였다. 그러나 글자가 번거롭고 순서가 없었다. 이에 주흥사로 하여금 그것에 운(韻)을 달게 한 것이 바로 『천자문』인 것이다. 『천자문』은 삼국시대에 들어온 것으로 알려져 있지만, 한국에서 가장 널리 쓰이게 된 종류는 1583년(선조 16)에 초간한『석봉 천자문』이다. 이후로 천자문이라 하면 이 책을 일컫는 대명사가 되었다.『천자문』은 왕세자로부터 일반서민에 이르기까지 전국민의 학습서였다. 왕실에서는 "4세부터 천자문을 배웠다"는 기록이『실록』에 나와 있다(경종 부록/경종대왕 행장; 철종 부록/철종대왕 행장). 그러나『천자문』에는 사실상 어려운 내용들이 많이 담겨 있다. 그럼에도 오랜 기간 동양의 문자학습 교재로서 활용되어왔는데, 그 이유를 정후수(1998)는 다음과 같이 설명한다.

첫째, 천자문은 한문의 모든 문장이 그렇듯이 우선 문학성을 띠고 있다는 점이다. 1,000개의 낱글자로 이루어진 단순한 산문이 아니라 그것이 4자 혹은 8자로 이루어진 철저한 운문의 시라고 하는 점이 읽는 이로 하여금 저항력을 줄이는 역할을 했을 것이다.

둘째, 천자문은 다양한 내용이 갖추어져 있다는 점이다. 여기에는 역사적인 사건을 비롯하여 단순한 자연현상, 정치제도, 인간생활, 인륜 도덕, 충효, 처신, 예악 등이 골고루 갖추어져 있다. 따라서 이 한 권만 읽으면 어린 아이들이 지녀야 할 기본 소양을 다 갖출 수 있다는 장점을 지닌다.

셋째, 다양한 고사와 전고(典故)가 독자로 하여금 흥미를 이끌어줄 수 있었을 것이다. 단순한 서술적인 문장만으로는 지루함을 면할 수 없었을 내용도, 옛날 이야기를 포함한 이야기의 소재가 바탕에 깔려 있었기 때문에 많이 활용될 수 있었다.

『아희원람(兒戱原覽)』은 장혼(張混, 1759~1828)이 엮은 일종의 아동용 백과사전으로서 아동 교육에 관한 기초상식을 엮은 책이다. 엮은 이 장혼은 가세가 기울어진 중인 출신의 자제로서 규장각의 교서관에

서 26년간을 근무했으며, 서울에서 아전들이 모여 이룩한 송석원시사
(松石園詩社)를 이끌어 간 시인이다(이이화, 1993: 102~107). 간행처는
완산으로 나와 있다.

엮은이는 『아희원람』의 서문에서 아동 교육의 중요성을 강조하면
서 당시의 교재는 대부분 겉만 번지르르하고 내용이 빈약한 폐단이
있음을 지적하고 고금의 문화·역사 현상 가운데 교육적 자료가 될 만
한 것을 가려 뽑아 자연현상, 제도, 역사 지리, 풍속, 인물 등을 다음
의 열 가지 항목으로 분류하여 설명했다고 밝히고 있다.

① 형기(形氣)는 우주의 근원과 자연현상의 원리에 대한 설명이고,
② 창시(創始)는 화식(火食), 의복, 과거, 학교, 결혼 등의 제도와 그 창
시자를 소개하고, ③ 방도(邦都)는 한국의 역사와 지리, ④ 국속(國俗)
은 한국의 풍속과 도입 경위를 밝히고 있다. ⑤ 탄육(誕育)은 중국의
제왕과 성인들의 출생, ⑥ 자성(姿性)은 유명한 인물들의 특성이나 습
관, ⑦ 재민(才敏)은 천재들의 일화, ⑧ 수부(壽富)는 장수했거나 커다
란 부를 누린 사람, ⑨ 변이(變異)는 중국과 한국에서의 천재지변, ⑩
전운(傳運)은 중국의 역대 왕통과 한국의 시조와 왕에 대한 사항 등을
설명하였다.

이러한 『아희원람』에 대하여 이문원(1993)은 기존의 아동교육서와
는 다른 특징을 이렇게 지적한 바 있다.

첫째, 장혼은 실생활에서 겪을 수 있는 현상들을 중심으로 하여 백
과사전식으로 책을 엮었다. 이것은 기존의 아동교육서들이 고답적이
라고 보는 데에서 나온 것이다. 즉 유교원리를 중심으로 하여 수기치
인(修己治人)하는 진유(眞儒)를 양성하기 위한 기초적인 내용으로 구성
되어 있었다. 이는 특정한 신분들의 기득권을 유지하고 강화하기 위

한 교화적 차원의 교재라고 파악한 것이다. 중인신분으로서 불평등한 사회구조에 불만이 많았을 장혼은 이같은 사회현상들을 극복하기 위한 방안으로 우선 아동 교육의 내용을 바꾸려 했을 것으로 판단된다.

둘째, 성인들의 가치관을 일방적으로 주입하려던 기존의 교재와는 달리 아동들이 실생활에서 가질 수 있는 의문을 해결하는 데 비중을 두었다.

셋째, 한국의 역사와 지리, 풍속에 관한 내용을 많이 기술함으로써 민족주체성을 고양시키고 있다.

넷째, 아동들이 성장하면서 자연현상에 대하여 가질 수 있는 많은 의문들에 관한 풀이가 있어서 아동 교육의 좋은 지침서가 될 수 있다. 또한, 아동들의 상상력을 자극하는 내용이 많이 들어 있다.

다섯째, 과거 준비에 얽매여 사장(詞章) 중심으로 흘러가는 학문의 흐름에서 벗어나 아동들이 알아야 할 여러 분야의 기초 상식을 제공했다는 면에서 아동 교육의 내용을 다원화하고 질적 향상을 기할 수 있었다.

정순목(1985)은『아희원람』의 교육사적 의의를 다음과 같이 설명한 바 있다.

첫째, 이 책은 민간교육의 시대적 요청에 대한 응답이라 할 수 있다. 임진·병자 양란을 거친 뒤로 성리학적 중세 질서는 붕괴되기 시작했다. 이른바 '영정시대(英正時代)의 문예부흥'은 종래의 위로부터의 교학질서(敎學秩序)가 민중의 자아발견이라는 아래로부터의 교학체계로 불가피하게 전환되지 않을 수 없었다. 이럴 때 장혼의 저술은 민간교육이라는 시대요청에 대한 선도적인 답안이라고 평가될 수 있을 것이다.

둘째, 실학적 분위기에서 나온 실용교재로서 의의가 크다. 당시 청대(淸代) 고증학의 영향과 자생적 실학탐구의 교육관은 지난날의 교조적인 인격수양 위주의 국가 공인의 기본 교재(사서오경)로 만족할 수 없게 되어 마침내 교재개발의 새로운 교육형식을 갖추지 않을 수 없게 되었다. 비록 『아희원람』이 실학적인 교육교재라고 이름지을 수는 없다 하더라도, 서구의 근대사상이 백과전서파의 실용적 교육관을 바탕으로 출발하였다면, 『아희원람』 또한 조선 후기의 실학적 분위기에서 다듬어진 실용교재의 선구적 위치를 지닌 것이다.

윤리 교화

『언해경민편(諺解警民編)』은 『경민편』을 언해한 책이다. 『경민편』은 1519년(중종 14) 황해도 관찰사 김정국(金正國)이 백성을 교화하기 위해 편찬 간행한 책이다. 그동안 꾸준히 보급되어 오다가 1748년에는 남원에서 방각본으로 간행되었는데, 간행처는 남원(南原)의 용성(龍城)으로 되어 있다. 남원에서는 방각본 간행처가 용성 한 곳으로 나와 있는데, 용성에서의 간행물도 『언해경민편』 하나에 머물고 있다. 서울이나 전주에 비하여 방각본 출판이 미약했음을 알 수 있다.

책의 서문에서는 간행 목적을 형벌의 적용보다는 인륜의 중함을 모르는 백성들을 교화하는 데 있다고 밝히고 있다. 또한 "그 형벌과 법을 밍그롬은 다 녯 님금의 빅셩 스랑ᄒ시ᄂ 어딘 ᄆᆞᆷ으로셔 낫ᄂ니 뼈몬져 인도ᄒ미 읻디 아니ᄒ고 법만 자바 죄를 의논ᄒ면 빅셩을 소기매 갓갑디 아니ᄒ랴"고 말하고 있다(김정국, 1748). 책의 내용은 인륜의 기본에 관계되면서도 백성이 범하기 쉬운 덕목을 부모·형제자매·족친·노주(奴主)·인리(隣理) 등 13조목으로 나누어 해설을 붙이고,

불륜(不倫)하였을 때 적용되는 벌칙을 제시하고 있다. 이 책은 전통적으로 강조되던 삼강오륜의 덕목인 군신·붕우·장유 등에 관한 덕목이 생략되고, 그 대신 향촌 질서의 유지에 필요한 여러 항목(노주·인리·다툼·권업 등)이 추가되었다. 이것은 저자가 황해도의 관찰사인 만큼, 지방 마을의 질서 유지에 우선적인 관심을 두고 책을 펴낸 데에서 오는 것이라 할 수 있다.

『효경대의(孝經大義)』17)는 『효경』에 주석을 달아 펴낸 것인데, 간행처는 태인의 전이채박치유이다. 『효경』은 공자와 그의 제자 증자가 문답한 것 중에서 효도에 관한 것을 추린 책이다. 『효경』이 처음에는 『고문효경(古文孝經)』이나 『금문효경(今文孝經)』으로 나왔는데, 이것을 주자가 다시 정리하고 고쳐 『주자간오(朱子刊誤)』를 내었다. 여기에 동정(董鼎)이 또 주석을 달아 『효경대의』라고 명명하여 펴낸 것이다.

유성룡은 『효경대의』의 발문(孝經大義跋)을 쓰면서, 효를 상세히 하여 따로 하나의 경전으로 만든 이유를 이렇게 제시한다. "모든 행실이 효가 아니면 바로 설 수 없고, 모든 선이 효가 아니면 행해지지 않기 때문이니, 소위 하늘의 경(天之經)이고, 땅의 의(地之義)이며, 백성의 떳떳함(民之彛)으로서 천자로부터 일반백성에 이르기까지 진실로 하루도 배우지 않아서는 안 될 것이다." 책의 내용을 살펴보면 첫머리에서 효를 설명하면서, 부모가 물려준 신체의 보전으로부터, 그의 행적에 관한 후세의 평가에 이르기까지 효의 적용대상이 아닌 것이 없음을 강조하고 있다. 또한 효는 천자·경대부·서인 등 모든 신분계층에 동일하게 적용되는 윤리규범임을 밝히고 있다. 지극한 덕(至德)만이

---

17) 『효경대의』는 유학서의 분야에 들어갈 수 있으나, 특별히 효를 강조하는 서적으로 파악하여 윤리 교화 서적에 포함시켰다.

온 천하를 순(順)하게 할 수 있음을 말하고, 백성을 가르치는[敎民] 가장 근본적인 길이 효제예악(孝悌禮樂)에 있다고 주장한다.

『대학』이 학문의 근본을 밝힌 책이라 한다면, 『효경』은 행위의 준칙을 밝힌 책이라 할 수 있다. 『효경』은 여항(閭巷)의 아동들로부터 군왕에 이르기까지 모든 사람의 필독서였으며 효는 전통사회 윤리관의 중핵사상(中核思想)으로 자리잡게 되었다(윤동원, 2000: 215).

이 효는 충과 맞물리면서 조선조 사회 내내 가장 중요한 명분을 제공하였다. 후술하겠지만, 조선조 말엽 부모에 대한 효도가 부부간의 애정과 갈등관계를 보이는 현상들이 소설 속에서 간혹 나타나기는 하였으나, 효 자체는 조선조 전시기를 통틀어 가장 중요한 규범으로 작용하였다. 이 효는 충과 짝을 이루어, 효도하는 마음과 충성하는 정신은 하나로 통하였다. 정부에서는 효를 선양하고 표창함으로써 왕에 대한 충성을 함께 이끌어내고자 하였다. 여기에는 주자학을 유학의 정통을 삼은 데에서 확고한 이론적 밑받침을 받았을 것으로 생각한다.

어문학 : 소설, 시, 운서

『구운몽(九雲夢)』은 서포(西浦) 김만중(金萬重)이 지은 한문소설이다. 간행처는 금성(錦城)의 오문(午門)으로 나와 있다. 금성 지역의 방각본 간행처는 오문 외에 『주서백선』을 찍은 금성이 있다. 방각본 출판이 그리 활발한 지역은 아니었음을 알 수 있다. 오문에서도 『구운몽』 외에 다른 간행물은 보이지 않고 있다.

이 소설은 중국을 배경으로 하였으나, 전형적인 조선중기 양반사회의 생활상을 나타낸 대표적 작품으로서, 그 줄거리는 다음과 같다.

중국 초(楚)나라의 형산(衡山) 연화봉(蓮華峯) 도장(道場)에서 불법을 강설하는 육관(六觀)대사의 제자인 성진(性眞)이, 남악(南岳) 위부인(魏夫人)의 제자인 8선녀와 더불어 희롱한 죄로 인간계로 하강하여 양소유(楊少遊)로 태어난다. 문재(文才)가 뛰어난 그는 곧 과거에 급제하고 정계에 나가 출장입상(出將入相)하고 나라의 위기를 맞아 동분서주한다. 한편 8선녀 역시 전락하여 환생하였는데, 양소유는 이들을 차례로 해후, 모두 배필로 삼고, 인간의 부귀공명을 실컷 누린다. 그러다가 이런 영화(榮華)에서 문득 잠이 깨이자, 그는 한참 후에야 자신이 '성진'으로 있을 때에 앉아 있던 연화봉 도장에 있음을 발견한다. 이후 그는 인생 무상을 크게 깨우치고 열심히 불도를 닦아 극락세계로 갔다는 이야기다.

이 소설은 유교, 불교, 도교적인 사상을 함께 나타낸다. 즉 소설 속의 주인공 양소유가 출세하고 부귀영화를 누리는 것은 당시 사대부 계층이 가진 유교적 생활관의 표현이지만, 대단원에서 주인공의 술회로 이것을 일장춘몽으로 돌려버리는 것은 불교적인 인생관의 표현이다. 또한 8선녀가 나오고, 그 8선녀가 공중으로 올라갔다고 하는 묘사 등은 도교적 표현이다.

이 소설은 이규경의 『오주연문장전산고』에 의하면, 김만중이 귀양지에서 어머니 윤씨 부인의 한가함과 근심을 덜어주기 위하여 하룻밤 사이에 작품을 지었다고 한다. 김만중은 송시열과 같은 정치세력에 속했으며, 숙종 때 정권을 독점한 노론 벌열층(閥閱層)의 일원이었으면서도 주자학을 절대적인 사상으로 내세운 송시열의 명분론을 근저에서부터 불신했으며, 오히려 불교에 동조하는 입장을 취했고, 지배층이 배격하는 소설에 대해 깊은 이해를 가지고 직접 소설을 쓰기도

한 것이다(李鉉國, 1984: 85; 조동일, 1979: 192). 또한 정치적 혼란기에 유배되는 고초를 겪으면서 불교와 도교 등의 영향을 받아『구운몽』과 같은 작품을 창작할 수 있었던 것으로 보인다.

그러나『구운몽』은 중국소설의 형태를 모방하였고, 또 그 지리적 배경이나 문학적 배경이 모두 중국이었다. 그 사상적인 면을 고찰하면, 이는 실로 당시 광범한 서민계층의 감정과 욕구를 무시하고, 다만 소수의 훈척배(勳戚輩)들의 음사적(淫邪的)인 생활의욕 내지는 그 사고를 표시한 것으로 일부다처주의의 옹호까지 담고 있다는 지적이 있었다(이가원, 1980: 317). 심지어『구운몽』소설의 알맹이는 주인공 양소유가 벌이는 음란한 행위에 있다는 평론(강준호, 1999)이 나올 정도로 비판을 받았다.

그런데 양소유가 음란 방탕하게 놀아난 대상인 8선녀들은 상호간에 애정에 대한 질투의 감정이나 갈등이 작품 속에 나오지 않는다. 8선녀는 모두 호혜적이고 양보의 미덕만 존재하는 석화(石化)된 여인들로 나타난다. 말하자면, 주인공의 세속적 삶의 양상은 리얼리티를 결여하고 있는 것인데, 이것은 김만중이 살았던 시기의 현실적 상황이 한 개인에게 가져다 줄 수 있는 당대적 행복 내지 욕망 충족의 극대화가 과장되게 표현된 것으로 볼 수 있다(李鉉國, 1984: 66~67).

또한『구운몽』이 민간에 광범위하게 퍼져나간 것 역시 인생의 무상을 노래한 때문이 아니라, 당시의 유교적인 분위기와는 전혀 다른, 양소유와 8선녀 사이의 애정행위가 독자들에게 어필했던 것으로 보인다. 즉 꿈이나 도술 같은 환상적 수법을 통해서나마 불교의 금욕주의와 유교적 구속으로부터 벗어나려는 반중세적(反中世的) 지향이 있었기 때문으로 보는 견해도 있다(許文燮, 1985: 350~351).

사실 이 작품은 처음과 끝은 불교의 인생관을 강조하고 있는 것 같지만, 남해 절도(絶島)에 유배되어 뜻을 펴지 못한 작가 자신의 울분과 현실에 대한 부정적인 태도가 은유적으로 표현되어 있는 것이다(許文燮, 1985: 353).

『염낙풍아(濂洛風雅)』[18]는 중국 성리학자들의 시를 모은 것으로, 원나라 김이상(金履祥)이 처음 편찬하고, 명나라에서도 간행된 바 있는데, 한국에서는 1678년(숙종 4년) 박세채(朴世采)가 중국 것을 토대로하고 그 위에 성리학 서적이나 대전(大全)에서 중요한 것들을 뽑아 만든 바 있다. 그러나 방각본에는 편자는 나오지 않으며, 1736년 태인에서 전이채가 출간한 것으로 되어 있다. 내용은 염낙학파들의 시를 풍아(風雅)의 주류라 보고, 명(銘), 잠(箴), 초사(楚辭), 오언칠언고풍(五言七言古風), 율시(律詩) 등 다양하게 담고 있다. 이 책은 조선조 성리학을 중시하던 양반들이 한시를 작성하거나 과거시험에서 문장을 쓸 때에 대비하여 연습하며 참조하던 책이다.

『어정규장전운(御定奎章全韻)』은 정조가 규장각의 신하들에게 명하여 편찬한 운서(韻書)이다. 편찬의 주역은 이덕무(李德懋)였다고 한다. 말하자면, 정부 간행물인 셈인데, 당시로서는 문장 쓰기의 표준을 정해놓은 것이기 때문에, 정조 연간인 1791년에 서울에서 방각본으로도 출간한 것이다. 방각본의 간행처는 홍수동(紅樹洞)으로 나와 있다. 홍수동은 서울의 간행처인데, 소설들을 주로 출간했다. 『장풍운전』

---

18) 염낙풍아는 염계(濂溪)와 낙양(洛陽)에서 온 말이다. 즉 염계는 주돈이(周敦頤)가 살던 곳이고, 낙양은 정명도(程明道)가 살던 곳으로 이 두 글자를 따서 후세 사람들이 이들을 염낙학파라고 불렀는데, 그 학자들의 시를 국풍(國風)과 아(雅)에 비겨서 풍아(風雅)라고 한 데에서 염낙풍아라고 명명한 것이다(유탁일, 1981: 365).

『당태종전』『양풍운전』『숙향전』 등이 홍수동에서 나온 소설들이다.

원래 한국에 전하는 운서는 대부분 중국 음인 평(平)·상(上)·거(去)
의 3성을 일면에 3단으로 싣고 입성(入聲)은 별도로 뒤에 실었는데,
이 책은 평·상·거·입(入)의 4성을 4단으로 싣고, 한자 밑에 뜻을 한자
로 간단하게 실었으며, 음은 한글로 표기하고 또 다른 운자(韻字)와 통
하는 글자는 그 운모(韻母)를 표기하였다. 모든 한자는 한글 자모순으
로 배열하고 각 글자에는 자의(字意)를 한자로 쓰고 표제자(標題字)에
는 중국 음과 우리나라 한자음을 한글로 표기하였다[『奎章閣韓國本圖
書解題(經·子部) 1』, 1978: 92].

기타: 의례, 병법, 역사 등

『삼략직해(三略直解)』는 병법서로 유명한 책인데, 중국의 황석공(黃
石公)이 장자방(張子房)에게 전수한 '삼략'을 명나라 유인(劉寅)이 풀이
한 것이다. 간행처는 광통방(廣通坊)이다. 광통방의 소재지는 서울인
데, 이 책 외에도『주해천자문』을 1804년에 발행한 실적이 있는 것으
로 보아 19세기 초엽에 활동했던 간행처임을 알 수 있다.

임진왜란과 병자호란의 양란을 겪은 이후, 조선에서는 병법서의 중
요성이 부각되어 한때 병법서의 간행이 이루어져 왔으나, 다른 유교
적 교양 서적의 출간에 비해서는 미미한 상태였다. 정부간행물로는
병법서가『병학통』,『자초신방』,『무예도보통지』등 다수 있으나, 방
각본으로 출간된 것은『삼략직해』한 종류가 전해질 따름이다. 무(武)
보다는 문(文)을 숭상하던 사회적 분위기 때문에, 정부가 정책적으로
발행한 군사학 도서 외에 민간의 수요에 맞추어 출간하기는 어려웠을

것으로 보인다.

『십구사략언해(十九史略諺解)』는 『십구사략통고(通考)』의 권지일(卷之一)을 언해한 책이다. 통칭『사략언해(史略諺解)』라고도 한다.『십구사략통고』는 원나라 증선지(曾先之)가 편찬한『십구사략』에 명나라의 여진(余進)이 원사(元史)를 보태고 통고(通考)하여 만든 책을 말한다. 간행처는 화곡(花谷)으로 나와 있다. 화곡은 서울의 간행처인데『십구사략언해』외에 다른 방각본은 간행하지 않은 것으로 나와 있다.

이 책은 중국 태고의 천황(天皇)·지황(地皇)·인황(人皇)에서 시작하여 초(楚)·연(燕)·진(秦)나라까지의 역사를 담고 있다.

조선조의 지식인들에게 있어 중국 역사의 이해는 교양뿐만 아니라 과거시험에서의 답안 작성을 위하여 필수적으로 알아야 할 과정이었다. 또한 관계에 진출한 이후에도 의사결정과정에서 중국의 사례가 중요한 근거로 작용해왔기 때문에 그 학습의 필요성은 매우 컸다고 볼 수 있다. 따라서 중국 역사는『동몽선습』,『아희원람』,『유몽휘편』같은 아동용 교재에서도 중요한 부분을 차지하고 있다. 이『십구사략언해』도 서당용 교재로 사용되어 널리 읽혔다.

『의례유설(疑禮類說)』은 조선 후기의 문신(文臣)인 신근이 편찬한 예설(禮說)에 관한 책인데, 간행처는 서울의 정동(貞洞)으로 나와 있다. 정동은 이 책 외에 다른 간행물은 알려지지 않은 것으로 보아 영세한 간행처였을 것으로 생각된다.

예설에는 고금의 이설(異說)이 많으므로 의심나는 내용을 예를 들어 설명하였다. 권1·2는 통례(通禮)로, 사묘(祠廟)·천신(薦新)·종법(宗法), 촌수간의 칭호, 관례·혼례·거가잡의(居家雜儀)·제복(制服) 등의 내용이고, 권3·4는 상례로, 상례 중의 모든 예설과 대복(代服)·추복(追

服)·계부복(繼父服)·사우복(師友服)·동자복제(童子服制) 등에 관한 내용, 권5는 장례(葬禮)로, 특히 제주(題主)·분묘(墳墓) 등에 관한 내용을 담고 있다. 권 6~9는 제례로, 상중(喪中)·복중(服中)의 제례와 묘제(墓祭)·허장(虛葬)·권장(權葬)·개장(改葬)·산신제(山神祭), 그리고 국장(國葬)·국휼(國恤) 때의 제례에 관한 내용, 권10·11은 궁중 및 군신간의 복제설(服制說)과 서원·향교 행사 때의 의식 및 예절을 포괄하고 있다. 의례는 조선조 내내 중요시되었기 때문에 민간에서의 방각본 출판에서도 의례 관련 서적이 나오게 된 것이다.

전반적 특성

이상의 검토를 토대로, 제2기 방각본의 내용적 특성을 다음과 같이 정리할 수 있을 것이다

첫째, 유학 관련 내용이 주축을 이루고 있다는 점이다. 유교 내지 유학은 조선시대의 국가 방침으로서 중요시되어, 지식인의 일반 교양 함양과 과거(科擧)시험의 대비용으로 유학 관련 서적은 제2기 방각본 출판에서 가장 커다란 비중을 차지하게 되었다. 물론, 유학 경전이나 주석서들은 관판본에서 중요한 비중을 차지하고 있고, 방각본 역시 관판본과 같은 내용의 서적을 민간에서 독자들의 수요에 맞추어 발간한 것이다. 이러한 유학 관련 방각본 출판은 크게 나누어 두 가지로 볼 수 있는데, 하나는 사서삼경으로 일컬어지는 유학 경전의 언해본 간행작업과 경전에 대한 주석서 간행작업이고, 또다른 하나는 공자를 기리기 위한 것으로서 공자의 일대기를 정리하거나 추숭하는 내용의 서적 간행작업을 말한다.

『사서삼경』의 언해작업은 민간에서가 아니라, 정부 주도로 이루어
져 세종대부터 있어왔지만, 선조대에 본격적으로 이루어져 광해군대
에 이미 출간된 바 있다. 국가적으로 이 언해본의 보급에 힘을 쏟았으
나, 18세기 이후에는 늘어나는 독자들의 수요를 관판본만으로는 맞출
수 없어 방각본으로도 출간되었다고 생각한다. 이와 함께 유학 경전
에 대한 주석서들도 활발하게 간행되었는데, 그 해석은 주자학을 정
통으로 삼은 바탕 위에서 이루어진 것이다. 유학 관련 서적의 또다른
내용인 공자를 높이고 기리는 작업은 『공자가어』, 『공자통기』, 『신간
소왕사기』 등 다수의 서적으로 나타났다. 이것은 단순히 경전으로서
공자를 배우는 정도에서 더 나아가 공자를 종교적인 성인으로 추숭하
는 단계로까지 나아갔음을 말해주는 것이다.

둘째, 방각본의 내용적 특성은 아동들의 학습이 강조되었다는 점이
다. 즉 아동들을 위한 한자 학습서(『천자문』), 오륜 및 중국과 한국의
역사 소개(『동몽선습』), 아동들이 일상생활에서 지켜야 할 도리(『동자
습』)는 물론, 고금의 역사와 문화 현상에서 아이들에게 필요한 것을
실용적인 관점에서 가려 뽑은 것(『아희원람』)까지 다양한 내용으로 이
루어져 있다. 이 중에서도 『천자문』이나 『동몽선습』 같은 교재들은
위로는 왕세자로부터 아래로는 서민들에 이르기까지 공통적으로 활
용되었다. 말하자면, 글을 배우는 사람들은 어릴 적부터 동일한 교양
을 쌓은 것이라 할 수 있다. 또한 아동용만은 아니지만, 『십구사략언
해』 같은 책들도 서당 교재로서 초학자들에게 널리 읽혀졌다.

셋째, 제1기에 비해서 방각본의 내용이 다양해졌다는 점이다. 즉
제1기에는 백과사전과 농학 분야의 실용서 중심이던 것이, 제2기에는
의례, 병법, 역사, 운서(韻書), 나아가 소설(『구운몽』)까지 그 폭이 넓어

졌다. 특히 소설이 방각본으로 출간되었다는 사실은 관판본 출판과의 차별화가 시작되는 것으로 보아야 할 것이다. 왜냐하면 이 시기는 바로 정부에서 소설을 금하고 소설적 문체를 사용하는 행위조차 금기시하던 때에 해당되기 때문이다. 소설 출간의 목적도 저자(김만중)의 모친의 한가함을 덜어주기 위해서였다는 것은 심심풀이 다시 말하면 오락 목적으로 서적을 저술했음을 의미한다. 그러나 제2기의 방각본에서는 소설 출간이 『구운몽』 한 편에 그치고 말았는데, 그것은 제3기에 나오는 다양한 종류의 소설들이 처음부터 다수 독자를 의식하여 상업적 목적으로 창작 간행되기 시작한 것과는 그 의미를 달리할 것이다.

제3기: 오락 기능의 강화와 실용성의 확대

제3기에 출간된 방각본을 살펴보면, 제2기에서 강조되었던 유교적 교양이나 아동 교육에 대한 신간은 별로 없고, 그 대신 소설을 주축으로 오락적 기능을 중시하는 방각본들이 많았다. 동시에 출판물의 종류도 교양서나 사전류는 물론 의례, 가정살림, 병법, 의술 관련 등으로 다양해졌다. 또한 『유서필지』, 『언간독』, 『간독정요』 등처럼, 서식이나 서간 작성에 도움을 주는 책들이 다수 등장하였다.

이와 같은 방각본들의 내용적 특성에 대하여, 개별 도서들을 당시 상황과의 관련성 속에서 각 주제별로 소설 및 가사, 실용서적, 기타로 나누어 하나씩 검토한 다음, 전반적인 특성을 종합 정리하고자 한다.

소설 및 가사 : 오락 기능의 강화

영웅소설: 대중적 흥미의 창조

『조웅전』은 대표적인 영웅소설인데, 작자 미상이고 간행처는 행동(杏洞)으로 나와 있다. 행동의 소재지는 전주인데, 『십구사략언해』 외에 다른 방각본은 간행하지 않은 것으로 나와 있다. 『조웅전』의 줄거리는 다음과 같다.

중국 송나라 때 좌승상 조정인은 우승상 이두병의 참소를 입고 음독자살하였다. 이것을 본 황제는 조정인의 외아들 조웅을 더욱 총애하여 동갑내기 태자의 친구가 되게 하였다. 그러나 이듬해 황제는 세상을 떠났고, 여덟 살의 태자가 황제의 위에 오르게 되자 이두병은 국권을 틀어쥔 다음, 태자를 유배 보내고 자칭 황제가 되었다. 이때 조웅은 어린 나이에도 불구하고 분노를 참지 못하여 이두병의 죄악을 폭로하는 글을 거리에 써 붙이고 수배자가 되어 피신길에 올랐다. 고난 끝에 조웅 모자는 강선암에 의탁하게 되고, 조웅은 월경대사에게 무술 수업을 받고 철관도사에게 도술을 배웠다. 그리고 장진사댁에 유숙하게 되는데, 우연히 그 집의 장소저를 만나 남몰래 인연을 맺고 혼인 약속을 한다. 이 무렵 서번이 위나라를 침입하였다. 위나라 왕은 조웅의 아버지와 죽마고우 사이였다. 조웅은 나아가 서번을 격퇴시켰다. 한편, 천자를 자칭한 이두병이 조웅을 잡기 위하여 군대를 일으켰으나 도리어 조웅에게 연패한 끝에 사로잡히고 만다. 조웅은 이두병과 간신들을 처단하니, 다시 복위한 황제는 조웅을 제후로 봉한다.

조선시대 소설의 대표는 영웅소설이다. 당시 독자들은 영웅소설 또는 군담소설을 가장 즐겨 읽었고 따라서 많은 종류의 영웅소설이 나

<표 4> 조선시대 방각본 내용 소개 (제3기)

간행연도	서명	편저자	판원	주제 분류	내용 소개
1843	유충열전	미상	完板	소 설	명나라 유충열 장군이 간신 정한담을 물리친 이야기
1844	全韻玉篇	미상	完板	한자사전	『御定奎章全韻』을 모체로 한 한자 사전
1845	심청전	미상	完板	소 설	심봉사와 효녀 심청의 이야기
1847	진대방전	미상	京板	소 설	어머니가 방탕한 아들 부부를 관가에 고발하여 회개하게 한 이야기
1848	삼설기	미상	京板	소 설	조선시대 말의 한글 단편소설집. 세태를 비판하는 의식을 주제로 함
1850	四禮撮要	尹羲培 편	未詳	儀禮類書	관혼상제의 四禮에 관한 선현들이 하섭을 편집한 책
1851	우주호연	미상	京板	소 설	중국 五代 시대 송나라 진구을 도운 3인의 여걸과 세 남자 이야기
1851	서세남정기	金萬重	京板	소 설	숙종이 민비 폐출을 풍자한 소설
1852	장경전	미상	京板	소 설	장경이 병법을 익혀 과거에 급제하여 헤어졌던 부모를 만나 부귀영화를 누렸다는 이야기
1858	장풍운전	미상	京板	소 설	중국 송나라 장풍운의 의적 결되기
1858	당태종전	미상	京板	소 설	지옥과 극락을 구경하고 돌아와 불교를 벌친 당태종 이야기
1858	양풍운전	미상	京板	소 설	계모와 학대로 쫓겨난 양풍이 출세해서 아버지를 구해내는 가정소설
1858	숙향전	미상	京板	소 설	숙향이 고난 끝에 초왕 이선과 결합하는 이야기
1859	삼국지	羅貫中	京板	소 설	중국 羅貫中의 『三國誌演義』를 번역 축약 한 책
1859	通鑑節要	강지 편	完板	歷史書	司馬光이 편찬한 『資治通鑑』을 간추려 엮은 책. 『資治通鑑』은 周나라에서 秦·漢을 거쳐 後周에 이르기까지 軍國大事와 君臣言行을 년월에 따라 기록한 책임

연도	서명	저자	판본	분류	내용
1859	룡문전	미상	京板	소 설	영웅소설인『소대성전』의 속편
1860	朱書百選	정조	錦城	儒學書	정조가 朱子의 서간 중에서 가장 긴요한 내용 100편을 뽑아 모은 책
1860	숙영낭자전	미상	京板	소 설	'효'와 '애정 추구'의 갈등을 보이는 작품
1861	簡牘精要	미상	京板	서간문작법	한문체 편지 쓰는 요령 및 예문을 수록해놓은 책. 권두에는 역대 왕과 왕후들의 忌日, 誕生 연도, 즉위 및 전위 연도, 능이 소재지 등을 기록.
1861	신미록	미상	京板	소 설	1811년 일어났던 홍경래난을 다룬 역사 소설
1863	南薰太平歌	미상	京板	歌 集	時調·雜歌·短歌·長歌 합하여 230 수 수록. 창을 위한 음악적인 목적으로 편찬
1864	위지경덕전	미상	京板	소 설	당 태종 때의 장군 위지경덕과 그의 처 梅氏를 모델로 한 전기소설
1867	조웅전	미상	完板	소 설	중국 송나라 때 조웅이 서변의 침입을 물리친 이야기
1869	閨閤叢書	憑虛閣이씨	京板	가정용 백과사전	일상생활에서 요긴한 생활의 슬기를 모은 가정용 백과사전
1870	요언집구	미상	京板	文 학	시 모음
1872	儒胥必知	미상	完板	書式 作成法	諸題目·書訴狀·告訴狀·各종의 證券에 관한 書式을 설명
1880	한양가	漢山居士	京板	장편 가사	한양의 모습을 그려내고 찬양하는 장편 가사
1883	玉皇質訓	미상	京板	道家書	기복신앙이 배어 있는 도가서
1883	明聖經	미상	京板	道家書	도교적인 심신 수양을 위해 엮은 책. 기복적 신앙도 배어 있음
1885	方藥合編	黃泌秀편	京板	醫家書	醫方과 藥物의 지식을 임무요건하게 정리한 책
1886	언간독	미상	京板	서간문 작성 법	한글 편지의 서식을 모은 책

1898	퇴별가	미상	完板	가사	우화적 수법을 사용한 가사
1899	簡禮彙纂	미상	完板	書式作法	公用 및 私用 문서의 文例·書式을 나타낸 책. 편두에는 조선조 역대 왕과 왕비, 세자들의 명단, 그들의 생일, 즉위연도, 능위연도 등이 있는 지명, 冠禮, 婚禮, 喪禮, 祭禮의 四禮에 관한 사항을 수록.
1901	文字類輯	미상	完板	문장 백과사전	백과사서 일상 생활에 필요한 상식들을 여러 전적에서 발췌한 책
1905	청수정전	미상	京板	소설	외적을 격퇴한 여장군 정수정 이야기
1905	草簡牘	미상	完板	서신 작성법	書信 작성에 필요한 격식과 예문 등을 편집한 책
1905	保幼新編	盧光履 편	達城	醫學書	소아과 專門醫書
1906	牖蒙彙編	미상	達城	아동 수신 교양서	아동의 수신 교양서적으로 중국의 歷代史를 약술
1907	조한전	미상	完板	소설	항우와 유방이 대접하다가 유방이 승리하여 漢나라를 세우던 때까지의 이야기
1907	전운치전	미상	京板	소설	조선 시대의 도술 소설
1907	화룡도	미상	完板	소설	『삼국지』의 일부를 뽑아낸 소설
1908	소대성전	미상	完板	소설	명나라를 침공한 흉노족을 격퇴한 소대성 이야기
1910	쌍주기연	미상	京板	소설	남면을 격퇴한 명나라의 대원수 서천흥이 겪은 혼인 및 무용담

자료: <표 2>와 같음.

왔다. 김현우(2000)는 독자의 수용적 측면에서 독자의 시선을 끌게 하는 조건 중 빠질 수 없는 것이 인간의 폭력성이라고 보았다. 특히 양란이 끼친 정신적·물질적 손실은 그에 대한 회복을 요구하게 되고, 미화된 폭력, 즉 영웅의 군담을 이야기하지 않을 수 없다는 것이다.

이런 소설 중에서도 『조웅전』은 가장 많이 읽힌 소설로 알려졌다. 이는 후술하겠지만, 방각본으로 간행된 횟수의 조사를 통해서 확인된 것이다. 결국, 『조웅전』은 크게 성공한 최대의 베스트셀러로 대중소설적 특징19)을 잘 갖추고 있음을 알 수 있다. 이것은 방각본업자들이 상업적 이익을 취하기 위하여 작가들을 동원하여 비슷한 줄거리의 작품을 대량 생산해낸 때문으로 보인다. 다시 말하면, 『조웅전』의 대중소설적 특징들은 독자들의 욕구를 충족시킴으로써 방각본업자들의

---

19) 대중소설의 특징에 대하여 몇 가지 견해가 있다. 우선 임성래(1996)는 이렇게 규정하였다. 첫째 대중소설의 주인공은 대부분 초인이거나 고귀한 신분, 미모 따위에서 보통 사람을 능가하는 곧 비범한 인물들이다. 둘째, 대중소설은 지속적인 선악의 대결구도를 활용한다. 대결구도의 전개과정에서 대결 초기에는 악의 승리가 지속되면서 선의 고난이 계속되다가 후기로 갈수록 선의 승리가 확고해지며, 최후에는 선의 승리로 귀착된다. 이 과정에서 독자들은 선악의 승패에 따라 긴장과 이완을 반복하여 맛보게 된다. 셋째, 주인공은 정의를 위해 일한다. 넷째, 작품의 구조는 도식적이다. 다섯째, 등장인물의 성격은 전형성을 갖는다. 여섯째, 행복한 결말을 갖는다. 일곱째, 일반적으로 줄거리에 애정담이 포함된다. 대부분 주인공의 결연과 관련되어 있다.
또한 민긍기(1995)는 『조웅전』이 고소설 독자들로부터 인기를 얻을 수 있었던 까닭을 이렇게 본다. 첫째, 체제대립적이 아니라, 체제수호적 인물을 주인공으로 하고 있다. 즉 부귀영화를 획득함에 있어 체제와 갈등하며 획득하느냐 체제와 화합하면서 획득하느냐에 따라 달라지는데, 대개 체제수호적 인물들의 이야기가 많이 쉽게 대중성을 획득한다는 것이다. 둘째, 주인공이 간접 추구방식으로 부귀영화를 획득한다. 조웅은 사회의 이념인 충을 추구함으로써 간접적으로 부귀영화를 획득한다. 셋째, 주인공과 대립하는 인물이 한 인물로 형상화되어 작품의 시작에서 끝까지 주인공이 처한 현실의 주체로 활동한다. 주인공과 대립하는 인물인 이두병이 작품의 시작에서부터 등장하여 작품이 끝날 때까지 주인공 조웅과 대립하고 있다. 이상의 여러 의견들이 종합적으로 작용하여 『조웅전』은 당시 독자들의 호응을 최대한 받을 수 있었던 대중소설이었다고 생각된다.

작품 제작의도와 밀접하게 관련되어 있었고, 그런 점에서 『조웅전』은 전체적으로 대중소설의 특징을 잘 보여주는 작품이라는 것이다(임성 래, 1996: 221, 226).

『조웅전』에서 활용된 대중소설적 기법들은 긴장과 이완의 반복 과 정을 통해서 독자들을 소설에 몰입시켰다. 그에 따라 독자들은 소설 의 재미에 탐닉하면서 자신들이 현실에서 이루지 못한 꿈을 소설을 통해서나마 실현함으로써 고달픈 삶의 위안을 찾을 수 있었다. 이러 한 점은 『조웅전』에만 한정된 것은 아니었다(임성래, 1996: 239).

한편, 호응도가 높았다는 것은 당대 독자들의 원망(願望)에 부응했 다는 의미일 것이다. 독자의 원망이란 소설의 결말에서 부각되기 마 련인데, 이 작품에서 이상향인 태평성대의 추구는 비록 관습적인 표 현을 가진다 하더라도 현실적인 모순의 극복으로서 상정된 세계이며, 결미의 세계상은 수용층의 현실에 근거를 두게 되는 것이다(김경남, 1997: 674).

『소대성전』은 작자 미상의 영웅소설이며, 간행처는 완구동(完龜洞) 으로 나와 있다. 완구동은 전주에 있는데, 20세기 초엽에 활동한 간행 처로서 이 책 외에도 『장경전』, 『화룡도』 등의 소설을 출간한 실적이 있다. 『소대성전』의 줄거리는 다음과 같다.

명나라 때 병부상서를 지냈던 소양(蘇良)은 고향에 내려와 살면서 자식이 없어 비탄에 잠겨 있다가, 청룡사에 시주한 공덕으로 아들을 낳았는데, 그 이름을 소대성이라 지었다. 소대성은 기골이 장대하고 늠름하게 자랐으나, 열 살 때 부모를 잃게 되어 집안이 기울어져 떠돌 이 생활을 하게 되었다. 이때 재상을 지낸 후 시골에 내려와 살던 이 진은 소대성을 우연히 만나, 그의 인물됨이 마음에 들어 자신의 딸

이채봉과 약혼을 시켰다. 하지만 이진이 갑자기 죽게 되자, 그 약혼은 성사되지 못하고 오히려 처가 식구들의 박해를 피해 집을 떠나 다시 방황하다가 청룡사에 들어간다. 거기에서 노승의 도움으로 무술 수련을 하고 있었다. 이때, 북방 흉노가 침공하자 소대성은 전장에 나아가 이들을 격파하였다. 이를 알게 된 천자는 소대성을 대원수로 임명하였다. 그리고 적장 호왕을 베고 천하를 평정하여 큰 공을 세웠다. 그 후 수절하고 기다리던 이채봉과 혼례를 올리고 부귀영화를 누렸다.

이 소설은 영웅소설에서 나타나는 전형적인 서사구조를 보이고 있다. 즉 주인공은 비범한 능력을 지니고 고귀한 신분의 가문에서 태어나지만, 어려서부터 가족과 헤어져 고초를 겪다가, 과거에 급제하거나 도사를 만나 무술을 연마한 뒤 전쟁터에 나가 큰 공을 세운 다음, 헤어진 가족을 만나 부귀영화를 누린다는 것이다.

이 소설의 배경은 명나라로 되어 있으나, 실제는 조선 후기 한국 사회이다. 주인공은 벼슬을 떠나 고향에 내려온 양반, 말하자면 몰락 양반이라 할 수 있다. 조선 후기에는 당쟁이 격화되면서 권력을 상실한 몰락 양반이 나타나고 양반지주(兩班地主)에 대항하여 경제적 패권을 장악하려는 새로운 세력이 대두함으로써, 정치적으로 몰락한 양반은 경제적인 몰락까지 겪게 되었는데, 『소대성전』은 이러한 양반의 정치적 경제적 몰락상(沒落相)을 반영한 작품이라 할 수 있다(조동일, 1985: 313~314).

소대성전은 정치적인 불안과 위기의식이 고조되고 신분변동이 급격하게 이루어지는 긴박한 세태를 반영하고 있다. 이러한 시대를 만나 급격하게 몰락한 양반이 국가에 대한 충성심을 발휘하여 외적을 물리침으로써 고난을 보상받고 신분상승의 꿈을 실현하고자 하는 의

지를 보여주며, 그 결과 작품에서는 중세적인 질서와 가치관이 옹호
되고 있다(김일렬, 1980: 70).

당시의 정치 풍토는 소대성의 아버지 소양 같은 정치적 탈락자의
집안을 급격히 몰락시키고 다른 한편 나라을 위기에 빠뜨릴 정도로
막강한 외적의 침입을 불러왔다. 호왕(胡王)과의 싸움에서 거둔 소대
성의 승리는 번화한 정치 풍토에서 야기된 개인적인 몰락과 국가적인
위기를 동시에 해결하는 결과를 가져왔다(김일렬, 1980: 63~64).

『용문전』은 명나라 장군 소대성의 활약상을 그린『소대성전』의 속
편인데, 작자는 미상이고 간행처는 서울의 석교(石橋)로 나와 있다. 석
교는『용문전』을 간행한 같은 해인 1859년에『동몽선습』을 낸 실적
이 있다.『용문전』의 줄거리는 다음과 같다.

호나라의 용훈 부부는 부인이 청룡이 허리를 휘감는 꿈을 꾸고 용
문을 낳았는데, 10세에 이미 병서를 좋아하고 비범한 기질을 보였다.
연화선생은 영웅이 난 것을 알고 용문을 찾아가서 연화산으로 데려와
교육한다. 그 후, 용문은 호나라의 장군이 되어 명나라를 치기 위해
출전한다. 전장에서 명의 소대성과 격전하나, 승부를 내지 못하였다.
이때, 명나라를 위해 출전한 스승 연화선생의 권유로 용문은 명나라
의 장수가 되어 호나라를 멸망시킨다. 이 공로로 황제는 용문을 장사
왕에 봉한다. 이후 국가가 태평하게 된다.

이 작품은『소대성전』과는 달리 영웅의 시련도, 혼사장애도 나타나
지 않는다. 그러나 작품의 구성상『용문전』은『소대성전』을 읽지 않
고도 독자적으로 향유될 수 있는 완결성을 갖추었다. 즉 자체 재미에
의해 소대성전에 기대지 않고 독립적으로 유통될 수 있도록 만든 것
이다(서경희, 1998: 109). 이것은 당시 영웅소설의 독자층이 늘어난 분

위기에서『소대성전』의 이야기를 더 확장시켜 전쟁 장면을 중심으로 이야기를 전개해나간 것이다.

『장풍운전』은 작자 미상의 영웅소설인데, 간행처는 서울의 홍수동으로 나와 있다. 그 줄거리는 다음과 같다.

중국 송나라 때 금릉 땅에 이부시랑 장희와 그의 부인 양씨는 늦게 자식을 낳아 이름을 장풍운이라고 지었다. 장풍운이 여덟 살 되던 해 가달이 침공해오자 장희는 임금의 명을 받아 출전하였다. 그런데 얼마 후 금릉 땅으로 적들이 쳐들어오자, 양씨 부인은 외적들에게 풍운을 빼앗기고 절에 들어간다. 장시랑은 승전하고 돌아와 부남태수가 되지만 가족을 만나지 못한다. 한편 어린 장풍운은 외적들이 도망갈 때 버리고 가버려, 방황하다가 통판 이운경에게 발견되어 그 집에서 양육된다. 이운경은 장풍운을 자기 딸 이경패의 배우자로 삼는다. 그러나 이운경이 죽자 이운경의 후처가 심하게 학대하여 장풍운은 집을 나와 광대패와 함께 떠돌아 다닌다. 그러던 중 이부상서 왕공렬을 만나 몸을 의탁하고 공부하여 과거를 보니, 장원급제하여 한림학사가 된다. 이때 서번과 가달이 합세하여 침공해 오자 대원수가 된 장풍운은 전장에 나아가 적들을 모두 격퇴하였다. 그리고 돌아오는 길에 어머니와 이경패를 만났으며, 아버지 장희와도 극적으로 만나게 되어 행복을 누리게 된다.

이 작품은 배경을 중국 송나라로 하고 있지만, 양반이 천민 신분인 광대로까지 전락하는 것을 그리고 있다. 결국 다시 신분이 상승되고 외적을 격퇴하는 것으로 나와 있지만, 당시 신분제도가 허물어지고 있는 사회현상을 알게 해준다. 이런 사회에서 장풍운의 일차적 관심사는 가문의 회복이다. 그래서, 김경숙(1997)은『장풍운전』에서는 주인공이 인식하는 세계질서가 대사회적으로 생긴 문제나 국가적 위기를 극복해야 하는 차원이 아니라 개인적 차원의 문제로 나타나고 있다고 지적한다. 주인공의 세계질서에 대한 인식이 가문의 회복과 같은 개인적 차원에 머문다는 것은 앞으로 전개될 군담소설의 주인공의 삶이 일상사의 차원으로 내려온다는 것을 뜻한다. 그 가문이라는 범주 속에서 주인공의 영락과 성쇠가 진행되면서 이경패와의 결연이 중시된다는 것이다(김경숙, 1997: 226~227). 또한, 서인석도 『장풍운전』이 『조웅전』이나 『유충열전』과는 달리 국가단위의 충성보다는 가문단위의 혼사문제에 관심을 기울인다는 것은, 자아와 세계의 갈등 양상의 중대 변모인 것이며, 이 경우 자아와 세계의 갈등의 귀결은 역경을 물리치는 게 아니라, 혼사장애를 극복하는 데로 나아가고 있다고 지적하고 있다(서인석, 1991: 67; 김경남, 1997: 671).

『장경전』은 작자 미상의 영웅소설인데, 간행처는 미동(美洞)으로 나와 있다. 미동은 서울에서 19세기 후반에 활동한 간행처로서, 『장경전』 외에 『삼국지』, 『방약합편』 등을 발간한 실적이 있다. 『장경전』의 줄거리는 다음과 같다.

송나라 때 여랑 땅에 살던 장취는 자식이 없어 절에 공양을 드린 후, 그의 부인이 부처가 임신을 알려주는 꿈을 꾸고 나서 아들을 낳았다. 이름을 장경이라 지었는데, 어릴 때부터 병법서를 읽었다. 그런데 예주 자사 유간이 낙양을 침범하고 여랑에서 노략질하는 바람에 장취는 적군에게 잡혀가고, 장경은 피난 중에 고아가 되어 관청의 방자로 생활하는 등 고초를 겪는다. 그러나 장경은 창기 초운의 도움으로 학업을 이루어, 한림학사가 되었고 왕승상의 딸과 결혼하였다. 이때 서융이 모반을 하자, 장경은 대원수가 되어 그들을 항복시켰다. 이후 연왕의 반역행위를 응징하고 황제를 복위시킨 다음, 연왕이 되어 부귀영화를 누렸다.

이 작품은 충의 실현을 강조하고 있다. 모반자를 응징한 공로로 즉 충성에 대한 보상으로 주인공을 연왕에 오르게 하고 있다. 그러나 그 과정에서『장경전』에서는 주인공이『숙향전』에서와 같이 전쟁 고아가 되어 고초를 겪게 되는데, 양반 신분에서 관청의 방자 같은 하층 천민으로 전락한 것으로 묘사된다. 여기에는 조선 후기 몰락 양반층의 실상이 반영된 것으로 볼 수 있다. 그러나 장경이 방자의 신분에서 벗어나, 그가 과거에 급제하게 되고, 다시 나라에 공을 세워서 최고의 부귀영화를 누리게 되는 스토리는 영웅소설의 일반적인 도식성을 반복하고 있는 것이다.

『유충열전』은 한국의 대표적인 영웅소설의 하나인데, 작가는 미상이다. 간행처는 전주의 완산으로 나와 있다. 그 줄거리는 다음과 같다.

명나라 때의 명관 유심은 늦게 자식을 보아 이름을 충열이라 지었다. 유심은 도청대장 정한담과 병부상서 최일귀의 반역 음모를 눈치채고 황제에게 알렸으나, 오히려 간신들의 모함으로 연북으로 유배를 당하고 말았다. 그 후 정한담 일당은 후환을 없애고자 유충열의 집을 불사르고 모친까지 죽이려 하였다. 여기에서 위기를 겨우 모면한 유충열은 이리저리 떠돌다가 아버지의 친구 강승상을 만나게 되어 그의 딸 강소저와 결혼하였다. 그러나 강승상 또한 황제에게 정한담 일파를 제거하라는 상소를 올리다가 역적으로 몰려 귀양을 가게 된다. 유충열은 강소저와 헤어져 다니다 백용사에 들어가 도승에게서 도술을 배우면서 때를 기다리고 있었다. 그런데 외적 호왕(胡王)과 손을 잡은 정한담 일당이 쳐들어오자 황제는 위기에 처하게 되었다. 이때 유충열은 도술로써 황제를 구하고 정한담을 사로잡아 그 공로로 대장군이 되었고, 부친과 강승상을 구하고 강소저를 다시 만나 부귀공명을 누렸다.

『유충열전』은 중국 명나라를 배경으로 삼아, 천자를 정점으로 한 충신과 간신의 대결을 기본적인 갈등구조로 삼으면서 절대적 힘을 지닌 간신의 횡포를 충신이 어떻게 극복해 나가는가를 독자들이 의식해 나가도록 짜 놓은 소설이다. 또한 조선 후기 소설의 상업화라는 소설 발전의 토대 위에서 대중의 요구에 부응하여 이루어진 통속소설이라는 평가도 있다(최삼룡, 1996: 3; 김현우, 2000: 6).

이 소설은 다른 영웅소설들처럼 영웅의 일대기에 맞추어 놓은 도식적 구성을 지니고 있는데, 이것은 대중성을 확보하기 위한 장치로 작용하고 있다. 즉 도식적인 구성에 이미 익숙해진 독자들은 그 내부에 형성해놓은 기대의 지평으로 인해 새로 접하는 작품에서도 쉽고 편안하다는 느낌을 받게 된다. 이것은 다시 소설의 생산 가능성을 높여주는 상업주의적 입맛에 맞아떨어지게 됨으로써 많은 방각본을 생산하게 한 배경이 되는 것이다(김현우, 2000: 171).

또한 대중성을 획득하기 위한 요소의 하나인 애정이라는 소재 역시 많은 영웅소설에서 활용하고 있는데, 이 소설에서는 유충열과 강소저와의 결연과 헤어짐 그리고 다시 만남 등의 스토리가 중요하게 부각된다. 즉 애정 소재가 남성 영웅의 군담을 보장해주는 소재적 차원에서 군담이 애정을 보조하는 단계로 전이되었다고 볼 정도로 강하게 제시된다. 이것은 곧 남성에 의해 일방적으로 행해지던 결연이 남녀 간의 진정한 사랑을 성취하는 애정으로 변화되었음을 의미하는 것으로 영웅소설의 독자들이 이미 개성을 존중하는 근대적 세계관에 밀착

되어. 있음을 알게 한다(김현우, 2000: 171~172).

『쌍주기연』은 작자 미상인데, 남녀 주인공의 결연담과 남자 주인공의 무용담이 합쳐진 영웅소설이다. 간행처는 서울의 무교동(武橋洞)으로 나와 있다. 무교동 지명을 간행처 이름으로 사용하고 있는데, 당시 무교동 지역은 유동(由洞)과 함께 조선후기에 중인층 이하의 서리, 아전 등 서민 계층이 집단적으로 거주하는 곳으로서 다른 데에 비해 비교적 상업적 활동이 활발하였던 지역이었기 때문에 방각본의 간행도 활발하였을 것으로 추정된다(이혜경, 1999: 22). 간행처 무교동에서는 『간독정요』(1869년), 『명심보감초』(1868년), 『사요취선』(1865년), 『옥주호연』(1851년) 등 다수의 방각본을 출간했는데, 이 중에서 『옥주호연』을 제외하면 다른 간행처에서 나오고 난 다음에 출간한 책들이다. 『쌍주기연』의 줄거리는 다음과 같다.

명나라 때 소주 땅에 살았던 명관(名官) 서경은 늦게야 아들 천홍을 얻는다. 그리고 간신이 득세하는 조정을 개탄하고 낙향하여 아들의 성장을 지켜보며 지낸다. 그러던 중 남만이 중원을 침범코자 하므로 황제는 서경을 불러 남만을 평정토록 하였으나, 도리어 서경은 남만 왕에게 붙잡혀 섬에 갇힌다. 한편 서경의 부인 이씨는 혼자 아들 천홍을 기르면서 지내던 중, 산적에게 납치된다. 다행히 적장 첩의 도움으로 탈출하고, 꿈속에서 한 여승의 계시로 백화암을 찾아가 몸을 의탁한다. 천홍은 도적들에 의해 길에 버려졌으나, 왕어사의 하인인 장삼이 발견하여 자신의 집으로 데려가 양육한다. 왕어사의 부인 유씨는 천홍의 비범함을 알아보고는 자신의 아들과 같이 지내게 한다. 그리고 유부인이 왕소저의 태몽시에 선녀로부터 얻은 보주(寶珠)와 천홍이 지니고 있던 보주가 일치하매 천홍을 왕소저와 혼약하도록 한다.

이후 서천홍은 문무 양과에 장원급제하는데, 이때 황숙(皇叔) 제왕이 비(妃)를 구하던 중 왕소저가 현미하다는 소문을 듣고 황제를 움직여 결혼하려 한다. 그러나 서천홍과 왕소저의 관계를 알게 된 황제는 황숙 제왕과의 결혼을 취소하고 두 사람을 혼인시켜준다. 남만이 다시 중원을 침범함에 서천홍이 대원수가 되어 남만을 격파하여 항복을 받아내는 한편, 부친 서경을 모시고 회군한다.

한편 왕소저와의 혼인에 실패한 제왕은 서천홍이 출정한 틈을 타 왕소저를 납치코자 하였으나, 왕소저는 망부(亡父)의 계시로 위기를 모면하고 대신 시비 월향이 납치되어 간다. 왕소저는 남복으로 도망하다가 한 여승을 만나 양주자사로 있는 오라비를 찾아간다. 한편 서부로 돌아온 시비 월향이 제왕의 패악을 황제께 상소하니, 황제가 제왕을 하옥시킨다. 서천홍은 회군하여 돌아와 황제로부터 봉작을 받고, 모친과 부인을 상봉하여 부귀를 누리며 한 평생을 지내다가 왕부인과 함께 일시에 세상을 떠난다.

이 소설은 영웅소설의 일종이지만, 주인공의 군담(軍談)과, 남녀의 기이한 만남을 함께 담고 있다. 이것은 조선후기 소설에서 홍미와 오락성을 중심으로 하는 통속성의 경향 속에서 나온 것이라는 분석이 있다. 즉『쌍주기연』은 통속성을 기저로 하여 작품의 서사구조도 영웅일대기 구조와 기이한 만남이라는 기봉(奇逢)구조의 절충적인 형태로 나타났다는 것이다(한정미, 2002: 100).

여성영웅소설: 여권의식의 표현

『옥주호연』은 작자 미상의 여성영웅소설인데, 간행처는 서울의 무교동으로 나와 있다. 그 줄거리는 다음과 같다.

중국 오대(五代) 시대에 최문경은 아들을 얻기 위해 우왕(禹王)의 능에 가서 빌곤 했다. 얼마 후 우왕으로부터 삼옥(三玉)을 얻는 꿈을 꾸고, 세 아들을 낳았다. 첫째는 완(琬), 둘째는 진(珍), 셋째는 경(瓊)이라고 이름을 지었다. 한편 태주에 사는 유원경은 부처에게 많은 돈을 공양했는데, 어느 날 밤, 부처로부터 진주 세 개를 얻는 꿈을 꾸고, 세 쌍둥이 딸을 낳았다. 첫째는 자주(紫珠), 둘째는 벽주(碧珠), 셋째는 명주(明珠)라고 불렀다. 이 딸들은 장성하여 병법을 몰래 익혔다. 이것을 알게 된 유원경은 몹시 화가 나서 자기 딸들을 죽이려고 했다. 겁에 질린 딸들은 남장을 하고 도망치다가 최문경의 세 아들을 만났다. 그들은 수도하기 위해서 산으로 가던 길이었다. 이 여섯 명은 친구가 되어 함께 도와가며 공부하기로 하고 광련사의 도사에게 교육 받았다. 그 후, 때마침 일어난 조광윤의 막하에 들어가 북한(北漢)과 맞서 싸우게 된다. 여기에서 이들은 적장을 사로잡고 성을 뺏는 등 큰 공을 세우게 된다. 이에 따라 황제로 등극한 조광윤은 이들을 포상하던 중, 세 명이 여자라는 것을 눈치채고, 자신의 중재로 각기 세 남자와 결연을 맺게 하였다.

이 소설은 여성을 영웅으로 부각시키는 점이 특징이라 하겠다. 국가의 위기에 처하여 여성이 동문수학한 남성과 함께 전장에서 공을 세우는 것이다. 또한 여장군을 한 명이 아니고 세 명씩이나 등장시킨 점이 특이하다고 할 수 있다.

조선시대 전통적인 여성관을 극복하도록 한 이 작품의 구성은 봉건주의적 인습의 구속으로부터 여성을 해방시키고 그 능력을 인정하고자 하는 작가의 인식을 표명한 것이며, 이러한 인간 회복의 의지는 기존의 여성관이 동요되던 시기에 나타난 근대지향적 의지라고 할 수 있다[20](여세주, 1988: 298). 그런데 작품에서의 근대지향적 성격은 전통적인 윤리관을 정면으로 비판하면서 나타난 것이 아니라, 전통적인 윤리관을 강조하고 그것을 근거로 삼아 여성의 진출을 주장하고 있다. 소설 속에서 세 자매는 여성답지 않게 무예를 닦는 이유를 "규방의 쇼소흔 네졀를 직히다가는 부모긔 영하를 뵈올 길일 업스온지라. ……공명을 셰워 부모긔 현양코져 흐읍고" 하면서 효로 그 근거를 제시한다(김동욱, 1973: 250).

이와 같이 여성관이 달라지게 된 배경으로는 실학사상이 일어난 점, 18세기 후반 천주교가 전국적으로 퍼진 점, 19세기 중엽 일어난 동학의 영향 등을 들 수 있다.

유교적 여성관의 동요는 여장군 소설이 발생할 수 있는 사회적 요인이 되지만, 표면적인 여성 해방 운동은 여장군 소설의 소멸 요인일 수 있다. 왜냐하면, 남녀 평등의식과 그것에 대한 심리적 희구가 실제적인 여성해방운동으로 실천되면, 꼭히 상상의 소산인 문학적 표현을 빌리지 않더라도 여성의 새로운 주장과 소망을 나타낼 수 있기 때문이다(여세주, 1988: 309).

『정수정전』은 작자 미상의 여성영웅소설이다. 간행처는 합동(蛤洞)으로 나와 있다. 합동은 서울 소재의 간행처인데 출간 실적은『정수정전』 한 종만 알려져 있다.『정수정전』의 줄거리는 다음과 같다.

송나라 태종 때 병부상서 정국은 늦게 딸을 낳아 이름을 정수정이

---

20) 또한, 여성의 사회적 국가적 참여를 문제삼고 있는『옥주호연』은 여성의 가정외적 참여가 인정되지 않던 당대 현실에 대한 상상적 극복이며 변형이라 하겠는데, 이러한 상상적 가능성의 표현은 전통적인 여성관의 동요로 여성의 사회적 국가적 참여의식이 어느 정도 일어나기 시작한 시대에 기초한다고 할 수 있다(여세주, 1988: 305).

라고 지었다. 정수정은 이부상서 장운의 아들 장영과 약혼을 했다. 그런데 예부시랑 진량(陳良)의 모함으로 정상서는 절강으로 유배되어 그곳에서 죽었다. 그러자, 정수정은 어머니 양씨와 함께 정상서의 유시(遺屍)를 선산에 모시려고 절강으로 가다가 도둑을 만났다. 양씨는 도적에게 붙들리고, 정수정은 여승의 구조를 받아 칠보암으로 들어가게 되었다. 그곳에서 정수정은 아버지의 원수를 갚으려고 남복으로 변장하고 무예를 닦아 과거에 응시하여 급제하였다.

한편 장영 역시 급제하여 한림학사가 되었으나, 수정을 찾지 못하여 위승상의 딸과 혼인하였다. 이때 호왕(胡王)이 침입하여 정수정은 대원수로, 장영도 장군으로 출전하여 대승했다. 크게 기뻐한 황제가 정수정을 부마로 삼으려 하자, 정수정은 사실을 밝혀 장영과 혼인하게 된다. 호왕이 재침하자, 정수정이 대원수로, 장영은 부원수로 출전하였다, 그러나 장영은 군량 운반의 명령을 늦게 시행하여 정수정에게 혼이 났다. 그 일로 인해 장영은 정수정을 멀리하고 있는데, 북흉노가 침범하자 황제는 장영을 불러 정수정에게 적을 격퇴시킬 계교를 물어보라 하였다. 장영이 마지못해 계교를 물어 격퇴시킨 뒤 금실이 좋아졌다.

이 작품은 여성이 직접 전장에 뛰어들어 공을 세우는 것을 주제로 하였다. 앞에 나온『옥주호연』이 남성과 동문수학하고 대등한 입장에서 공을 세운 것이라면, 여성이 장군이 되어 남성을 부리면서 적을 물리치는 것으로 되어 있다. 여성 독자층을 더욱 강하게 의식한 작품이라 할 수 있다.

차옥덕(1999)은 이 소설은 조선 중기 및 말기의 정치사회적인 배경인 내우외환이라는 직간접 경험을 계기로 여성들의 체험이 확대되고 현실적 감각이 증대된 데에서 나온 것으로 보았다. 즉 남성들만으로 대표된 사회의 맹점과 그로 인한 전쟁이나 삶에서의 여성들의 고통은 여성을 장군으로 설정하여 남편보다 상장군이 되거나, 위기에 처한 남편을 구제하는 구성도 낳게 된다. 근대적 사상의 생성이나 조선의 정치적 상황이 남녀 모두를 위해 남성중심사회로서는 한계를 가짐을 알게 됨으로써, 유능한 여성 인력도 요구된다는 인식을 한 것이다(차옥덕, 1999: 227~228).

침체되어 있던 조선시대의 여성의식이 차츰 고개를 들어 고대소설 속에서 점점 더 큰 비중으로 나타나고 있는데, 이것은 조선 왕조의 전통윤리의 고정관념을 깨뜨리고 사회적·가정적 양면에서 모두 남성 못지않은 역할을 하여 사회의 귀감이 되기를 바라는 시대적 요청이 반상황적·역설적으로 표현된 것인데(梁仁實, 1980: 88), 『정수정전』은 이러한 여성영웅소설의 대표적인 작품이라 할 수 있다.

가정소설: 효 또는 애정의 강조

『심청전』은 효도를 주제로 한 판소리계 소설이다. 『심청전』의 작가는 미상이고 간행처는 전주의 완산으로 나와 있다. 줄거리는 다음과 같다.

황해도 황주 도화동에 사는 선비 심학규는 봉사가 되었다. 그의 처 곽씨는 선인이 하강하는 꿈을 꾸고 심청을 낳지만, 곧 중병을 얻어 이 세상을 떠났다. 심봉사는 어린 아기를 안고 젖과 밥을 빌어 먹여 심청을 길렀다. 이렇게 자란 심청은 열다섯 살부터 스스로 밥을 구걸하여 아버지를 봉양하였다. 어느 날 봉운사의 주지승이 심봉사에게 절을 짓기 위한 시주를 하라고 하면서, 공양미 삼백 석을 내면 앞을 볼 수 있고 고위 관직에도 오를 것이라고 하였다. 그 말은 들은 심봉사는 즉석에서 공양미 삼백 석을 약속했고 심청은 아버지의 약속을 지키기 위해 바다를 건너 다니는 무역 상인들에게 자신을 팔아 공양미 삼백 석을 절에 냈다. 이 상인들은 자신들의 뱃길 안전을 위해 바다의 신께 제물로 바치기 위해 심청을 산 것이었다. 바다에 던져진 심청은 용궁에 들어갔는데, 용왕은 그녀의 효성에 감탄하고, 심청을 옥련화에 집어넣고 바다 위로 내보냈다. 돌아오는 길에 상인들은 심청이 들어 있는 신비스런 이 꽃을 꺾어 왕에게 바치니, 그 속에서 사랑스러운 처녀 심청이 발견된다. 왕은 즉시 심청을 왕후로 삼았다. 이후 심청은 왕으로 하여금 나라에 있는 모든 맹인들을 위한 잔치를 열게 하였다. 이 연회에서 심청은 부친을 발견하고 아버지라고 부르짖으니, 그 목소리에 놀라 심봉사의 눈이 열렸다.

『심청전』에는 심청 가족의 비참한 생활처지가 묘사되어 있다. 이는 당시 수많은 백성들의 비참한 생활상을 보여주는 것이라 할 수 있다. 동시에 도화동 사람들을 통하여 당시의 아름다운 인정 세태가 그려져 있다. 심봉사는 주변 사람들의 도움으로 젖동냥을 하여 심청을 길러낼 수 있었다. 도화동 사람들은 심청을 도와주는 데 발벗고 나섰으며, 일부 사람들은 심청의 지극한 효성에 감동되어 심청을 자기의 수양딸로 삼으려 하였고, 심청에게 비단과 패물, 양식 등을 주면서 도와주었다.

동시에 『심청전』에는 당시 인신 공양을 요구하기까지 하는 불교 사찰 주지승의 위선, 기만성, 그리고 부유한 상인계층의 탐욕성 등에 대한 고발과 당대 사회의 암흑상에 대한 비판도 함께 담겨 있다. 그리고 심청 부녀의 극적 상봉과 같은 낭만주의적 구성을 통하여 당시 백성들의 행복한 삶에 대한 적극적인 염원과 지향이 반영되어 있다(許文燮, 1985: 405~406).

『진대방전』은 효의 중요성을 강조한 공안소설로서 작자는 미상이고, 간행처는 서울의 유동(由洞)으로 나와 있다. 유동도 지명을 간행처 이름으로 쓴 것인데, 앞에서 언급했듯이 유동 지역 역시 상업활동이 활발했던 지역으로서 방각본의 간행도 활발했을 것으로 추정되는 곳이다. 간행처 유동에서는 『진대방전』(1847), 『삼설기』(1848), 『사씨남정기』(1851) 등의 소설을 처음으로 발간하였고, 예전에 나왔던 방각본들인 『사요취선』(1856), 『동몽선습』(1907), 『천자문』(1847), 『전운옥편』(1910) 등을 다시 발간하면서 활발한 활동을 벌였다. 『진대방전』의 줄거리는 다음과 같다.

송나라 때 탁주에 사는 진대방은 주색에 빠져 생활이 방탕하였다. 아버지가 돌아가자 더욱 행실이 무례하여, 어머니가 타일러도 듣지 않고 무뢰배와 작당하여 놀아났다. 더욱이 성격이 간악한 양씨를 아내로 맞이하였는데, 아내 역시 시어머니에게 불효하더니, 시어머니와 시동생을 쫓아냈다. 시어머니는 오륜 행실을 이야기하나 듣지 않았고, 아들도 며느리와 마찬가지였다. 강상죄(綱常罪)로 고발하여 벌을 받게 하겠다는 어머니를 더욱 구박하였다. 어쩔 수 없이 어머니가 관가에 나아가 울며 아들 내외를 고발하였다. 당시 태수는 효성이 지극한 사람이라, 진대방 부부를 관가에 불러 꿇어앉히고 역대 효자와 열부(烈婦)의 예를 들어 일장 훈계를 하였다. 이에 회개한 진대방 부부는 어머니에게 효도를 극진히 하고 가족이 화목하였다. 이 소문이 널리 퍼져 천자에게까지 알려져 그 마을을 효자촌이라 이름하였다.

조선시대 유학 지식인들은 소설을 단순히 흥미로운 대상으로만 보지 않고 그 속에서 일정한 가치 규범과 윤리적 의미를 획득하려고 하였다. 이러한 태도는 『진대방전』과 같은 소설책을 통해 규범서의 성격을 구현하려는 특징을 만들어냈다(이태문, 1998: 48).

조선조 사회는 국왕부터 서민층에 이르기까지 효가 최고의 윤리 덕목으로 자리잡았지만, 『진대방전』이 보여주는 현실은 그렇지 않다. 진대방과 그의 아내는 효도의 태만 정도가 아니라, 오히려 어머니와 시어머니를 학대 구박하다가 쫓아내는 모습을 보여준다. 이것은 조선 후기에 유교적인 윤리규범이 흔들리고 있는 사회상을 드러내는 것이라 할 수 있다. 이러한 윤리적 이반 현상은 고을 태수가 개입해야 할 정도로 심각한 지경에 도달했음을 알게 한다. 조선조 사회에서 효는 충과 짝을 이루면서 정신적 실질적 토대로 작용되어왔다. 효의 상실은 충마저도 그 근거를 위협할 수 있다. 여기에서 중앙에서 파견된 지방 행정관의 개입은 당연하다.

그러나 『진대방전』에 나오는 진대방과 그의 아내의 행위는 기존 질서에 대한 저항도 아니며, 새로운 질서의 모색 결과도 아니다. 단지 일시적인 일탈과 방황으로 이해되며, 따라서 고을 태수의 몇 마디 훈계가 전부인 문제 해결의 과정을 겪으면서 작가 또는 독자가 의도한 대로 쉽게 기존 질서로 복귀한다(이태문, 1998: 51).

오늘날 말하는 작품의 리얼리티나 소설적 구성의 관점으로 보자면, 비현실적이고 소설적 흥미 역시 미미하다고 하겠지만, 이 소설은 19세기 중반에 간행되어 1910년대에까지도 간행될 정도로 독자들에게 애독된 소설이다. 그 요인으로는 역대 효자와 열부들의 다양한 일화들이 삽입되어 흥미를 끌고 있으며, 방탕한 아들과 며느리를 개심시켜 소문난 효자로 만들어냄으로써 당시 독자들로 하여금 심리적 안정

감을 갖게 해주었기 때문인 것으로 보인다.

『양풍운전』은 작자 미상의 소설인데, 간행처는 서울의 홍수동으로 나와 있다. 줄거리는 다음과 같다.

중국 한(漢)나라 때 양태백이란 관리가 있었다. 어느 날 이 관리가 몹시 사랑하던 첩이 병으로 드러누웠다는 소식을 들었다. 애첩은 병 문안을 온 양태백에게 자신의 건강은 본부인이 집을 떠나지 않는 한 회복되지 않을 거라고 말했다. 그러자, 양태백은 주저하지 않고 본부 인과 아이들을 집에서 쫓아냈다. 쫓겨난 그들은 달리 갈 만한 곳이 없었기 때문에 그 집안 조상들의 묘지기 집에 딸린 오두막에 피신하 였다. 그곳에서 그들은 추위와 배고픔에 시달린다. 본부인은 병에 걸 려 임종이 가까워 오자, 손가락을 깨물어 남편에게 아이들을 불쌍히 여겨 달라는 편지를 쓴다. 이 편지를 받은 양태백은 감동하여 자식들 을 자기 집으로 데려오려고 했으나, 애첩의 반대로 포기하였다. 그런 데 쫓겨난 세 아들 중의 하나인 양풍운은 장성하여 군대에 들어가서 고위직에 올라, 적군과 싸워 크게 이겼다. 황제는 승전하고 돌아온 양 풍운을 초왕에 봉하였다.

한편 양태백은 노쇠하고 눈이 멀었으며, 애첩에게서 학대까지 받았 다. 그는 자기의 못된 행동에 대한 벌을 받고 있다는 것을 깨달았고, 자신의 젊은 날 행위를 후회했다. 어느 날 아들 양풍운이 아버지가 살고 있는 곳을 발견하여 찾아갔다. 그러나 양태백은 아들을 알아보 지 못했다. "제가 아버님 아들입니다." 양풍운이 말하자, 눈이 멀었던 양태백은 다시 눈을 뜨게 되었다.

『양풍운전』은 영웅소설이 대중적 흥미를 창조하는 것과 마찬가지 로, 첩 제도하의 가족 갈등이라는 본래의 문제의식을 외면한 채 독자

들의 통속적 홍미에 영합했다는 평가가 있다. 즉 오락적 독서물을 찾
는 독자들에게 있어서는, 진지하고 일관된 문제의식보다는 착한 사람
들이 보여주는 불행에서 행복으로의 극적인 반전이나 끊임없이 이어
지는 복잡한 사건들이 더 큰 긴장감과 호기심을 유발할 수 있기 때문
에 이러한 통속적인 소설이 출현하게 된 것이라고 보는 것이다(韓貞美,
2001: 89).

『숙영낭자전』은 기존의 가치관인 '효'와 '애정 추구' 사이의 갈등
을 보여주는 작품인데, 애정추구를 더 강조하는 방향으로 진행된다.
작자는 미상이고 간행처는 서울의 홍수동(紅樹洞)으로 나와 있다. 작
품의 줄거리는 다음과 같다.

세종 때 안동지방에 사는 백공 부부의 외아들인 백선군은 하늘의
죄를 짓고 귀양와 있던 선녀 숙영낭자를 꿈에서 만나게 된 이후, 상사
병을 얻게 되었다. 이에 백공 부부는 시녀 매월을 백선군의 첩으로
들이게 하였다. 그러나 여전히 상사병이 고쳐지지 않자, 하늘이 정해
준 3년 기한을 앞당겨 숙영낭자와 결혼을 시킨다. 그 후 선군은 숙영
낭자에게 정신이 팔려 학업을 소홀히 하였다. 그러자, 백공 부부가 백
선군에게 과거를 보아 가문을 빛내라고 강력하게 말하자, 백선군은
아버지의 분부를 거역할 수 없어 과거를 보러 길을 떠났다. 그러나
숙영낭자가 그리워 첫 날, 둘째 날 계속해서 다시 되돌아와 부모 몰래
숙영낭자와 자고 갔다. 밤에 도적이 들까봐 집을 둘러보던 백공이 이
틀 연속 며느리 방에서 남자의 소곤거리는 말소리를 듣게 되어 매월
로 하여금 며느리를 감시하게 한다. 이를 숙영낭자를 없애려는 기회
로 여긴 매월은 음흉한 흉계를 꾸며 모함하니, 백공은 숙영낭자가 외
간 남자와 사통한다고 여겨 며느리를 꾸짖었다. 이에 숙영낭자는 가

슴에 칼을 꽂고 자결하였다.

한편 백선군은 과거에 장원급제하여 승정원 주서로 임명되었다. 백
공은 이 소식을 듣고 숙영낭자가 죽은 것을 아들이 알면, 아들 역시
자결할 것을 염려하여 임진사의 딸 임소저와 혼인약속을 맺는다. 집
에 돌아와 숙영낭자가 죽은 것을 알게 된 선군은 모해자를 가려내어
처벌하였다. 며칠 후에 백선군은 꿈에 나타난 대로 하여 숙영낭자를
다시 소생시켰다. 그런데 임진사의 딸 임소저는 언약을 이미 했으니
다른 곳으로 시집을 갈 수 없다고 하여, 백선군은 숙영낭자와도 의논
하여 임소저와도 결혼식을 치른다. 이후 이들은 행복하게 살다가 하
늘에서 내려온 선관을 따라 함께 하늘로 승천하였다.

『숙영낭자전』에 나오는 백공은 조선 후기에 볼 수 있는 몰락한 보
수적 양반의 전형을 나타낸다. 숙영낭자는 그 성격이 조선시대의 일
반 여성들과는 전혀 다른 양상을 보여준다. 대개 조선시대 소설 속의
여성들이 개성의 표출보다는 인내와 규범적 삶을 추구한 데 비하여,
숙영낭자는 3년 기한도 지키지 않고 앞당겨 백선군과 결혼식을 올렸
으며, 과거 보러 가던 남편을 애정의 힘으로 다시 오도록 만들었을
뿐만 아니라, 누명을 쓰게 되자 바로 자결해버릴 정도로 강한 개성의
소유자였다.

이 소설은 그렇게 죽은 숙영낭자를 다시 환생시킴으로써 행복한 결
말을 끌어낸다. 이것은 현실감을 결여시켰다는 지적을 받기도 하지만,
효보다도 앞서 애정을 추구한다는 주제의 일관성과 흥미 위주의 입장
에서 보면 독자를 끄는 데 성공한 것으로 보고 있다. 동시에 선한 사
람은 반드시 승리한다는 보응심리가 잘 조화되어 나타남으로써 많은
독자를 확보했을 것으로 생각되는 도선적(道仙的)인 염정(艶精)소설로

서 성공을 거두었다고 볼 수 있다(김인회, 1987: 51).

이 소설은 안동지방을 배경으로 삼았다. 안동은 가문의식이 강하고 반상(班常)의 차별이 심했던 지역인데, 숙영낭자와 백선군의 혼인이 순조롭게 성사되지 못한 것은 동일 신분층 내부로만 통혼이 철저히 제한되었던 시대상과 관련된다. 요컨대, 『숙영낭자전』은 18, 19세기의 사회변동기를 맞아 애정과 가문의 관계가 복잡하게 얽히면서 혼사가 일단 장애에 부딪혔다가 해소되는 현실의 한 단면을 반영하고 있는 것으로 보인다(김일렬, 1995: 41~44).

『숙향전』은 작자 미상의 소설인데, 간행처는 서울의 야동(治洞)으로 나와 있다. 야동은 19세기 후반에 활동한 간행처인데, 『숙향전』 외에도 『방약합편』과 『언간독』을 처음으로 간행하였고, 예전에 나왔던 『어정규장전운』과 『통감절요』를 다시 발간하였다. 『숙향전』의 줄거리는 다음과 같다.

중국 송나라 때 명문거족 집안의 김전은 어느 날 어부들이 잡아서 구워 먹으려는 거북이를 살려주었다. 그리고 집으로 돌아오는 길에 풍랑을 만나 생명이 위태로웠으나 앞서 살려준 거북이 도와줘 목숨을 건졌다. 이후 김전은 부인 장씨를 만나 숙향을 낳았다. 숙향이 서너 살 되던 해에 금나라가 쳐들어와 피난 가는 와중에, 숙향은 부모를 잃고 떠돌게 되었다. 그 후 숙향은 장승상을 만나게 되어 그 집의 양딸이 되었다. 그러나 시비 사향의 흉계로 숙향은 장승상의 집에서 쫓겨나게 되고, 신선인 상아와 화덕진군의 도움을 받아 술집을 하는 마고할미의 집에 의탁하게 되었다.

하루는 숙향이 전생에 신선들의 궁전에 올라 놀았던 꿈을 꾼 다음, 신선궁의 추억을 더듬어 수를 놓았다. 마고할미가 그 수를 시장에 내놓아 비싼 값을 받고 팔았는데, 나중에 이상서의 아들 이선이 그 수를 보고 크게 놀란다. 마고할미로부터 그 수의 출처를 알게 된 이선은 자기 숙모의 도움을 받아 숙향과 성혼하였다. 그러나 이선의 아버지 이상서는 크게 노하고 낙양태수에게 숙향을 잡아 가두라는 명을 내려 숙향을 죽이려고 하였다. 이선의 숙모가 자초지종을 설명하여 숙향은 겨우 옥에서 풀려나왔다. 그런데 마고할미가 죽고, 불량배가 숙향을 겁탈하려고 하자, 숙향은 마고할미 무덤으로 피신하여, 울면서 자결하려고 했다. 마침 이상서 부부가 숙향의 울음소리를 듣고 자기 집으로 데려 왔다. 결국 숙향이 현숙한 여인임을 알게 된 이상서는 자기 아들과 숙향이 결혼하는 것을 허락하였다. 그 후 아들 이선은 높은 벼슬자리에 올랐고, 숙향은 정렬부인이 되었다. 그들은 행복하게 일생을 보낸 후 신선세계로 들어갔다.

『숙향전』에는 도교 내지 신선 사상이 사상적 배경으로 깔려 있다고 볼 수 있다. 이런 사상을 토대로, 전생에 신선궁에서 놀던 추억을 더듬어 수를 놓았다는 등 환상적인 내용을 가미하면서 숙향과 이선과의 애정을 다루고 있다. 그래서 흔히 『숙향전』을 애정소설이나 염정소설로 분류하고 있으나, 그 실제적 내용을 살펴보면, 애정적 색채보다 숙향이란 한 여인의 난업고행(難業苦行)을 묘사하는 데 중점을 두고 있다(이현국, 1984: 68).

또한 이상구(1991)는 『숙향전』은, 『배비장전』에서 주인공이 가장 먼저 골라 읽는 책으로 묘사될 정도로 당시의 독자들에게 인기를 끌던 소설이라고 말한 바 있다. 그런데 주인공인 배비장이 펼친 대목은 숙향이 다섯 살 때 전쟁으로 인해 부모와 생이별하는 장면임을 상기시키고 그것을 이렇게 해석한다. "『숙향전』에 대한 배비장의 언급은

『숙향전』에 대한 당대 민중들의 일반적인 인식을 반영한 것으로 보아
야 할 것이다. 다시 말해서 『숙향전』 하면 당대 민중들은 숙향의 불쌍
한 처지가 연상되었고, 이러한 연상이 자연스럽게 『배비장전』에 스며
든 것이라 하겠다. 여기에서 우리가 알 수 있는 것은, 조선후기 민중
들이 『숙향전』을 환상적인 것으로 이해하기보다는 숙향의 불쌍한 처
지, 즉 숙향의 현실적 고난과의 관련 속에서 『숙향전』을 이해했다는
사실이다"(이상구, 1991: 66).

특히 전쟁고아로서 숙향의 존재는 조선조 사회를 여실하게 알려주
고 있다. 즉 임진왜란과 병자호란과 같은 참혹한 전쟁을 경험했던 조
선 후기의 사람들의 경우, 부모가 살기 위해 자식을 버리거나 전쟁고
아를 구제하지 못하는 피난민들의 행위는 특이한 현상이 아니었다.
조선 후기에는 숙향과 같이 부모에게 버려진 존재가 많았다. 조선후
기 영웅소설에 많이 나타나는 기아 모티브 역시 이러한 역사적 현실
과 무관하다고 할 수 없다(이상구, 1991: 73).

그러나 숙향의 더 큰 고난은 이선과의 결합 과정에서 나타난다. 술
집에 기거하는 미천한 존재인 숙향과 양반사대부가의 귀공자인 이선
은 서로 대등한 관계 속에서 결합을 추구한다. 이선이 숙향에게 구혼
을 하자, 마고할미는 이선에게 숙향은 "비록 부모업고 의지업시 단니
며 버러먹난 병인이라도 혼인 일홈을 정홀진 례로서 아니 ᄒ오면 죽
을지언정 가부야 이 몸을 허치 아니려 ᄒ더이다"고 전한다. 말하자면
대등한 결합을 주장하는 것이다.

미천한 신분의 숙향과 귀공자인 이선과의 이런 식의 대등한 결혼은
당시 양반사회에서 상상조차 할 수 없는 일이었다. 따라서 이상서가
숙향과의 혼사를 한사코 거부함은 당연하였다. 심지어 아무 잘못이

없는 숙향을 잡아 죽이려 한다. 이상서는 숙향을 죽이려는 이유가 조정에서 이선의 결혼 문제로 의논이 분분해진 것 때문이라고 이선의 고모에게 변명한다. 이러한 이상서의 변명에는 숙향과 이선의 결합에 대한 조선후기 양반들의 의식이 사실적으로 반영된 것이라고 보아야 할 것이다. 즉 봉건지배계급의 관점에서 볼 때, 봉건적 신분질서를 어지럽히려는 미천한 숙향의 행위는 용납할 수 없는 행위였으며, 애매한 숙향을 굳이 죽이려고 했던 이상서의 횡포의 배경에는 봉건적 신분질서를 보수하려는 봉건지배계급의 완고한 신분의식이 가로놓여 있었다. 조선후기에 들어서서 양반층의 몰락 현상이 생겨나고 농민층이 분화되어 봉건적 신분제도의 기틀이 서서히 무너지기 시작했던 것이다. 숙향과 이선의 결합, 그리고 이에 대한 이상서의 횡포는 이러한 봉건적 신분관계의 동요라는 조선후기의 사회적 현상을 반영하고 있는 것으로 생각된다(이상구, 1991: 89).

따라서 이상구(1991)는 『숙향전』에서의 도선적 결구는 기본적으로 숙향의 현실적 처지와 신분을 미화하고, 나아가 숙향과 이선의 만남을 천정연분(天定緣分)으로 이끌어감으로써 현격한 신분계급의 차이가 개재되어 있는 이들의 대등한 결합을 합리화하기 위한 것이라고 주장하고 있다.

이현국(1984)은 "『숙향전』에서 숙향이 겪는 반복된 고난의 연속과 그 극복과정은 당쟁에서 몰락한 양반들이 자신들의 사회적·현실적 어려움을 운명론적으로 받아들이고 이를 극복하는 것으로 인식되어 그들의 현실적 어려움을 운명론으로 돌림으로써 스스로 위안을 얻을 수 있었을 것이며, 일반평민들에게는 주로 그들이 겪는 현실적 생활고를 팔자 소관이나 운명론으로 돌리고 현실에 순응하는 체념을 배우게 됨으로써『숙향전』또한 양반 특히 몰락 양반에게나 일반 평민들 모두에게 공감을 줄 수 있었다"고 평한다. 이렇게 해서 숙향전은 계층을 막론하고 많은 독자를 확보했다고 보는 것이다.

『사씨남정기』는 서포 김만중이 지은 소설인데, 간행처는 서울의 유동(由洞)으로 나와 있다. 줄거리는 다음과 같다.

명나라 시대 유현이 늦게 낳은 아들 유연수는 소년 등과(登科)하여 한림학사가 되었고, 재주와 덕을 겸비한 사씨를 정실로 맞이하였지만, 10년이 되어도 자녀가 없었다. 이에 사씨 부인은 남편을 설득하여 교씨를 첩으로 맞이하게 했다. 그런데 교씨는 음흉하기 짝이 없어, 사씨를 모함하고 자신의 정부(情夫)인 동청과 함께 간계를 꾸미자, 이에 속은 유한림은 사씨를 추방하였다. 쫓겨난 사씨는 남으로 정처 없이 유랑하였다. 그러나 한참 후 교씨의 흉계가 탄로되어 유한림은 교씨 일파를 물리치고, 다시 사씨를 찾아 정실로 삼았다. 또한 유한림은 벼슬이 한림학사에서 승상으로 영전하여 부귀영화를 누렸다.

이 책은 제작의 동기가 숙종이 민비를 폐출한 것을 풍자하려는 의도에서 지어진 것으로 알려져 있다. 작품의 배경은 중국이지만, 한국의 궁중 비극을 측면에서 공격한 풍자소설인 것이다.

17세기 후반 최초의 가정소설이라 할 수 있는『사씨남정기』가 출간됨으로써 소설에 대한 사대부들의 부정적 시각을 완화시키고 성별을 초월한 폭넓은 독자층을 확보하였다는 평가가 있다(이원수, 1991; 白鬥, 1993: 1에서 재인용).

국문본은 부녀자와 평민들을 주 대상으로 삼았고, 한문본은 사대부, 귀족층을 대상으로 삼아 유통되었다. 이렇게 볼 때 국문본과 한문본의 두 이본이 동시대에 공존한다는 것은, 당시의 소설 독자층이 뚜

렷하게 나뉘었으며, 독자층의 각자의 성향과 관심의 영역에 차이가
있었다고 볼 수 있을 것이다(白周, 1993: 12).

역사소설: 시대를 넘어선 독서물

『삼국지』는 조선에 수입되어 널리 읽혔던 중국소설이다. 간행처는
서울의 홍수동으로 나와 있다.『삼국지』는 진나라의 진수(陣壽)가 찬
술한 역사서로서의 삼국지가 아니라 나관중(羅貫中)이 지은『삼국지연
의(三國志演義)』를 번역한 것이다. 중국 4대 기서(奇書)의 하나인데, 우
리의 군담소설에 많은 영향을 끼쳤다. 인물이나 전투 장면을 묘사할
때에『삼국지』의 내용을 빌려 오기도 하고, 한 부분을 따로 떼어내어
작품화하기도 하였다.

『삼국지연의』의 전래는,『조선왕조실록』의 기록을 고려하면(선조 2
년 6월 壬辰條 기대승의 계문), 늦어도 선조 2년(1569)으로 볼 수 있는데,
임진왜란 이후에 성행하여 부녀자들이나 어린이들까지도 외워서 말
할 수 있을 정도였다고 한다. 이 한글본 삼국지들의 판각은 당대의
서민들이 쉽게 읽을 수 있는 형태로 제공되는 독서물이라는 점에서
중요한 의의를 지닌다(이창헌, 1995: 331).

『삼국지』가 조선시대에 애독된 것은 군담소설을 즐기던 당시의 사
회적 분위기와도 어울렸기 때문일 것이지만, 그보다는 국가나 시대를
초월하여 읽히는 작품의 고전적 가치가 더 크게 작용한 것으로 보아
야 할 것이다.

『화룡도』는『삼국지』의 일부를 뽑아낸 책이다. 간행처는 전주의
완구동(完龜洞)으로 나와 있다.

『위지경덕전』은 당 태종 때의 장군 위지경덕과 그의 처 매씨(梅氏)

를 모델로 한 전기소설이다. 작자는 미상이고 간행처는 서울의 동현
(銅峴)으로 되어 있다.

『초한전』은 작자 미상의 역사소설인데, 간행처는 전주의 완남(完南)
으로 나와 있다. 완남은 『초간독』과 『초한전』을 처음으로 발간하였
고, 1725년 금성의 오문(午門)에서 발간한 『구운몽』을 1907년에 다시
발간한 바 있다. 『초한전』의 내용은 중국의 전국시대(戰國時代) 말 진
(秦)나라가 천하를 통일하던 때에서 시작하여 진시황이 죽고, 천하가
분열되어 항우와 유방이 대결하다가 유방이 승리하여 한(漢)나라를 세
우던 때까지의 이야기를 담고 있다.

이 작품은 역사적 사실에 비교적 충실하게 서술한 것으로 평가받고
있는데, 특히 항우의 모사로 활약한 범증, 유방의 모사인 장량의 지략
대결에 초점을 맞추고 있다. 즉 항우는 성격이 급하고 고집이 세어
자신의 보좌인 범증의 간언을 듣지 않는 인물로 그려지면서, 결국 장
량의 보좌를 받은 유방에게 패할 수밖에 없었던 것으로 서술하였다
(『奎章閣所藏語文學資料-文學篇 解說 I』, 2001: 175).

『초한전』은 『삼국지』처럼 조선시대에 널리 읽힌 소설이다. 『초한
전』 역시 영웅소설의 일종으로 볼 수 있는데, 실제적인 역사를 읽는
재미가 함께 맞물리며 독자의 호응을 끌어내었다. 『초한전』은 시대
적 분위기에 관계없이 오랜 기간에 걸쳐 읽히고 있는 고전소설의 하
나이다.

『신미록』은 1861년에 간행된 역사소설인데, 작자는 미상이고 간행
처는 서울의 홍수동으로 되어 있다. 이 소설은 1811년(순조 11)에 일
어나서 이듬해 4월까지 계속된 홍경래난을 다룬 것으로 줄거리는 다
음과 같다.

평안북도 용강에 사는 홍경래는 가산 다복동에서 거사하였다. 가산과 박천에서 백성들을 선동하니 수백 명이 모여 반란군을 이루었다. 홍경래가 대원수가 되고, 김사룡은 부원수, 홍총각은 좌선봉, 이제차는 후군장이 된다. 신미년 12월에 홍경래는 가산을 치고, 김사룡과 이제차는 곽산, 박천, 철산, 선천을 친다. 그러나 가산군수가 끝까지 항복을 안 하자 군수 가족을 죽인 후 가산을 점령한다. 그리고 홍경래는 여세를 몰아 청천강 이북의 정주, 선천, 태천, 철산, 용천 등 8읍을 점령한다. 이어서 홍경래군은 안주를 공격하였으나, 송림에서 관군을 맞아 패배를 한다. 이에 홍경래는 이백여 명의 군사와 따르는 백성을 이끌고 정주성으로 퇴각한다.

이후, 백성들이 홍경래군에 점차 가담하여 군사의 수가 사오천 명에 달했다. 관군은 정주성을 공격하여 수복하려고 했으나 실패하고 곽산, 용천, 선천 등을 공격하여 수복에 성공한다. 관군은 이어 정주성을 재차 공격하였으나 계속 실패한다. 그러나 관군은 성의 동북 양쪽에 굴을 파서 성밑에 화약을 쌓아 놓고 불을 붙여 성을 폭파한다. 공격은 성공하고 홍경래는 전사한다. 나머지 일당들은 사로 잡힌다. 왕이 상을 내리고 죄인들을 사면하니 나라가 태평해진다.

이처럼 이 작품은 전반부는 홍경래의 반란과 공격이 중심이 되고, 후반부는 관군의 공격이 중심이 된다. 이 작품은 역사적 사실에 충실한 것으로 평가받고 있지만, 어디까지나 관군의 입장에서 홍경래난을 서술하고 있다. 즉 홍경래는 부귀영화를 탐하는 역적이고, 참여한 백성들은 우매한 백성들로 파악하고 있는 것이다.

그러나 정영훈(1993)은 이 작품이 홍경래난이라는 반역적 사건을 소재로 했다는 점에서 특히 그것을 방각본으로 출판했다는 점에 주목하여, 『신미록』이 관 중심의 시각에서 쓰여진 것이라는 주장은 작품에 대한 면밀한 분석을 통한 것이 아니라고 주장한다. 즉 아직 봉건 왕조가 존재해 있는 시대에 그 왕조에 반역한 인물을 소재로 한 것인데도 상업적 출판물로 출판되었다는 사실을 중시했다. 또한『신미록』은 관군을 정당화하는 입장을 표명하면서도, 홍경래에 대한 관심을 보이고 홍경래군의 전술을 상세히 묘사하는 반면, 관군의 활동에 대해 무관심하면서 지배계급이 아닌 계층의 행위에 대해서 후한 평가를 하고 있는 것을 그 근거로 제시했다.

결론적으로『신미록』은 봉건적 이데올로기의 현존과 붕괴라는 두 조짐이 절충되고 혼용된 결과, 『신미록』의 비통일적이고 비논리적인 구조를 낳았다고 본다. 즉 충성이라는 이데올로기는 부인되기 어려우나 일반 민중의 반역에 대한 인식의 변화, 반역사건에 대한 관심과 흥미라는 기호 역시 무시될 수 없는 상황이었기 때문에 작품의 구조가 비통일적 비논리적으로 구성될 수밖에 없었다는 것이다(정영훈, 1993: 94).

이러한 해석은 당시 시대상황과 견주어 볼 때 일면 타당성이 있으나, 전적으로 수긍하기는 어렵다. 왜냐하면 작품에서 홍경래를 역적으로 분명하게 못박고 있고, 관군의 승리를 천의에 의한 것이라고 규정하고 있는 것이 작자의 관점이기 때문이다.

『신미록』은 권혁래(1996)의 주장대로 사실을 충실히 재현하려는 실기문학으로 보아야 할 것이다. 홍경래난은 조선 후기의 사회적 경제적 모순이 노골화되고 제반 폐해가 극심하게 되면서 일어난 사건으로 그 형태로나 동원된 민중의 규모에 있어서나 가장 거대하며 가장 조직적이며 충격적이었다. 또한 홍경래의 난은 조선 봉건사회의 붕괴

해체 속에서 생성된 것이며, 봉건 왕조의 붕괴에 일층 박차를 가한
커다란 분수령이 되고 있는 것이다. 나아가 이를 체험한 일반 농민들
은 봉건 정부의 일방적인 강압에 저항할 수 있는 힘을 이 난을 계기로
의식하기 시작하였다(김동협, 1983: 46).

그런데 1861년의 상황은 1811년과 또 달라, 정사는 더욱 부패되
고 민생의 조건은 한층 악화되어 민중들의 저항은 더욱 거세어져 전
국적으로 민란이 터져 나오기 직전이었다. 권혁래(1996)는 이런 상황
에서 보수적 중세주의 의식을 지닌 작자가 한글 독서대중을 대상으
로 중세적 이념의 우위를 교감하려고 『신미록』을 저술했다고 해석한
바 있다.

작품에서 대립되었던 것은 최소한의 민생 조건이 되는 현실적 가치와 충
절과 같은 이념적 가치였다. 최소한의 생존 조건을 박탈당한 홍경래와 서
북의 백성들은 죽음을 불사하고, 부조리한 중앙정부의 수탈에 항거하였다.
작품에는 이러한 대립의 시대상이 비판적으로 반영되어 있다. 작가는 충
절 고수라는 이념적 가치를 설파하고 있으나, 민중들에게는 이미 인간적
생존 조건에 대한 박탈감이 심각하여서 충절의 고수가 의심받고 위협받고
있다. 『신미록』은 바로 충절 고수의 당위성과 부귀 추구의 욕망이 대립되
어 일어난 갈등의 양상, 충절의 고수가 위협받는 시대상을 반영하고 있다.
이런 상황에서 충절을 고수하여 태평한 세상을 되찾자는 작가의 메시지는
결과적으로 시대의 흐름을 거스르게 되지만, 그만큼 그 목소리는 더욱 절
실해질 수밖에 없는 것이었다(권혁래, 1996: 172~173).

이런 작가의식 외에도, 결과적으로 『신미록』의 방각본 출판은 금기
시되던 문제적 인물과 사건이 바로 같은 왕조체제하에서 최초로 대중
소설의 형태로 등장하여 많은 독자들에게 읽히고 화제의 대상으로 된

것이다. 그 위에 『신미록』에서 보여주는 관군과 홍경래군과의 밀고 밀리는 전투 장면, 용병술, 전략 등이 흥미있게 그려져 있어 군담소설을 즐겨 읽던 당시의 독자들에게 진한 소설적 재미를 준 점도 독자층의 확대에 기여했을 것이다.

기타 소설: 사회비판, 도술, 사후세계 답사 등

『삼설기(三說記)』는 조선시대 말엽에 나온 단편소설집이다. 그 작자는 미상이고 간행처는 『진대방전』과 마찬가지로 서울의 유동으로 되어 있다.

『삼설기』는 원래 3책 9개의 단편 모음으로 되어 있는 책이다. 즉 권지상(卷之上)에 「삼사횡입황천기(三士橫入黃泉記)」「오호대장기(五虎大將記)」「서초패왕기(西楚覇王記)」권지중(卷之中)에 「삼자원종기(三子遠從記)」「황주목사계자기(黃州牧使戒子記)」「노처녀가(老處女歌)」권지하(卷之下)에 「황새결송(決訟)」「녹처사연회(鹿處士宴會)」「노섬상좌기(老蟾上坐記)」가 수록되어 있다. 이렇게 해서 3책 9편, 1책 3설(說)로 짜여졌고 따라서『삼설기』란 제목도 붙게 되었다. 그런데 위의 방각본처럼 권지하의 세 편이 떨어져 나가 3책 6편, 1책 2설씩 수록된 경우도 있다. 이 경우, 「황새결송」과 「녹처사연회」는 「금수전」이라는 새 제목을 달고 유포되었다.

「삼사횡입황천기」은 염라대왕과 세 선비의 대화가 주축이 된다. 아직 죽을 때가 아닌데 잘못해서 염라대왕에게 잡혀온 선비들은 그 대가로 각자의 소원대로 점지해주겠다는 약속을 받고 소원을 말한다. 첫째 선비와 둘째 선비는 각기 무관(武官)과 문관(文官)으로 입신양명 현달을 바란다. 그러나 셋째 선비는 법도 있는 집안에 태어나 부모에게 효도하고 명당에 터를 잡아 세상 근심없이 무병하게 살며 자손이 번성하기를 소원한다. 그러자, 염라대왕은 첫째와 둘째 선비의 소원은 들어주라고 명령하지만, 셋째 선비의 소원은 너무 욕심이 많은 놈이라고 꾸짖는다. 성현군자(聖賢君子)도 못할 일을 해달라 하니, 임의로 할 수 있으면, 나도 염라대왕 버리고 그렇게 하겠다고 말한다.

「오호대장기」는 형조판서와 포도대장, 훈련대장을 겸임하는 등 벼슬이 높이 오른 자신을 삼국시절의 오호대장에 비견하는 교만한 어느 양반의 언동을 말단의 초포수가 관우, 장비, 조자룡, 마초, 황충 등의 인물됨을 해박하게 설명하며 빈틈없는 논리로써 반박한다. 그리고 초포수도 그의 능력에 맞는 자리로 진급하게 된다.

「서초패왕기」는 패왕과 담대한 선비 사이에 벌어지는 대화가 주가 되고 있다. 천병만마(千兵萬馬)를 거느린 패왕 앞에서 단신(單身)의 선비는 위압당하지 않고 맞서며, 오히려 패왕의 죄를 논한다. 즉 충효를 근본으로 하는 삼강오륜을 지키지 않았으며, 정벌과정에서 불의를 행하여 과실을 범하였고, 의제(義帝)를 죽임으로써 역신(逆臣)이 되었다는 것이다.

「삼자원종기」는 세 아이가 소원을 말하는 이야기가 작품의 제재가 되고 있다. 첫째 아이는 평양감사를, 둘째는 신선처럼 살기를, 셋째는 평생의 부를 소원한다. 그리고 이 소원을 이루고 각자의 삶이 어떻게 전개되었는지 서로 만나 확인한다. 평안감사가 주인공이 되어 신선이 된 친구를 찾아가 부자가 된 친구를 그리워하자, 신선은 그 친구가 탐욕하여 뱀의 허물을 쓴 소식을 전한다.

「황주목사계자기」는 양반 자제와 기생의 이별 양상이 어떻게 전개되는지 세 아들, 용필, 봉필, 귀필을 통해 흥미롭게 대비시켜주고, 아

버지 황주목사가 아들들의 장래를 예견하는 것이 줄거리이다. 용필은
기생을 호통쳐서 내보내고, 봉필은 출세해서 데려가겠다고 거짓말로
달래는데, 귀필은 둘이 같이 도망가서 장사하며 살자고 한다. 이에 대
해 아버지 황주목사는 용필은 인심을 잃어 죽을 것이고, 봉필은 재물
을 모을 것이나 요약한 자이고, 귀필은 남을 편히 하니 높은 벼슬을
하리라 예견한다.

「노처녀가」는 소설이라기보다 가사 「노처녀가」를 앞뒤에 주만 붙
여 수록한 것이다. 마흔이 넘어 시집을 못간 병신 노처녀가 자신의
처지를 서러워했다. 그러다가 김도령과 혼인하는 꿈을 꾸고 몸단장을
잘 하고 지성으로 노력하여 김도령과 혼인을 하고 나니 온갖 시름없
어지고 몸도 정상이 되고 옥동자를 낳아 잘 살았다는 이야기이다.

파란만장한 영웅의 일생이나 사랑하는 남녀의 이합(離合)을 엮은 흥
미본위 소설이 고전소설의 주종을 이루는 가운데 세태를 비판하는 의
식을 주제로 한 작품집은 상당히 돋보이는 것이다.『삼설기』는 입신
양명보다는 의가지락(宜家之樂)을 원하는 행복관, 경화된 권위의식과
허세에 대한 약자의 대항의식을 보여주며, 사회의 부패상과 인간의
약점을 풍자하고 순수한 인간 본연의 정리(情理)에 충실할 것을 주장
한다(정애리, 1987: 87).

『전운치전』은 도술소설로 알려져 있는데, 부패한 조정을 비판하는
사회소설이기도 하다. 작자는 미상이고 간행처는 서울의 유곡(由谷)으
로 나와 있다. 유곡은『전운치전』외에 다른 간행실적은 알려지지 않
고 있다.『전운치전』의 줄거리는 다음과 같다.

송도에 사는 전운치(다른 이본에서는 전우치로도 쓰고 있음)는 일찍이
도술을 닦은 선비이다. 어지러운 시대에 백성을 구제하고자 집을 나

선 전운치는 도술을 사용하여, 선관(仙官)인 것처럼 공중에서 나타나 임금을 속여 황금들보를 받아낸 다음, 이것으로 쌀을 사서 기아에 허덕이는 백성들에게 나누어주었다. 그리고 백성의 돼지머리를 빼앗으려는 관리를 징치하고, 잔치 자리에서 거만한 선비들을 도술로서 혼내고, 공금 횡령죄를 뒤집어쓴 사람을 구출하기도 하는 등 도술로써 기이한 행적들을 벌인다. 그런데 어느 수절 과부를 못 잊어 상사병을 앓는 친구를 위해서 그 과부를 도술로써 데려 오다가, 강림도령을 만나 크게 혼이 나고 반성한다. 그리고 친구에게는 다른 처녀를 보내준다. 책의 말미에는 "이 책이 하 이상ᄒ기로 긔록ᄒ노라"로 적혀 있다.

이처럼 이 소설은 기존의 영웅소설처럼, 주인공이 무술 훈련을 하고 나서 고난을 겪다가 적들을 물리치고 공을 세운 다음 부귀영화를 누렸다는 영웅 일대기적 구성을 하고 있지 않다. 오히려 책 말미의 언급처럼, '하 이상'한 여러 기록, 즉 주인공이 도술로써 만들어낸 여러 가지 에피소드들을 삽화 형태로 모아놓았다.

『전운치전』에 나오는 주인공의 도술행위는 일상생활의 고정성으로부터 사람들을 벗어나게 하여 자유로운 환상의 세계에서 대리만족을 추구하게 해주고 있음에도 불구하고 적나라한 현실 특히 사회의 병리적 현상을 보여준다. 예를 들면, 백성들의 재물을 약탈하는 관리, 파당의식에 젖어 있는 관리, 거만하고 방자한 사대부들의 사회 해악적 현실 및 그로 인한 백성들의 질곡을 보여준다. 심지어 현실적 맥락에서 동떨어져 흥미 위주로 설정된 삽화에서도 여전히 조선 후기 사회의 현실을 보여주고 있다(방대수, 1988: 64).

방대수(1998)는 바람직하지 못한 현실과 이에 대한 환상적 해결이라는 『전운치전』의 내적 구조는 몰락 양반의 체제저항적 세계관에서 기인한다고 보았다. 즉 자신의 현실적 고통이 직접적이고 그 상처가 깊었던 몰락 양반은 현실을 외면해버리고 종국에 가서는 부귀영화를 누리는 삶을 이야기하는 영웅소설의 영웅일대기라는 관습적인 서사구조를 취하기보다는 순간순간 부딪치는 현실에 저항하고 그것을 해소시킴으로써 대용 만족을 얻기 위해 이러한 내적 구조를 바탕으로 삽화 중심의 서사구조를 취했다는 것이다.

『당태종전』은 용왕, 염왕(閻王), 지옥, 극락 등 비현실계를 소재로 다루고 있는 소설로서, 작자는 미상이고 간행처는 서울의 홍수동으로 나와 있다. 줄거리는 다음과 같다.

당나라 태종 때 운수선생이 있었다. 그는 천문지리에 통달하고 과거와 미래의 일을 훤히 알았다. 어부들이 그에게 문복(問卜)한 대로 고기를 잡으니 어획량이 크게 늘었다. 이에 용왕이 대로하여 운수선생을 혼내고자 선비 복색으로 변장하고 찾아와서 비오는 일시와 강우량 맞추기 점복내기를 하자고 했다. 점이 어긋나면 운수선생의 머리를 베고, 맞으면 용왕의 머리를 내놓기로 하고 돌아갔다. 얼마 후, 용왕에게 옥황상제의 칙명이 내려와 운수선생의 말대로 비를 내리게 하였다. 그러나 용왕은 내기에서 이기려고 옥황상제의 명령을 거역하고 더 많은 양의 비를 내리게 하였다. 이것은 옥황상제의 칙명을 어긴 것이 되어 용왕은 천벌을 받게 되었다. 이에 용왕이 운수선생을 찾아와 목숨을 비니 운수선생은 태종의 총신 위징이 내일 오시에 몽중에서 용왕을 베게 되어 있으니 그 시간에 낮잠을 자지 못하게 하라고 일러준다. 용왕이 태종을 만나 부탁을 하니 태종이 굳게 약속을 한다. 그러나 그 시간에 태종이 조는 바람에 위징이 또한 낮잠이 들어 꿈속에서 용왕을 베었다. 용왕이 꿈에 나타나 약속을 어긴 태종을 원망하니 태종이 죽어서 염왕에게 불려온다. 위징이 지부(地府)에 있는 친구 최판관에게 태종을 환생시켜 달라는 편지를 써서 태종의 품에 넣는다. 최판관은 용왕을 지옥으로 쫓아보내고 태종의 수명을 10년 늘려 고치니 염왕이 빨리 돌려보내라고 한다. 태종이 지옥과 극락을 두루 구경하고 돌아간다. 그리고 불도를 닦아 극락에 가도록 일러주는 말을 들은 다음, 귀졸(鬼卒)들의 유혹을 물리치고 나오다가 돌다리에서 떨어지는 바람에 정신을 차리니 태종이 소생하였다. 이후 태종은 삼장법사의 방문을 받고 궁내에 불당을 짓고 지성으로 불공하여 팔만대장경을 구해오도록 하며 천하에 공포하여 불법을 받들도록 하였다.

이상의 줄거리에서 보듯이, 이 소설은 제목만 보면 당태종에 관한 전기물일 것 같으나, 실제 인물과는 관련이 없는 허구의 작품이다. 작품에서는 불교를 옹호하는 입장을 보여주고 있으나, 그보다 지옥, 용왕, 염왕 등 비현실계의 묘사가 많은 부분을 차지하고 있다.

또한 이 소설의 내용은 제주도에서 채록된 서사무가(敍事巫歌)인 '세민황제본풀이'와 비슷하여, 무가로도 불려지고 있는데, 우리 민족 정서의 기층에까지 파고든 작품이라 하겠다(金侑鎭, 1990: 1).

가사와 시: 현실 비판과 도성 찬양

『퇴별가(退別歌)』는 신재효 판소리 사설 여섯 마당 중에서 우화적 수법을 쓴 작품이다. 작자는 미상이고 간행처는 전주의 완서(完西)로 나와 있다. 완서는 『퇴별가』 외에 『유서필지』와 『초간독』을 처음 발간하였고, 예전에 나온 책들인 『명심보감초』 『문자유집』 『심청전』 『초한전』 등을 발간하였다.

줄거리 구성은 수궁의 용왕이 병에 걸려 약에 쓸 토끼의 간을 구하기 위하여 어족회의를 열었으나 신하들이 서로 미루자, 별주부가 공을 세울 욕심으로 자원하여 육지로 나가, 벼슬을 준다고 토끼를 회유하여 수궁으로 데려 간다. 그러나 토끼는 용왕을 속이고 다시 육지로 나오고, 별주부는 따라가서 토분을 가지고 귀환한다는 것으로 되어 있다.

이『퇴별가』는 인간세계와 타락한 사회현상을 비판한 작품이다. 별주부와 토끼는 인간의 욕심을 풍자하는 것으로 나오고 있다. 이강엽 (1993)은 작품 속에 나오는 수궁에서의 어족회의와, 토끼가 사는 산속에서의 모족회의의 묘사를 통해서 중앙정치무대의 무기력함과 파벌 싸움(어족회의)과, 지방정치무대의 무기력함 및 동족간의 불화 및 착취과정(모족회의)에 대한 풍자를 하는 것으로 파악하고 있다. 그리고 수궁과 육지가 함의(含意)하는 신분사회인 조선의 당대 모습은 상층 내부의 갈등과 상하층 간의 대립으로 혼란되어 있다는 철저한 현실 비판을 하고 있는 것이라는 평가도 있다(정병헌, 1986: 86).

『한양가』는 한산거사(漢山居士)가 지은 장편 가사이다. 작자인 한산 거사에 대해서는 알려진 바가 없고, 간행처는 서울의 석동(石洞)으로 나와 있다. 석동은 19세기 후반에 활동한 곳인데,『한양가』와『남훈태평가』를 발간하였다.

『한양가』는 서곡에서 한양의 지세(地勢)를 풀이하고, 다음으로 웅대한 궁궐, 찬란한 관아와 관직, 엄숙한 임금의 거동, 궁인과 대작, 과거(科擧) 광경 등을 사실적으로 그려낸다. 또한 궁성에서 저잣거리로 이동하면서 시선을 확대한다. 즉 생선전, 싸전, 포목전, 약전, 화상, 생필품전 등이 진열된 상품과 더불어 자세하게 묘사된다. 여기에다 여러 가지의 공연물과 이에 동원되는 공연패의 거동과 기생의 복색이 사실적으로 그려진다. 그리고 한양 도읍이 무궁할 것을 기원하는 대목으로 끝맺고 있다. 또한 임금을 찬양하고 이 임금을 통해서 요순과 문왕과 무왕의 이상적 정치가 펼쳐지기를 기대하는 소망이 나타나 있다. 한양가의 마지막 부분에서는 한양의 도읍을 "이런 국도 이런 세상이 옛부터 지금까지 또 있겠는가"라고 반문하면서 낙관적이고 희망적인 미래를 내다보고 있다(서종문, 1997: 155: 159).

『남훈태평가(南薰太平歌)』는 편자 미상의 가집(歌集)이다. 책의 표지는 한자로 '南薰太平歌'로 적혀 있고, 본문의 제목은 '남훈틱평가 권지단'이라 되어 있는데, 이어서 '낙시됴, 롱, 편, 숑, 소용, 우됴, 후정화, 계면, 만수디엽, 원사청, 잡가, 가사' 등 12 곡목을 적었다. 그런데 '낙시됴' 항목 아래 시조 224수가 실려 있고, 이어 잡가 3편, 가사 4편이 실려 있다.

잡가에는 쇼춘향가, 민화가, 빅구사 등이 있고, 가사는 츈면곡, 상사별곡, 쳐사가, 어부사 등이 실려 있다. 대부분의 가집이 필사본으로 전해지는 데 이 책은 방각본으로 간행되었다. 그만큼 당시 독자들의 수요가 컸었다는 점을 확인할 수 있다.

『오언절구』는 시 모음인데, 편자는 미상이고 간행처는 서울의 동현(銅峴)으로 나와 있다.

실용서적: 실생활에서의 활용 중시

서식 및 서간 작성법: 실용적 커뮤니케이션 행위의 확산

『간례휘찬(簡禮彙纂)』은 공용 및 사용(私用) 문서의 문례(文例)·서식(書式)을 나타낸 책이다. 편자는 미상이고 간행처는 완산(完山)으로 나와 있다.

앞 부분에는 일종의 부록형식으로서 다음 두 가지 사항이 소개되어
있다. 첫째, 조선조 역대 왕과 왕비, 세자들의 명단, 그들의 생일, 즉위
연도, 능이 있는 지명 등이고, 둘째, 관혼상제(冠婚喪祭)의 사례(四禮)에
관하여 간략하게 설명되어 있고, 이러한 의식에 관련된 문장의 서식
과 지켜야 할 규범들이 소개되어 있다. 이어서 월별, 계절별 서신의
서식, 고전의 목록, 필법, 시(詩)의 여러 체본(體本), 관직명, 방백과 수
령 및 각 지방명 등 다양한 내용들이 들어 있다.

『유서필지(儒胥必知)』는 청원서나 고소장 또는 각종 증권(證券)에 관
한 서식을 설명하는 책인데, 편자는 미상이다. 간행처는 전주의 완서
(完西)로 나와 있다.

이 책은 서민들이나 아문(衙門)의 시종 등이 목민관에게 보내는 상
언(上言), 원청(原請), 소지(所志) 등을 모아놓았다. 여기에는 효자나 열
녀가 있는 명예로운 집에 열녀문이나 효자문을 만들어줄 것을 바라는
글도 있고 다른 사람 땅에 묘를 세운 것을 불평하는 편지, 도살업자도
아니면서 그들의 소를 죽인 사람들을 고소하는 내용, 부의(賻儀), 단자
(單子)를 보내는 내용 등이 있다. 이 책의 부록으로 이두(吏讀)로 쓰인
서식인 이두휘편(吏讀彙編)이 있다.

『간독정요(簡牘精要)』는 한문체 편지 쓰는 요령과 예문을 기록해놓
은 책인데, 편자는 미상이고 간행처는 서울의 서계장판(西溪藏板)이다.
서계장판은 『간독정요』 외에 『어정규장전운』(1791)을 처음 간행처인
홍수동보다 약간 늦은 시기인 1800년에 발간하였다. 『간독정요』의
내용을 살펴보면, 권두에는 역대 왕과 왕후들의 기일(忌日), 탄생 연도,
즉위 및 전위 연도, 승하연월일, 능의 소재지 등을 자세히 기록하고

있다. 본문은 춘하추동 사계절에 따라 각 계절·월·일의 이칭(異稱)을 적고, 그 밑에 시구(詩句), 괘상(卦象, 周易 占卦), 율려(律呂), 각 월(月)의 간지(干支) 등을 소개하고, 계절별 편지 쓰는 격식을 평월과 윤월로 나누어 서두(書頭)·문투(問套)·답투(答套) 등을 구체적인 예를 들어 설명해놓았다.

『언간독』은 한글 편지의 서식을 모아 놓은 책인데, 편자는 미상이고 간행처는 서울의 야동으로 나와 있다. 이 책은 상하 2권으로 되어 있는데, 상권은 가족 및 친척들과 이웃 사이의 편지, 하권은 주로 혼인관계로 맺어져 있는 사람들 사이의 편지 양식을 보이고 있다. 각 편지에는 그에 대한 답장이 실려 있으며 겉봉의 양식도 본문 앞에 제시되어 있다. 또한 초파일 관등날, 복날, 연말 연시, 생남시, 과거 급제, 문병, 제삿날, 문상 등 각 경우에 보내는 편지 쓰는 법과 견본이 있다. 『언간독』의 간행 시기는 1886년인데, 이때에 한글 서간문 작성법이 방각본으로 나와 있다는 것은 이미 한글 편지의 왕래가 보편화되어 있음을 알려준다. 즉 한글이 부녀자와 평민층을 중심으로 널리 사용되고 있음을 의미한다.

『초간독(草簡牘)』은 서신(書信) 작성에 필요한 격식과 예문 등을 편집한 책인데, 편자는 미상이고 간행처는 전주의 완남(完南)과 완서(完西) 두 군데로 나와 있다. 『초간독』 각 편의 짜임새는 피봉(皮封) 양식, 본문, 작성일과 송신자를 한 묶음으로 삼았다. 본문에는 주로 관직생활에 소용되는 내용, 가정을 비롯한 주변 인물들에게 상용되는 내용 등을 담았다.

이러한 서신 작성에 대한 책이 방각본으로 나온 것은 당시 편지 양식에 대한 사회적 수요가 많았음을 말한다. 이는 곧 편지로 안부를 묻거나 정보를 교환하는 인구가 확대되었음을 의미한다. 말하자면 당시 극소수 양반층을 중심으로 주고받을 수 있었던 커뮤니케이션 행위가 널리 일반인들에게까지 확대되면서 이와 같은 서간 작성법 관련 서적들이 유통된 것이라고 볼 수 있다.

백과사전 및 한자옥편

『문자유집(文字類輯)』은 편자는 미상이고 간행처는 완산(完山)으로 나와 있다. 책의 내용을 보면, 일상생활에 필요한 상식들을 여러 전적에서 발췌하여 부문별로 엮은 일종의 문장 백과사전이다.

우선 항목의 분류를 보면, 천도(天道)·지도(地道)·만물·인륜·유도(儒道)·인사(人事)·군도(君道)·신도(臣道)·천관(天官)·하관(夏官)·추관(秋官) 등의 부문으로 대별하고, 다시 각 부문별로 세분하여 각각 관계 있는 글귀를 수록하였다. 『천도문(天道文)』의 경우, 천(天)·일(日)·성신(星辰)·음양·구름·하한(河漢)·바람·비 등 41가지로 세분하고, 또『천관』 등 육조(六曹) 부문에서는 각 조의 이칭(異稱)을 비롯하여 그 기능직책 및 이상적 고사의 예들을 들었다. 이 밖에 「인륜문(人倫文)」이나 「유도문(儒道文)」 등도 이와 같은 형식으로 분류, 편집하여 어떤 사물에 표현하고자 할 때 거기 알맞은 글귀를 찾아 쓰는 데 편리하게 하였고, 또 그 문구와 관련된 사물을 이해하도록 하였다. 그리고 끝에 사물의 비유로 쓰이는 성어 및 교훈적인 명구를 수록하였다.

『전운옥편(全韻玉篇)』은 정조의 명령으로 편찬된『어정규장전운(御定奎章全韻)』을 모체로 한 한자 사전이다. 즉『규장전운』의 부편으로 편찬된 것이다. '전운'이라는 이름 자체가『규장전운』을 지칭하는 것이라 할 수 있다. 그런데 편자는 미상이고, 간행처는 완산으로 나와 있다.

이 책에는 214종의 부수(部首)에 나뉘어 1만여 개의 한자가 표제자 (標題字)로 실려 있는데, 먼저 한글로 음을 표시하고(表音), 한자로 주석 을 달고, 운모(韻母)가 부기되어 있다. 한글 표음은 『어정규장전운』의 규범음이 그대로 실렸는데 간혹 속음(俗音)도 실렸다.

이 책의 특징은 종래의 옥편들이 운서의 종속적인 역할에 그친 반 면, 독립적으로 편리하게 사용할 수 있게 한 점이다. 즉 『전운옥편』 이전의 옥편들은 자의(字義) 아래에 자음이나 자의에 대한 설명은 없 고 출처만 표시하는 것이 통례였지만, 『전운옥편』은 자의 아래에 자 음(字音)을 달고 그 다음 자의에 대한 상세한 설명과 함께, 운목명(韻目 名)과 통용자, 속자까지도 표시해놓아 운서 없이도 능히 옥편의 구실 을 다할 수 있도록 만들었다(『장서각한글자료해제』, 2000: 474).

당시 한자는 모든 학문과 공적(公的) 기록을 위한 도구이었으며, 특 히 과거시험을 위해서 필수적으로 숙달해야 할 실용적 수단이었다. 그 한자에 대한 이해를 위하여 아동기부터 천자문 등의 한자 학습서 가 간행되어 활용되었으며, 성인들의 경우도 정확한 이해와 활용을 위하여 옥편은 상비해야 할 필독서였다고 할 수 있다. 이런 상황에서 『어정규장전운』보다 자세한 한자 주석을 달아 놓은 『전운옥편』이 방 각본으로 출간된 것은 전적으로 독자들의 수요에 응한 것으로 보인다.

의례, 가정살림, 의술 관련 서적

『사례촬요(四禮撮要)』는 조선 말기의 학자인 윤희배(尹羲培)가 관혼 상제의 사례(四禮)에 관한 선현들의 학설을 모아 엮은 책이다. 간행처 는 석천(石泉)으로 나와 있다. 석천은 소재지도 알려지지 않고 있으며,

간행 도서도 『사례촬요』 하나로 나와 있다.

 이 책은 권상(卷上)에 상례(喪禮)에 필요한 물건들을 만드는 방법 등의 설명되어 있다. 권(卷)1에는 <관례(冠禮)>와 혼인의 절차 및 혼인하는 남녀가 각각 마련해야 되는 물건 등을 설명한 <혼례>가 실려 있다. 권2에는 초종(初終)의 준비물에서부터 고복(皐復)·입상주(立喪主)·부고(訃告) 등의 절차를 설명한 <상례>가 실려 있다. 권3·4에는 치장(治葬)·발인구(發靷具)·하관구(下官具)·개장구(改葬具) 등과 각종 제사에 필요한 축문의 형식을 비롯하여 한식, 단오, 추석 등의 세시풍속을 해설한 내용 등이 들어 있다.

 조선조는 유교적 교양과 함께 생활상의 법도와 예절이 중시되던 시대이었기 때문에, 개인적인 예의뿐만 아니라 의례에서의 절차나 준비물 등은 소홀히 할 수 없었다. 특히, 관혼상제의 사례에 대한 규례는 엄격히 준수되어야 했다. 따라서 『사례촬요』와 같은 의례서적은 각 가정에서 상비해 두고 보는 책이었기 때문에 수요가 많았다고 할 수 있다.

 『규합총서(閨閤叢書)』는 1869년(순종 9) 빙허각(憑虛閣) 이씨가 엮은 가정 살림에 관한 책인데, 일종의 백과사전과 같이 편집되어 있다. 간행처는 나와 있지 않다. 이 책은 서문에서 말한 대로 "부녀가 마땅히 강구해야 할 것"으로서 일상생활에서 요긴한 생활의 슬기를 한글로 적어 모아 놓아 가정에서 백과사전처럼 활용할 수 있게 되어 있다. 전체가 4권으로 구성되어 있는데, 권지1(卷之一)에서는 주식의(酒食議)라 하여 각종 음식물의 종류, 만드는 법, 보존하는 법 등을 수록하고, 권지2(卷之二)에서는 봉임칙(縫紝則)이라 하여 옷 빨래하는 법, 수놓는 법, 누에치는 법, 방 구들 놓을 때 유의사항, 화장하는 법 등을 소개한다. 권지3(卷之三)에서는 산가락(山家樂)이라 하여, 농작이나 원예, 가축 기르기 등에 관한 설명이 있다. 권지4(卷之四)에서는 청양결(靑囊訣)이라 하여, 태교, 육아, 구급 등에 관해 서술하고 있다. 이 밖에 부록으로 세시기(歲時記)·전가(田家)·점후(占侯) 등 우리 고유의 풍속·습관과 기후 등에 대하여 설명한다.

이 책은 오늘날까지도 가정학 분야에서 귀중한 자료로 많이 연구되고 있다. 19세기 후반에 가정 살림에 관한 실생활 실용서가 여성 지식인에 의하여 편찬되었다는 것은 큰 의의를 지닌다. 이로써 출판문화의 영역이 실용성을 중심으로 확장되어 갔다고 할 수 있다. 또한 살림을 담당하는 여성이라는 분명한 독자 대상을 의식하게 되면서, 독자층의 분화 발전이 시작되고 있음을 의미하는 것으로 볼 수 있다.

19세기 후반 여성 독자들은 여성영웅소설을 읽으며 여가를 즐김과 함께, 사회의식이 강화되는 한편, 『규합총서』와 같은 실용서적을 접하며, 여성들이 가정에서 책임져야 할 실질적인 문제 해결을 위한 과학적 모색을 시작한 것이기도 하다.

『방약합편(方藥合編)』은 1885년 황필수(黃泌秀)가 편찬한 의서(醫書)이다. 간행처는 서울의 야동(冶洞)으로 나와 있다. 이 책은 서문에서 청나라 왕인암(汪忍庵)의 『본초편요(本草偏要)』와 『의방집해(醫方集解)』, 『의방활투(醫方活套)』, 『손익본초(損益本草)』를 합하였고, 다시 『용약강령(用藥綱領)』 및 『구급(救急)』, 『금기(禁忌)』 등 10여 종을 더하여 편집한 것이라 하였다.

『의방활투』와 『방약합편』은 종래 실용되어 오던 많은 처방들을 상·중·하 3단(段)에 나누어 의방(醫方)과 약물(藥物)의 지식을 일목요연하게 이해할 수 있게 한 것이다. 이와 같이 의방과 약방(藥方)을 한꺼번

에 집성한 것은 청초(淸初)의 왕인암(汪忍庵)의 방식에 의한 것으로 한
국에서는 처음으로 시용(試用)한 것이다. 이 책에 채록된 의방들은 특
히 새로운 지식을 전개한 것은 아니나, 시용(時用)에 적합한 수많은 처
방들을 알기 쉽게 편집하여 널리 의료인들에게 읽혀졌다. 특히 『방약
합편』은 간편하고도 실용에 적합하며 응급적 참고에도 빠뜨릴 수 없
는 한의방(漢醫方)의 편람서(便覽書)로서 의인(醫人)들이 상비하는 방서
(方書)로 되어 있다(김두종, 1979: 457~458).

『보유신편(保幼新編)』은 소아과 전문의서(專門醫書)인데, 명나라의
무기(無忌)가 편찬한 것을 노광리(盧光履)가 1905년 다시 펴낸 것이다.
간행처는 달성(達城)의 재전당(在田堂)이다.

내용은 소아들의 각 병증을 운기(運氣)·유행(流行)·학질(瘧疾) 등 112
항목으로 나누어 그 주요 증세를 간략하게 기술하고, 그것에 대한 약
방문을 덧붙였다(김두종, 1979).

기타: 유학서, 도가서, 수신 교양서, 역사서 등

『주서백선』은 정조가 주자의 서간 가운데 요긴하다고 생각되는 것
100편을 따로 모아 직접 엮은 책이다. 정조는 "주자의 학문은 대지가
실어주고 바다가 적셔주듯 성대한 것을 그의 문집에서 볼 수 있고,
주자의 문장은 명주실이나 소털처럼 정밀한 것이 그의 편지글에 나타
난다"고 하면서, "내가 이 책을 가지고 한 시대를 크게 바꾸는 표준으
로 삼고자 하는데 꼭 백선으로 하려는 것은 오늘날 공부하는 사람들
의 병통이 넓기는 하되 요점을 잘못 추리고 선택하는 것이 정밀하지
못한 데 있음을 걱정해서니라"고 『주서백선』 간행의 구체적인 목적

을 밝힌 바 있다[21](朱子思想硏究會, 2000: 36~37).

『주서백선』은 처음은 1794년(정조 18) 규장각에서 정유자(丁酉字)로 간행했다. 처음 500여 부를 인쇄하였고, 『아송』(8권, 고활자본)과 함께 전국의 향교에 반포하면서 선비들의 학업을 장려하고 풍속을 일신하는 계기로 삼도록 하라고 윤음(綸音)으로 당부하였다. 그리고 이 활자본을 각 감영에서 다시 번각하여 목판본으로 보급하도록 하였다. 이처럼 관판본으로 널리 퍼졌지만, 독자들의 수요를 감당하지 못하여 방각본으로도 간행하게 된 것이다. 방각본의 간행처는 금성(錦城)이라고 나와 있다.

『명성경(明聖經)』은 저자가 알려지지 않은 일종의 도가서(道家書)이고, 간행처는 서울의 무본당(務本堂)이다. 이 책은 황당한 주장을 하면서도 충〔忠誠〕, 효제(孝悌), 염치〔廉〕, 절개〔節〕 등을 강조한다.

책의 구성은 상·중·하(上中下) 3권으로 되어 있는데, 상권은 이 책의 내용과 저술 동기를 말한다. 이 세상에 수많은 경전과 고전이 있으나, 이 경을 따를 것이 없다고 하면서, "분향하고 큰 소리로 염송하면 복이 온다, 부인이 송(誦)하면 5남 2녀를 얻는다(焚香高誦念其福卽來臨婦人誦此經二女五男成)"는 등의 주장을 하고 있다. 중권은 강경(講經)과

---

21) 정조가 택한 주자학 연구 방법은 주자 문헌을 여러 종류의 선본(選本)으로 만들어 내는 것이었다. 이에 따라 정조는 『주자회선』『주자선통(朱子選統)』『주자서절약(朱子書節約)』『주서분류(朱書分類)』등등을 저술하여 필사본으로 간행했다. 이와 같은 정조의 주자학 연구는 주자학 일반을 재정비함으로써 이제까지 양반들이 이끌어오던 조선의 문화·학문을 일신하는 계기가 되는데, 이때 정조 자신이 직접 학문을 지도하고 그 실행에서도 자신이 솔선하는 모범을 보이게 되는 것이다. 이렇게 되면 종래의 국왕들이 신료들의 교도(敎導)를 수동적으로 받아들이던 상황을 역전시켜, 이제 스승이 제자를 다루듯이 국왕이 신하를 학문적으로 지도하는 국면으로 바뀌게 된다. 이것이 다름 아닌 국왕이 스스로 모색하는 제왕학이며 군(君)과 사(師)의 일치, 군사(君師)로서의 제왕이 되는 길이었다(朱子思想硏究會, 2000: 33~34 참조).

청경(聽經)의 방법을 적은 것이다. 저자는 천상(天上)의 자미궁(紫微宮)에서 문창성(文昌星)과 무곡성(武曲星)을 관장하는 이로서, 세상에 전쟁이 일어나면 스스로 출전해서 만민을 구한다고 하였다. 하권은 주해(註解)인데, 첫머리에는 『논어』에 있는 "임금은 신하를 예로 부리면 신하는 임금을 충성으로 섬긴다"는 구절을 시작으로 충성의 의의를 각 경전에서 뽑아 기재하였다. 또한 불공을 드린 음식을 먹지 않고 불설(佛說)도 믿지 않는다는 내용도 들어 있다. 그리고 효제(孝悌)가 선(先)이고 수신치국(修身治國)을 본(本)으로 삼는다고 주장한다. 또한, 효제와 충과 신의(信)는 사람의 본질(本)이요, 예(禮), 의(義), 염치는 사람의 근본(根)이라고 말하기도 한다.

결국 이 책의 사상적 배경은 도교적 사상 외에도 유교적 주장, 기복적 신앙 등이 얽혀 있음을 알 수 있다. 이것은 19세기 후반의 사회적 혼란기에 사람들을 끌어들이기 위하여 기복 신앙을 중심으로 하면서, 유학적 주장도 병행하여 지식인층에게까지 포교의 범위를 넓히려 한 것으로 생각된다.

『옥황보훈(玉皇寶訓)』은 편자 미상의 도가서(道家書)인데, 간행처는 서울의 겸선당(兼善堂)이다. 서문을 보면, 첫마디부터 "옥황상제께서 친히 「양성심편(養性心篇)」을 내리셨다. 이것은 금장옥구(金章玉句)가 사람들에게 널리 유포되고 유전(流轉)되기를 바라는 것"이라는 황당한 내용으로 되어 있다. 또한, 신(神)인 내가 선관(仙關)을 열어 천황의 이력, 선악을 나누어 바로 잡은 사실, 귀신을 감찰(監察)하여 하늘나라의 상벌(賞罰)에 비춘 것 등을 기록하였다고 말하면서, "만약 어버이의 장수를 구한다면, 어버이의 갑자(甲子)를 거듭 덧붙이게 될 것이고, 만약 자신의 부귀를 원한다면, 완전한 부귀를 얻을 것이고, 만약 자식을 구

하면 현명한 아들을 보내주신다"고 주장한다. 이 『옥황보훈』도 『명성
경』과 마찬가지로 심성을 기를 것을 주장하면서도 기복적 신앙이 짙
게 배어 있음을 알 수 있다.

결국, 상당 부분 황당한 내용이 들어 있는 이러한 도가서들이 방각
본으로 만들어져 널리 읽힌 것은, 당시 독자층이 공유하고 있었던 사
회적 불안이나 위기의식에 기인했을 것으로 볼 수 있다.

『유몽휘편(牖蒙彙編)』은 제목에서 보듯이 아동들을 위한 수신교양
교과서이다. 저자는 미상이고 간행처는 달성광문사(達成廣文社)로 나
와 있다. 상하권으로 구성된 이 책의 상편은 11장으로 나누었는데,
제일 앞 장에서 천지인(天地人)의 개념을 설명하고 각 장별로 천도(天
道), 지도(地道) 등을 설명한 다음, 부자와의 관계(父子之親), 군신지의
(君臣之義), 부부지별(夫婦之別), 장유유서(長幼有序), 붕우지신(朋友之信),
음식지절(飮食之節), 논만물(論萬物), 언유학(言儒學) 등이 나와 있다. 하
편에는 『동몽선습』처럼 중국 역대사를 약술하고 있으나 청나라 건립
까지 서술하고 있다. 한국 역사에 대한 설명은 없다.

『통감절요(通鑑節要)』는 송대(宋代)에 강지(江贄)가 엮은 책인데, 송
대의 사마광(司馬光)이 편찬한 『자치통감(資治通鑑)』294권에서 요긴한
것을 가려 뽑아 50권으로 만든 것이다. 방각본의 간행처(刊行處)는 완
산(完山)으로 나와 있다.

『통감절요』의 원본에 해당되는 『자치통감』은 주(周)나라 위열왕(威
烈王) 23년(B.C. 403)에서 시작하여 오대(五代)의 주세종(周世宗) 현덕(顯
德) 6년(969)에 걸친 장기간의 사적(史蹟)을 편년체로 엮은 통사(通史)
이다. 그 내용은 주나라에서 진(秦)·한(漢)을 거쳐 후주(後周)에 이르기
까지 역조(歷朝) 일대(一代)를 일기(一紀)로 하여 모두 16기로 나누어,

군국대사(軍國大事)와 군신언행(君臣言行)을 연월에 따라 기록한 것인데, 이를 통해 중국 역사의 전체적 윤곽을 파악할 수 있을 뿐 아니라, 수많은 고사성어와 사실(史實)을 통해 역사의 현재성과 살아 있는 교훈을 얻을 수 있다.

『통감절요』가 한국에서 간행된 것은 1381년(우왕 7)의 일이다. 그런데 주자(朱子)의 『통감강목(通鑑綱目)』에 의한 정통론이 세력을 얻게 되는 조선조 이후 『통감절요』는 한국에서 『자치통감』보다 더 큰 영향력을 행사하였다(金都鍊·鄭珉 譯註, 1995: 20). 또한 『통감절요』가 선비들의 필독서로 애호되면서 과거시험의 과목으로도 채택되었다. 이렇게 되자 『통감절요』는 한문을 배우는 초학자들의 학습교재로도 널리 활용되었다.

한편 다산 정약용은, 조선조 400년 동안 한국 역사가 빠져 있는 『통감절요』를 마치 6경(六經)이나 오전(五典)과 같이 떠받든다고 비판한 바 있는데, 다산의 이러한 비판을 통해서도 『통감절요』가 지나치게 중시되었음을 알게 된다(金都鍊·鄭珉 譯註, 1995: 21). 이것은 사실상 역사관의 편향성을 초래하는 심각한 문제일 것이다. 『동몽선습』이나 『아희원람』 등의 아동용 교재에서 한국의 역사가 중국사와 함께 서술되어 있지만, 그 책의 독자는 주로 아동들일 것이다. 이에 비해서, 『통감절요』는 초학자뿐만 아니라 전체 지식인들의 애독서였다는 점에서 역사관의 편향성의 문제는 당시 조선조 사회 전반의 실태였음을 다산 같은 실학자가 비판한 것이라 생각된다.

전반적 특성

개별 방각본의 검토에서 확인되는 것처럼, 제3기 방각본의 내용적 특성은 제1기나 제2기와는 확연히 달라졌음을 알 수 있다. 우선, 소설이 대폭 늘어났고 출판물의 종류도 더욱 다양해졌다. 이러한 방각본의 내용적 특성을 다음과 같이 정리할 수 있을 것이다.

첫째, 방각본의 내용에서 오락적 독서물이 주축을 이루게 되었다. 오락적 독서물의 대표는 소설이다. 다시 말하면, 제3기에는 제2기에서 강조되었던 유교적 교양이나 아동 교육에 대한 강조는 볼 수 없고, 오락적 기능이 강화된 점이 가장 큰 특성이 되고 있다. 오락적 독서물의 대표는 소설이라 할 수 있는데, 다양한 종류로 나타나고 있다. 가장 인기를 끄는 것은 영웅소설인데, 방각본 간행자와 작가들은 영웅일대기라는 도식적 줄거리를 통하여 독자를 끌어들이고 있다. 도식적 줄거리란 앞에서 보았듯이, 고귀한 신분에서 태어나 주인공이 부모와 헤어져 고난을 겪다가 무술이나 도술을 배워 외적을 물리치고 그 공으로 부귀영화를 누리게 된다는 것이다. 이러한 도식성을 응용한 많은 수의 영웅소설들이 등장하였지만, 이러한 영웅소설에서도 한편, 구국이나 사회 개혁의 의지에 대한 국민들의 염원을 담기도 한다. 특히, 여성을 주인공으로 만든 여성영웅소설에서는 여권의식의 성장이 반영되기도 한다. 이와 같은 적극적인 의지나 의식을 담는 것은 영웅소설뿐만 아니라 가정소설이나 사회소설에서도 공통적이다. 말하자면, 흥미를 위주로 하는 오락적 독서물에서도 현실 극복의 메시지를 함께 담으려 했던 것이다.

둘째, 실용성의 내용이 확대되었다. 제1기에도 실용성이 강조되기는 하였지만, 그 내용이 다양하지 못했다. 그러나 제3기에는 실용서적의 폭이 매우 다양해졌다. 구체적인 예를 들면, 백과사전이나 옥편, 의례, 가정살림, 의술 관련 내용 등 그 실용성의 폭이 확대된 것이다.

이러한 실용성들은 실제 생활에서의 활용에 주안점을 두었다. 같은 의학서적이라 해도 정부에서는 당시까지 의학의 집대성이라 할 『동의보감』 같은 서적을 만들었지만, 방각본에서는 『방약합편』처럼 간편하고 응급 처방에 유용한 의학서를 만든 것이다.

셋째, 서식이나 서간문 작성법을 다룬 내용이 많았다. 이런 내용의 서적들도 물론 실용서에 속하는 것이지만, 이것은 단순히 책을 읽는 데에서 그치지 않고 쓰는 행위를 위한 것이다. 즉 적극적인 커뮤니케이션을 위한 실용성이라 하겠다. 특히, 『언간독』『초간독』『간독정요』와 같이 서간문 작성법을 알려주는 서적들이 다수 나왔는데, 이것은 앞에서 밝힌 것처럼, 편지를 교환할 수 있는 인구가 확대되었음을 뜻한다. 즉 당시 소수 양반층을 중심으로 주고 받을 수 있었던 커뮤니케이션 행위가 널리 일반인들에게까지 확대되어 나타난 현상으로 볼 수 있다.

넷째, 기복신앙과 결합된 도가서적의 등장이 제3기 방각본 출판에서 특기할 만한 일이라고 하겠다. 조선시대는 유학, 그것도 주자학만 정통적인 사상으로 인정받았고 제자백가들의 서적은 중국으로부터의 반입이 금지되었었다. 이런 사회에서 도가서의 출간이 방각본으로 나올 수 있었다는 것은 이례적인 것으로 보아야 할 것이다. 물론 소설도 정부에서 금지하고 과거시험에서 소설체 문장을 쓸 경우, 과거 낙방은 물론 과거 응시기회를 봉쇄하던 사회에서 소설이 오히려 민간에서는 더욱 활발해진 것처럼, 도가서의 경우도 민간의 기복신앙과 결합되면서 제작 유통된 것으로 보인다. 『명성경』이나 『옥황보훈』 같은 황당한 내용을 상당 부분 담고 있는 서적의 경우도 유학에서 강조하던 실천윤리도 동시에 담고 있다. 이 역시 당시 사회적 분위기에 편승하는 시도였다고 생각된다. 또한 기복 신앙을 담고 있는 도가서적이 방각본으로까지 간행 유통된 것은 앞에서 말했듯이 민란이 횡행하고 정치적으로 혼란스럽던 당시 상황에서 독자층이 공유하고 있었던 사회적 불안이나 위기의식에 기인했을 것으로 생각된다.

제5장 조선시대 방각본 내용의 지역별 특징

조선시대에 방각본 내용의 지역별 특성을 살펴보기 위해서는 우선 방각본의 출판이 활발했던 지역을 확인해야 할 것이다. 방각본 출판은 앞 장에서 살펴보았듯이, 지역별로는 첫째, 경판 즉 서울 지역, 둘째, 완판 즉 전주 지역, 셋째, 태인판 즉 태인 지역으로 갈라서 볼 수 있을 것이다.

그 외에 남원, 금성, 달성 등의 지역에서도 출판 실적이 있으나, 각각 1~2종에 불과하였다. 남원에서는, 윤리 교화 서적인 김정국의 『언해경민편』이 출간되었고, 금성에서는 김만중의 소설 『구운몽』과 주자의 서간을 가려 뽑은 『주서백선』이 나왔으며, 달성에서는 소아과 전문의서인 『보유신편』과 아동용 수신 교양 교과서인 『유몽휘편』이 간행되었다는 사실을 다시 확인하게 된다. 이 지역들은 이처럼 발행 도서가 극소수이므로 방각본 내용의 지역별 검토는 의미가 없을 것이다. 따라서, 이 장에서는 조선시대 방각본 내용의 지역별 특징을 서울, 전주, 태인 세 곳을 대상으로 검토하고자 한다.

서울 지역 방각본의 내용적 특징

서울 지역에서 출판된 방각본은 전체가 31종으로 집계되어, 지역 중에서 가장 많은 발행종수를 기록하고 있다. 전체의 약 40퍼센트에 해당하는 수치이다. 이것은 당시 서울이 조선시대 행정과 문화의 중심지일 뿐만 아니라, 상업 행위 역시 가장 활발하게 이루어지던 인구 최대 도시였기 때문에 당연한 결과일 수 있을 것이다. 특히 17세기 후반 이후 서울은 농업·수공업에서 상품생산이 성장하면서 상업도시로 급격히 성장할 수 있었으며, 국제 무역의 성행과 더불어 전국적으로 통용된 화폐(상평통보)의 영향으로 유통경제가 발달하였다(고동환, 2002: 33~34). 다른 상품의 유통과 마찬가지로 방각본의 유통도 활발해졌는데, 특히 방각본 소설의 출판이 왕성해졌다. 즉 방각본의 내용을 주제별로 살펴보면, 소설이 17종으로 절반을 넘고 있다. 방각본 소설 출판의 경우, 전주에서 발간한 6종을 제외한 나머지는 전부 서울에서 출판된 셈이다. 따라서 소설의 종류도 영웅소설, 여성영웅소설, 가정소설, 역사소설, 사회비판소설 등 전체가 다 망라되어 있음을 알게 된다.

이것은 출판에서 오락적 목적의 독서를 하고 있는 계층이 서울 지역에 가장 많이 분포되어 있음을 말해준다. 출판 커뮤니케이션의 기능에서 오락의 기능이 단적으로 가장 두드러지게 나타났음을 보여주는 현상이다. 이러한 독서는 양반 사대부가의 부녀자층이 소설을 선호하는 것에서부터 중인과 평민들에게까지 광범위한 독서층이 형성되어 있음을 의미한다.

동시에 이러한 독자층을 만족시켜줄 수 있는 작가층이 서울 지역의 몰락 양반층을 중심으로 하여 형성되었다고 볼 수 있다. 이러한 사실은 『전운치전』 같은 현실비판 소설의 작자는 미상이지만, 작품의 내용 분석을 통하여 몰락 양반이 분명하다는 연구 결과가 나온 바 있다. 그 외에 『숙향전』이나 『숙영낭자전』 같은 소설에서도 몰락 양반층의 실태가 짙게 바탕에 드러나고 있음은 앞의 내용 검토에서 드러난 바 있다. 또한 역관이나 기술 관료의 역할을 담당했던 중인들의 경우도 작품의 창작과 유통 과정에서 중요한 역할을 했다고 여겨지는데, 이 중인들이 가장 많이 거주한 지역이 또한 서울이었다.

다음, 서울 지역에서의 방각본 출판의 내용적 특징은 그 분야와 주제의 다양성이다. 즉 소설을 제외하고도 백과사전, 가사, 의례서, 역사서, 도가서는 물론, 병법, 의술, 서간 작성법 등의 조선시대 전반에 걸쳐 나왔던 방각본의 내용 전반이 망라되어 있다고 말할 수 있을 것이다.

이것은 서울 지역이 시장경제가 활발했기 때문에 광범위한 분야에서 다양한 내용의 방각본 출판이 가능하게 만들어주었을 것이고, 동시에 서울 지역 거주민들의 속성이 직업이나 관심 분야가 다양한 데에서 나온 결과일 것이라고 생각한다.

이와 같은 서울 지역의 특징은 정부 차원에서 서학이나 천주교 서적은 물론 패관소설 등의 독서를 금지함으로써 주자학 일변도의 폭좁은 독서를 강요하였지만, 별다른 영향이 없었음을 나타내주는 것이기도 하다.

전주 지역 방각본의 내용적 특징

전주 지역은 당시 지식인이 많이 살고 있었고 또한 상공업이 활발했던 도시이다. 동시에 종이의 생산지였기 때문에 방각본 출판에 매우 유리한 환경이었다. 당시 종이의 중요성은 오늘날과는 비교가 되지 않을 정도로 엄청난 것이었다. 왕실이나 조정에서도 종이 조달이 어려워 필요한 서적을 발간하지 못하였다는 기사가 『조선왕조실록』에 여러 차례 나올 정도였다. 지방 관청에서는 종이를 가져와야 민간인에게 출판물을 줄 정도였다. 가격도 종이 분량으로 책정하였다.

전주 지역 방각본 출판의 내용적 특징은 다음의 세 가지로 말할 수 있다.

첫째, 유학 분야의 강조이다. 유학 관련 서적 즉, 유학 경전의 언해본과 주석서를 13종이나 출판하였다. 전체 방각본에서 차지하는 유학서의 대부분이 전주에서 출간된 셈이다. 또한 유교적 교양을 키우는 것을 주목적으로 한 『명심보감』 역시 전주에서 나왔다. 서울 지역이 오락적 독서에 치중했다면, 전주 지역은 유교적 교양에 집중하여 방각본을 기획했다고 할 수 있다.

둘째, 유학서와 함께 소설의 출판도 병행했다. 소설 발행종수는 많지 않지만, 가장 많은 인기를 끌었던 것으로 드러난 『조웅전』이 바로 전주에서 나왔다. 또한 『심청전』 『퇴별가』 같은 판소리 계열의 작품들도 주요한 내용을 이루는데, 이것은 전주 지역의 특성에서 나오는 것이다.

셋째, 민족 주체성을 강조한 아동 교육서가 나왔다. 즉 앞 절에서 살펴본 『동몽선습』과 『아희원람』이 모두 전주에서 나온 것이다. 이것은 전주 지역의 문화적 풍토에서 빚어진 것으로 생각된다. 서울 지역이 오락적 독서와 다양화된 출판물로 활발한 출판행위가 이루어지고 있을 때, 전주에서는 교육적으로 뜻깊은 저술이 나와 교육의 선진화에 커다란 기여를 하고 있었던 것이다.

태인 지역 방각본의 내용적 특징

태인(泰仁)은 태산(泰山)현과 인의(仁義)현이 합쳐서 생긴 지명으로 조선시대에는 큰 현(縣)에 해당하는 지역으로서 양반사대부가 많이 거주하고 상업이 활발하던 지역이었다. 따라서 상업행위로서의 출판도 활발하였으며, 특히 제1기에 해당되는 17세기에는 방각본 출판을 주도한 것으로 나타났다. 즉 제1기에는 총 8종의 방각본 중에서 6종을 차지할 정도였다. 그리고 제2기에도 전체에서 차지하는 비중은 작지만, 6종의 방각본을 출간한 것을 <표 2>와 <표 3>에서 확인할 수 있다. 그러나 제3기 이후에는 출판 활동이 미미한 것으로 나타났다.

태인 지역 방각본 출판의 내용적 특징은 다음과 같다.

첫째, 공자의 생애와 업적 또는 추숭을 위한 서적의 발간을 주도하였다. 공자와 관련된 것으로 알려진 방각본은 『공자가어』 『공자통기』 『신간소왕사기』 등인데, 모두 태인에서 출간되었다. 이것은 이 지역이 공자를 알리고 기리는 작업에서 서울보다 앞서고 있었음을 보여주는 것이라 할 수 있다.

둘째, 공자를 연구하고 기리는 첫째의 특징은 유교적 교양이나 교화를 강조하는 내용의 서적을 출판하는 경향으로 연결된다. 즉 『명심보감』『효경대의』『동자습』등의 출판을 들 수 있다.『동자습』은 아동을 위한 서적이지만, 아동들이 일상에서 지켜야 할 도리를 설명하면서 유교적 교양을 어릴 때부터 심어주려 하고 있다.

셋째, 실용성이 두드러진다. 이것은 농사기술의 전파와 기근 구제용 서적인『농가집성』이나『신간구황촬요』에서 두드러지지만, 그 외에 당시의 소백과사전인『사문유취초』, 초학자들을 위한 문장학 백과사전이라 할 수 있는『고문진보대전』등이 모두 실용성을 강조한 방각본이라 할 수 있다.

제6장 방각본과 관판본 출판의 차이

비교 대상으로서 관판본의 범위

방각본과 관판본 출판의 비교에서는 우선 관판본에 대한 범위의 정립이 전제되어야 할 것이다. 관판본이란 조선시대에 민간이 아니라 관청에서 출판한 서적을 말한다. 즉 정부 간행물을 일컫는다. 그러나 조선시대에는 가장 활발한 출판 주체가 정부이었기 때문에, 관판본의 종류와 내용은 너무 광범위하게 될 것이다. 따라서 대표적인 관판본의 범위를 정하는 일이 필요하다고 본다. 관판본 전체를 찾아서 방각본과 비교하는 일은 불가능할 뿐만 아니라, 그 의의도 미미해질 것이기 때문이다. 이 장에서는 우선 관판본의 대표성을 찾기 위하여 다음과 같은 기준을 적용하여 관판본의 범위를 정한 다음, 방각본과 비교하고자 한다.

첫째, 『조선왕조실록』에 간행 기록이 있는 서적에 국한하고자 한다. 『조선왕조실록』은 조선시대 역사와 문화 연구의 제1차 사료로서, 출판의 경우도 당시 정부에서 중요시했던 서적은 모두 언급하고 있다. 즉 정부의 관점을 분명하게 알아낼 수 있는 것이다. 또한 연구의 범위도 확실해진다고 생각한다.

둘째, 중앙정부 차원에서 발간한 도서로 한다. 지방 감영에서 독자적으로 발간했거나 지방 관리가 개인적으로 발간하고 중앙정부의 후속 간행 조치가 없는 도서는 생략하고자 한다. 중요한 서적의 경우는 중앙과 지방에서 동시에 또는 시차를 두고 발행하는 경우가 대부분이었기 때문에, 관판본의 대표성을 확인하는 데 문제가 없을 것으로 생각한다.

셋째, 신간 서적을 중심으로 살피는데, 단순한 법령집이나 왕의 윤음(綸音), 행정자료집, 외교문서, 왕실기록물, 관청의 연혁이나 일지, 지도 등은 생략하였다. 이 중에서 자료집이나 기록물 또는 연혁 등은 중요한 출판물이기는 하지만, 독자 전달을 중시하는 출판 커뮤니케이션으로서의 기능에는 적절하지 않다고 생각되기에 생략하였다. 윤음이나 지도는 서적으로서 방각본과 비교 대상으로 어울리지 않기 때문에 생략하였다. 또한 『조선왕조실록』과, 그 『실록』을 토대로 역대 왕의 선정을 드러내기 위한 『국조보감』도 생략하였는데, 이 역시 방각본의 비교 대상으로 어울리지 않기 때문이다.

넷째, 정부에서 발행하였어도, 목판이나 활자 인쇄를 하지 않고 손으로 쓴 필사본의 경우는 제외하였다. 관판본에서는 필사본에도 중요한 서적이 많고 또한 감영 등으로 보내 간행하기 위한 책들이 많다. 그러나 이 연구에서는 필사본으로만 남고 목판이나 활자로 간행하지 않은 책은 생략하였다.

또한 방각본과 동일한 관판본의 경우는 방각본 항목에서 설명하였기에 중복을 피하기 위하여 생략한다. 이와 같은 기준에서 관판본의 범위를 확정하고 난 다음, 필자가 『조선왕조실록』의 기사를 토대로 하여 정리한 관판본은 다음 <표 5>~<표 7>과 같다.

이것을 방각본의 시기 구분에 따라서 제1, 2, 3기로 나누어 검토하고자 한다. 먼저 관판본의 목적을 살피기 위하여 각 시기별로 개별 관판본을 하나하나 살펴본 다음, 전체적인 특성을 종합정리할 것이다. 관판본의 목적에 대한 검토는 전술했듯이, 『실록』에 나타난 기록을 토대로 한다. 그것이 당시 정부의 의도를 분명하게 파악할 수 있는 효과적인 방법이라고 생각하기 때문이다. '출판물 유형'과 '보급·유통의 차이'도 '발간 목적의 차이'에 대한 검토를 토대로 하여 종합적으로 살펴보고자 한다.

발간 목적의 차이

방각본과 관판본의 발간 목적의 차이를 확인하는 데 있어서, 방각본의 내용이나 간행 취지 등은 앞 장에서 살펴보았기 때문에, 이 장에서는 우선 관판본의 간행 취지를 『실록』을 토대로 한 종씩 검토하고 나서 전반적인 목적을 종합정리한 다음, 방각본과의 차이점을 밝혀보고자 한다.

제1기

관판본의 목적

『주자대전차의(朱子大全箚疑)』는 송시열(宋時烈, 1607~1689)이 유배지에서 『주자대전』을 주석한 책이다. 편찬 시기는 송시열의 말년 무

<표 5> 조선시대 관판본(제1기)

책명	편·저자	간행연도	주제분류	간행 취지 및 의의
朱子大全箚疑	송시열	1716 숙종42	儒學書	朱子學 전파
節酌通編	송시열	1686 숙종12	儒學書	朱子學 전파, 경연 강독
聖學輯要	이 이	1575 선조 8	儒學書	帝王學 교과서, 경연 강독
疑禮問解	김장생	1646 인조24	儀禮書	의례 교육
六禮疑輯	박세채	숙종대	儀禮書	의례 교육
國朝儒先錄	유희춘	1570 선조 3	儒學書	先儒 기리는 작업
麗史提綱	유계	1667 현종 8	歷史書	역사 서술
明史綱目	이현석	1703 숙종29	歷史書	역사 서술
皇極經世書東史補編	신익성	1644 인조22	歷史書	왕을 위한 先例 기술
東賢奏議	이희조	1719 숙종45	建議書	言路 기록, 왕세자 교육
續經筵故事	이희조	1719 숙종45	建議書	經筵 기록
光國志慶錄	-	1703 숙종29	詩모음	太祖 宗系 邊情 축하
東醫寶鑑	허준	1613 광해 5	醫學書	의학 집대성
辟瘟方	미상	1612 광해 4	醫學書	전염병 처방
捷解新語	강우성	1676 숙종 2	日語 學習書	역관 교재, 역과 시험 과목
新增類合	유희춘	1576 선조 9	漢字 學習書	초학자 한자 학습

자료:『조선왕조실록』선조~경종대까지의 서적 간행 기사를 근거로 작성한 것임.

렵인 1680년대 후반으로 알려져 있지만, 간행 시기는 매우 늦어졌다. 즉, 교정하여 간행하라는 왕의 명령이 일찍이 있었지만, 1716년(숙종 42)에야 "찬성(贊成) 권상하(權尙夏)가 교정을 끝내고, 깨끗이 베껴 써서 모두 17책(冊)을 본관에 돌려 보냈으니, 청컨대 전에 명하신 데에 따라 교서관에 분부하여 박아 내게 하소서" 하는 홍문관의 건의에 "임금이 그대로 따랐다"고『실록』은 기록하고 있다(숙종 42년 9월 24일).

당시 조선 정부에서는 공자 사상을 해석하고 널리 알리는 데에 있어 주자학을 정통 이론으로 삼았으며, 송시열 또한 주자 사상의 이해에 가장 정통한 것으로 이름이 높았기 때문에, 『주자대전차의』는 매우 중요시되었다.

『절작통편(節酌通編)』은 송시열이 관직에서 물러나 고향에 돌아간 이래 제자들과 함께 『주서절요(朱書節要)』(이황 편찬)와 『주문작해(朱文酌海)』(정경세 편찬)를 합하고 그 위에 자신의 주해를 보충하여 만들어낸 책이다. 이 책은 1686년(숙종 12) 왕의 명령에 따라 운각에서 간행이 결정되었고(숙종 12년 1월 12일) 그 후 숙종대는 물론 경종, 영조대에서도 경연에서 강독하는 교재로 활용되었다(『실록』, 영조 1년 6월 25일; 9년 2월 24일; 9년 3월 2일; 9년 4월 19일).

경종이 즉위한 직후 『절작통편』을 진강할 책자로 의논하면서 그 책의 의의에 대하여 영의정(領議政) 김창집(金昌集)은 이렇게 말한 바 있다. "일찍이 선조(先朝)에는 매양 소대(召對)할 때에 『절작통편』을 취하여 진강하였으며, 지금도 또한 이 서적으로 진강합니다. 그런데 이 서적은 일시(一時)에 여러 가지를 널리 읽을 수 없으니 매양 진강할 때에 6, 7판(板)을 넘지 말고 의리를 강구하는 데에 힘쓴다면, 성학(聖學)에 도움이 있을 것입니다" 하니, 임금이 그대로 따르도록 명하였다고 『실록』에 나와 있다(경종 즉위년 7월 13일).

말하자면, 『절작통편』이 성학 즉 국가 경영을 위한 왕의 지혜에 도움을 줄 수 있다고 본 것이다. 결국 이 책은 국가정책의 방향을 잡고 현안 문제의 해결에서 구체적인 준거로 활용되었음을 그 이후의 『실록』에서 많은 사례들이 보여준다.

『성학집요(聖學輯要)』는 율곡 이이가 유학을 공부하고 그 가르침에

따라서 자기완성을 이루고 다시 가정, 사회, 국가를 다스리는 데 필요
한 이념적인 지표를 간요(簡要)하게 편집하여 1575년(선조 8) 왕에게
바친 책인데[22], 그 골격은『대학』을 성리학적 입장에서 풀이한 송대
(宋代) 진서산(眞西山)의『대학연의(大學衍義)』로 삼고 있다. 여기에서
성학이란 대성공자(大聖孔子)의 학통을 이루고 있는 학을 의미한다(신
동아편집실, 1981: 132).

율곡은『성학집요』의 서문에서 책의 편찬 취지를 이렇게 밝히고
있다. "서산 진씨(西山眞氏)가 뜻을 풀어『대학연의(衍義)』를 만드니,
참으로 제왕이 도(道)에 들어가는 지남(指南)이 됩니다. 다만 책의 수가
너무 많아서 일을 기록한 책과 흡사하여 실학(實學)의 체모가 되지 못
했습니다. 더구나 임금의 한 몸은 온갖 기무(機務)가 모인 바여서 일을
다스리는 때가 많고 책을 읽는 때는 적습니다. 만일 그 요긴한 것을
모아 그 종지(宗旨)를 정하지 않고 널리 아는 것만을 힘쓰면, 혹시 기
송(記誦)하는 데에 구애되어 반드시 참으로 얻는 것이 있다고 할 수
없을 것입니다. 이에 사서(四書)와 육경(六經)에서 요긴한 것을 뽑고 선
유(先儒)의 설과 역대의 사서(史書)에 이르기까지 정밀하고 특수한 것
만을 뽑아 유를 나누어 차례를 매기니 모두 다섯 편입니다"(『실록』,
선수 8년 9월 1일).

이 다섯은 첫째 편은 통설(統說)로서 몸을 닦고 남을 다스리는 공부
를 합하여 말한 것이고, 둘째 편은 수기(修己), 셋째 편은 정가(正家),
넷째 편은 위정(爲政), 다섯째 편은 성현도통(聖賢道統)이라 하였는데,
이것은『대학』의 실적(實跡)인 것인데, 이를 합하여 이름을『성학집

---

22)『성학집요』는 1575년에 편찬되고, 1749년에 간행된『율곡전서』에 수록되었지만,
   편찬 이후 조선조에서 계속 활용되어온 서적이기에 제1기의 관판본에 포함시켰음.

요』라 지었다고 밝혔다.

이 책은 편찬된 이후 왕도에 도움이 된다고 하여, 선조대에서뿐만 아니라 그 후대인 숙종, 영조, 순조대에서도 경연의 교재로 널리 활용되었다(『실록』, 숙종 23년 4월 11일; 영조 7년 12월 28일; 순조 6년 11월 4일).

『의례문해(疑禮問解)』는 김장생(金長生, 1548~1631)이 의례에 관하여 그의 문인들과 문답한 내용을 토대로 엮은 책인데, 조선조 정부에서 행하는 예식의 준거로 활용되었다(『실록』, 현종 4년 4월 1일; 10년 2월 24일). 김장생은 『의례문해』외에도 『상례비요(喪禮備要)』·『가례집람(家禮集覽)』·『예기기의(禮記記疑)』 등도 편찬하였는데, 모두 매우 세밀하게 분석하여 물을 담아도 새지 않을 정도이므로 국가의 전장(典章)과 사가(私家)의 경례(經禮)와 변례(變禮)에 알맞게 활용되고 있으며, "한결같이 정자와 주자의 학설을 주장하였기에 비록 다른 길로 추향하는 집안이라도 준용(遵用)하지 않는 이가 없었으니, 그 공로가 많다고 말할 만"하며, 동방(東方)의 예가(禮家)를 대성(大成)하였다고 송시열이 평한 바 있다(「문묘 종사에 관한 송시열의 소」, 『실록』, 숙종 7년 12월 14일).

『육례의집(六禮疑輯)』은 숙종 때 박세채(朴世采, 1631~1695)가 관혼상제 및 향례, 상견례에 관한 여러 설을 집대성한 책이다. 주자의 『의례경전통해』에 근거하고 『가례』를 방증자료로 삼아 엮었다.

『국조유선록(國朝儒先錄)』은 1570년(선조 3)에 선조가 부제학 유희춘(柳希春)에게 명하여 찬집하게 한 책이다. 유희춘은 이언적(李彦迪), 김굉필(金宏弼)·정여창(鄭汝昌)·조광조(趙光祖) 등의 저술을 채집 찬정하여 『국조유선록(國朝儒先錄)』으로 명명할 것을 청하였고, 선조가 보고는 교서국(校書局)에서 인행(印行)하게 하였다(『실록』, 선수 3년 12월 1일).

『여사제강(麗史提綱)』은 유계(兪棨, 1607~1664)가 인조 대에 대청주화론을 배척하다가 유배생활을 보내던 시기에 저술한 역사서이다. 이 책의 간행은 그의 사후 3년 뒤인 1667년(현종 8)에 이루어졌다(한영우, 1998: 74). 숙종 때 영의정 김수항은 『여사제강』의 필요성을 이렇게 주장한 바 있다. "이 책은 한결같이 『강목(綱目)』을 준거(遵據)하였으므로, 규모가 정밀(精密)한 데다가 자세하고 소략(疏略)한 바가 적중(適中)하여 감계(鑑戒)하는 방책이 있으니, 더욱 절실합니다. 마땅히 영남으로 하여금 간출(刊出)하여 널리 배포하게 하소서"(『실록』, 숙종 7년 3월 11일).

『명사강목(明史綱目)』은 1703년(숙종 29) 문신 이현석(李玄錫)이 중국 명나라의 역사를 편년체로 엮은 책이다. 영조대에도 왕의 명령에 의하여 다시 간행된 바 있다(『실록』, 영조 47년 7월 6일).

『황극경세서동사보편(皇極經世書東史補編)』은 왕이 경계할 선례(先例)를 모은 것인데, 신익성(申翊聖)이 찬하여 왕에게 올리니, 인조는 "경이 바친 새 책은 실로 내가 거울 삼아 경계해야 할 좋은 선례들이니, 의당 유신(儒臣)으로 하여금 교정해서 간행하도록 하겠다"고 답하였다(『실록』, 인조 22년 7월 28일). 이 책은 왕에게 읽히기 위한 것이지만, 당대는 물론 후세에까지 경계하는 의미에서 간행한 것이라고 할 수 있다.

『동현주의(東賢奏議)』는 정몽주(鄭夢周) 이하 문묘(文廟)에 종사(從祀)한 9인의 장주(章奏)를 모아서 만든 책이다(『실록』, 숙종 45년 9월 21일).

『속경연고사(續經筵故事)』는 숙종 때 대사헌(大司憲) 이희조(李喜朝)

가, 문순공(文純公) 박세채(朴世采)가 편한 『경연고사(經筵故事)』를 모방
(模倣)하여 조광조(趙光祖)·이황(李滉)·이이(李珥)·성혼(成渾)·김장생(金
長生) 등이 연중(筵中)에서 주달(奏達)한 말을 채록해서 만든 책이다. 이
책은 앞의 『동현주의』와 함께, 왕의 독서물로 활용되었으며, 동시에
왕세자의 교육용으로도 사용되었다(『실록』, 숙종 45년 9월 21일).

『광국지경록(光國志慶錄)』은 선조 때 명나라 서적에 잘못 기입된 태
조의 종계(宗系)를 사은사(謝恩使) 유홍(兪泓)이 중국에 가서 고치고 돌
아온 일을 축하하여 1703년(숙종 29) 펴낸 시집이다. 그 시들은 산해
관(山海館)의 주사(主事) 마유명(馬維銘)이 시(詩)를 지어주자 유홍이 이
를 화답한 것과 다른 신하들이 운을 맞추어 지은 시와 어제시(御製詩)
한 수가 함께 들어 있다. 이런 사실은 조선 정부에서는 매우 중요시여
겨 "나라를 빛나게 한 책"이라 하여 영조대에도 다시 간행한 바 있다
(『실록』, 영조 20년 2월 11일).

『동의보감(東醫寶鑑)』은 한국의 대표적인 한의학 서적이다. 저자인
허준(許浚)은 선조로부터 "의방(醫方)을 찬집하라는 명을 특별히 받
들고 자료를 수집하였는데, 심지어는 유배되어 옮겨 다니고 유리(遊
離)하는 가운데서도 그 일을 쉬지 않고 하여" 1610년(광해 2)에 완성
하였다고 『실록』은 알려주고 있다. 이때 광해군은 그 공로로 숙마(熟
馬) 한 필을 직접 주어 그 공에 보답하고 내의원으로 하여금 인출케
한 다음, 중외에 널리 배포하라고 명령하였다(『실록』, 광해 2년 8월 6
일). 이 『동의보감』은 국외에서도 크게 평가를 받아, 중국의 칙사도
보내 달라고 요구하였다는 기록이 『실록』에도 나와 있다(경종 1년 4
월 25일).

『벽온방(辟瘟方)』은 광해군 때에 전염성 열병이 함경도를 중심으로

전국으로 퍼져나가려 하자 그 처방전을 책으로 만들어 보급한 것이
다.23) 당시 정원에서 임금에게 "지금 여역(癘疫)이 성하게 일어나 함
경도와 강원도뿐만 아니라 도성 및 제도(諸道) 같은 데에도 이미 전염
되어 곳곳이 다 그러합니다. 앞으로의 걱정이 또한 지금 정도에서 그
치지 않을 것이니 미리 대비하지 않을 수 없습니다. 『벽온방』이란 책
은 장수(長數)가 많지 않아 만들기가 쉽습니다. 속히 교서관으로 하여
금 많은 수를 인출하게 한 다음 중외에 널리 나누어주어 위급한 사태
를 구원하게 하는 것이 어떻겠습니까?"고 한 건의가 받아들여져 곧바
로 간행된 것이다(『실록』, 광해군 4년 12월 22일).

『첩해신어(捷解新語)』의 저자는 강우성(康遇聖)인데, 일본어를 배우
는 역관들의 교재로 사용한 책이다. 이 책은 1676년(숙종 2) 간행되었
고 1678년(숙종 4) 이후부터 역과(譯科)의 왜학(倭學) 시험과목으로 사
용되었다. 그 후 정조대에는 역관 김건서(金健瑞)가 왜인들과 여러 번
난해한 대목을 묻고 확인하여 『첩해신어문석(捷解新語文釋)』이라는 교
재를 간행하기로 결정하였다는 기록이 『실록』에 나온다(정조 20년 2월
4일).

『신증유합(新增類合)』은 조선시대의 한자 학습서이다. 조선 초기부
터 『천자문』, 『훈몽자회』 등과 함께 초학자용으로 사용되던 저자 미
상의 『유합(類合)』을 선조 때 학자 유희춘(柳希春)이 30여 년 간 증보하
여 완성, 교서관에서 간행함으로써 널리 유포되었다.

---

23) 『벽온방』은 저자 미상으로서 여역에 관한 의학서이다. 이 책은 세종대에 간행되
    었다는 주장이 있고, 그 외에도 1518년(중종 13)에 김안국이 풀이한 『언해벽온
    방』, 1613년에 허준이 편찬한 『신찬(新撰)벽온방』과 『벽온신방』 등이 있으나, 여
    기에서는 『실록』의 기록을 토대로 1612년(광해 4)에 간행된 『벽온방』을 제1기의
    관판본에 넣었음을 밝힌다.

이상으로 방각본 출판의 제1기에 발행된 관판본의 간행 취지를 하나하나 살펴보았다. 이를 토대로 관판본의 목적은 다음과 같이 종합해 볼 수 있을 것이다.

첫째, 정부에서 출판한 관판본의 목적은 무엇보다도 왕실 또는 국정에 관한 것이 중심을 이루고 있다는 사실이다. 직접적으로는 경연에서 유학 공부와 함께 국정을 의논하는 데 활용하기 위한 책들(예: 『절작통편』, 『성학집요』 등)에서부터, 왕이나 왕세자에게 선례를 제시하거나 교육하기 위하여 활용되는 서적들(예: 『황극경세서동사보편』, 『동현주의』 등)이 다수를 이루고 있고, 직접 경연에서의 논의 기록을 담은 책(『속경연고사』)도 있다. 이러한 책들은 단순히 한 번의 출판 행위로 끝나는 것이 아니라 끊임없이 국정의 토론 자료가 되고 정책 결정과 행정적 시행과정에서 준거로 활용되고 있음을 『실록』은 보여주고 있다. 특히 『성학집요』 같은 서적의 경우는 『조선왕조실록』에서 역대 왕이 바뀌면서도 경연에서 강(講)하였다는 기록이 지속적으로 나온다.

또한 『광국지경록』 같은 시집의 경우도 시집이라기보다는 태조의 종계를 고친 것을 축하하는 의미가 강조되고 있기 때문에 목적상 국정에 관한 것으로 보아야 할 것이다.

둘째, 실용적 목적이 강조되고 있다. 실용적 목적도 의례 교육, 농사 기술의 전파, 전염병 처방에서부터 한자나 외국어 학습에 이르기까지 다양하게 나타나고 있다.

셋째, 역사 서술이 강조되고 있다. 『여사제강』이나 『명사강목』과 같은 직접적인 역사 서술에서부터 앞서 말한 『황극경세서동사보편』, 『동현주의』와 같이 역사적 선례를 찾기 위한 목적의 서적들이 나오고 있다.

조선조 사회에서 역사에 대한 기록은 엄정하게 관리하고 있다. 위와 같은 역사서에 잘못된 기록이 나올 경우, 왕 자신이 직접 수정을 지시하는 장면을 『실록』의 사관은 기록하고 있다. 한 예로 "『여사제강』의 말편 별록(別錄)에 주자의 말을 잘못 기록한 것이 있었으므로, 임금이 말하기를, '주자는 송(宋)나라 사람인데, 어떻게 미리 고려가 망할 것을 알았겠는가? 이것은 곧 중국 사람이 고구려(高句麗)를 고려라고 일컬었으므로 여기에 잘못 기록한 것이다' 하고, 판본(版本)을 삭제해버리라고 명하였다"는 기사가 있다(영조 25년 5월 13일).

관판본과 방각본의 차이

이상에서 검토한 관판본의 목적을, 제4장에서 밝힌 방각본의 그것과 비교할 때, 공통점도 있지만, 차이점도 분명하게 드러나고 있다. 종합해서 다음과 같이 정리할 수 있을 것이다.

우선 차이점을 살펴보면, 제4장 방각본의 내용적 특성에서 살펴본 대로, 방각본의 목적은 국정에 관한 사항보다는 개인의 공부가 중시되고 있다. 즉 개인의 과거(科擧) 공부에 도움을 주기 위한 목적의 백과사전류의 형태를 띤 서적들, 곧 『고사촬요』, 『사문유취초』, 『사요취선』 등이 출판에서 중심을 차지하고 있다.

둘째, 제1기 방각본에서 『신간구황촬요』, 『농가집성』 등의 서적 출간에서 보듯이, 방각본의 출판 목적에서도 실용성을 강조하고 있는 것은 관판본에서와 같다고 볼 수 있다. 그러나 관판본에서의 실용적 목적은 의례 교육, 농사 기술, 전염병 처방, 외국어 학습 등 다양하게 나타나고 있는 데 비해서, 방각본의 경우는 농학 중심 곧 농사 기술과 기근 구제에 국한되고 있음을 볼 수 있다. 이것은 아직 방각본이 널리 퍼지지 못하고 있는 초창기 출판의 속성에서 나오는 현상이라고 생각된다. 이 현상은 방각본 출판의 제2기, 제3기로 오면서 목적에서 실용성의 다양화가 이루어지고 있기 때문이다.

셋째, 관판본 출판의 목적에서는 역사 기술이 중요시되고 있지만, 방각본 출판에서는 어문학 도서, 그것도 문장 공부에 도움을 받기 위한 목적의 도서가 나오고 있다. 예를 들면, 과거에서 좋은 답안을 쓰기 위한 문장학 교과서로서『고문진보대전』이 있고, 참조용으로 명나라 시인들의 칠언율시를 모은『대명률시』가 나와 있는 것이다.

제2기

관판본의 목적

제1기와 마찬가지로 제2기에 나온 관판본의 간행 취지를 하나하나 살펴나간 다음, 종합적으로 정리하고자 한다.

『대학유의(大學類義)』는 정조가 직접 편찬한 책인데, 진덕수가 쓴 『대학연의』와 구준이 쓴『대학연의보』에서 가장 긴요하고 더욱 감계(鑑戒)가 될 만한 것들을 추려 뽑은 것들이다(『실록』, 정조 부록/정조 대왕 행장⑨). 이것은 정조가 세자 시절부터 치도에 도움이 될 것들을 숙고하고 누차에 걸쳐 감정을 가한 결과 만들어진 것인데, 다음 왕대인 순조 5년에 인출되었다(『실록』, 순조 5년 9월 18일).

조선시대에는 경연제도가 본격적으로 시행되었는데, 국왕에게 강의된 과목은 주로 유교 경전과 역사서였다. 그러나 이와는 별도로 제왕학 교과서인『대학연의』,『성학집요』,『대학연의보』 등에 대한 강

<표 6> 조선시대 관판본(제2기)

책명	편·저자	간행연도	주제 분류	간행 취지 및 의의
大學類義	정조	1805 순조 5	儒學書	帝王學 교과서
五經百篇	정조	1798 정조22	儒學書	경학 부흥
禮疑類輯	박성원	1783 정조 7	儀禮書	의례 교육
鄕禮合編	규장각	1797 정조21	儀禮書	향례 교육
華城城役儀軌	홍원섭 총괄	1801 순조 1	儀禮書	선왕업적 부각
林慶業實紀	김희	1791 정조15	歷史人物	충효인물 선양
金德齡遺事	서용보	1791 정조15	歷史人物	충효인물 선양
養正圖解	초횡	1749 영조25	言行錄	敎訓書
名義錄	김치인 외	1777 정조 1	歷史書	逆謀 警戒
續名義錄	김치인 외	1778 정조 2	歷史書	逆謀 警戒
勘亂錄	송인명 외	1729 영조 5	歷史書	朋黨 警戒
御定史記英選	정조	1796 정조20	歷史書	中國史 이해
國祖名臣奏議	김종수	1782 정조 6	建議書	言路 기록
陸奏約選	육지	1797 정조21	建議書	言路 기록
無冤錄諺解	구윤명 언해	1791 정조15	法醫學書	檢屍 및 판결자료
濟衆新編	정조	1799 정조23	醫學書	의술 전파
疹疫方	박상돈 외	1786 정조10	醫學書	의술 전파
東國文獻備考	서명응 외	1770 영조46	百科事典	조선 문물제도정리
字恤典則	-	1783 정조7	棄兒救濟	棄兒 구제책
兵學通	장지항	1785 정조 9	軍事學	軍制 개선
煮硝新方	-	1796 정조20	軍事學	화약 제조
武藝圖譜通志	이덕무 외	1790 정조14	軍事學	실전 훈련
爲將必覽	영조	1754 영조30	軍事學	武臣 필독서
時用通書	관상감	1746 영조22	曆學書	曆學 學習
小學宣政殿訓義	영조	1744 영조20	敎化書	교양 교화
睿學輯要	정술조	1785 정조 9	敎化書	세자 교육용
五倫行實圖	심상규 외	1797 정조21	敎化書	교양 교화
女四書	이덕수 언해	1736 영조12	女性敎化書	교양 교화
雅誦	정조	1799 정조23	語文學	詩道 통한 정치교화
八子百選	정조	1792 정조16	語文學	문체 쇄신
杜陸千選	정조	1799 정조23	語文學	풍속 정화
磻溪隨錄	유형원	1769 영조45	實學	시정 개혁안

자료:『조선왕조실록』영조~순조대까지의 서적 간행 기사를 근거로 작성한 것임.

의도 이루어졌다.

정조는 그 중에서도 『대학연의』와 『대학연의보』를 백 번씩이나 읽으며 늘 새로움을 느꼈다고 한다. 그리고 독서과정에서 붉은 먹으로 표시해둔 핵심 구절을 뽑아 『대학유의』를 편집한 것이다. 말하자면 『대학유의』는 제왕학에 대한 정조의 구상이 담긴 제왕학 교과서 정본이라 할 수 있다(김문식, 2000: 190~191).

『오경백편(五經百篇)』은 정조가 5경, 곧 『주역』『서경』『시경』『춘추』『예기(禮記)』 중에서 "늘 사색의 실마리가 될 만하다고 여겨 읽고 읊던 것들"을 뽑아 엮은 책이다(『실록』, 정조 22년 7월 29일).

정조는 경서는 암송보다 실천이 중요하다고 강조했다. 정조는 학자들이 많이 보기만 힘써서 입으로는 사서삼경을 줄줄 외우면서도 막상 체득하고 실천하는 것은 없기 때문에, 경학이 점차 쇠퇴해졌다고 보았다. 따라서 정조는 오경 중에서 늘 외우는 것을 뽑아 글씨를 크게 하여 언제나 보고 참고할 수 있는 책을 만들었으니 그것이 바로 『오경백편』인 것이다(김문식, 2000: 119).

『예의유집(禮疑類輯)』은 박성원(朴聖源)이 의례(疑禮)의 고증에 도움이 되게 하고자 찬술(撰述)한 책이다. 정조는 이 책에 직접 「서문」을 지어 교서관에서 활자로 인출하여 널리 반포하도록 명하였다(『실록』, 정조 7년 12월 24일). 이 『예의유집』은 의례와 예절의 근거일 뿐만 아니라 국민을 계도하는 교재로 활용되었다. 1785년 정조는 제주도에도 한 질을 보내어 "해당 목사(牧使)가 향교(鄕校)에 보관하여 사민(士民)들로 하여금 익혀서 국가가 명교(名敎)를 받들어 미몽(迷蒙)을 깨우치는 뜻을 모두 알게 하라"고 명한 바 있다(『실록』, 정조 9년 5월 12일).

『향례합편(鄕禮合編)』은 1797년(정조 21) 백성들을 교화하고 풍속을

바로잡으려는 의도에서 서울과 지방으로 하여금 향음(鄕飮)²⁴⁾하는 예
(禮)를 바로 세우게 하고, 또 각신(閣臣)들에게 명하여 역대의 향음하는
의식을 책으로 만든 것이다. 당시 예조 당상 민종현은 이 책의 간행
의의에 대하여 이렇게 말한 바 있다. "신들이 삼가 향음하는 예를 상
고하니 『의례(儀禮)』의 경문(經文)에 빠짐없이 기재되어 있어 그대로
행하면 의식은 빛날 것입니다. 이번에 간행하는 책은 이미 역대의 의
절(儀節)을 갖추어 기재하였으니, 진실로 학식이 넓고 성품이 우아하
며 옛 것을 좋아하는 선비가 있으면 스스로 여기에 나아가 절충하고
변통할 것입니다. 상의 재가를 따라 『사마씨서의(司馬氏書儀)』·『주자
가례(朱子家禮)』·『국조오례의(國朝五禮儀)』를 편(編) 아래에다 덧붙여
실어 먼 고을과 궁벽한 마을에서도 모두 얻어다 강독하여 밝히게 하
였으니, 이에 향례(鄕禮)의 규모가 모두 갖추어지고 절문(節文)이 모두
질서가 잡힐 것입니다"(『실록』, 정조 21년 6월 2일).

『화성성역의궤(華城城役儀軌)』는 정조가 화성의 성역을 마무리한 전
후의 제도 의식을 순서에 따라 상세하게 기록한 것인데, 당초 성역
조성 작업에서 감독을 맡았던 홍원섭(洪元燮)이 간행을 총괄하도록 하
였다. 간행 반포는 1801년(순조 1) 9월 18일에 하였는데, 감인(監印)한
각신(閣臣) 이하에게 상을 베풀고 찬집(纂輯)한 낭관(郎官) 홍원섭에게
는 통정 대부(通政大夫)의 자급을 더하였다(『실록』, 순조 1년 7월 28일;
9월 18일). 이와 같은 기록으로 보아 이 책의 간행 반포에 대한 최고
통치권자의 각별한 관심을 확인하게 된다. 화성 축성이라는 선왕의
업적에 대한 자랑과, 의궤로 남겨야 한다는 의식이 표출되어 나타난
책이라 할 수 있다.

---

24) 향음이란 향촌의 자치 규정인 향약을 읽고 잔치하는 것을 말한다.

『임경업실기(林慶業實紀)』는 정조가 충민공(忠愍公) 임경업(林慶業)의 충절에 감동하여 각신(閣臣) 김희(金熹)에게 엮어내게 한 책이다.

『김덕령유사(金德齡遺事)』는 정조가 충장공(忠壯公) 김덕령(金德齡)의 충절에 감동하여 서용보(徐龍輔)에게 엮어내게 한 책이다. 정조는 『김덕령유사』를 『임경업실기』와 함께 호남의 도신에게 간행하도록 명하였다(『실록』, 정조 15년 4월 26일).

『양정도해(養正圖解)』는 제왕(帝王)의 마음을 바르게 기르는 데 필요한 교훈서로서 역사상에 모범이 될 만한 제왕의 언행을 집록한 것인데, 편찬자는 중국 명(明)나라 신종(神宗) 때의 초횡(焦竑)으로 되어 있다(http://kyujanggak.snu.kr/BA/SGP-136-018237.htm). 영조는 1749년 『양정도해(養正圖解)』를 한국에서도 간행하라고 명령한 바 있다(『실록』, 영조 25년 8월 14일).

『명의록(明義錄)』은 정조 즉위 후 영조 말기의 역모 사건의 전말을 담아 대외적인 경계를 삼고자 간행한 책이다. 즉 정후겸(鄭厚謙)·홍인한(洪麟漢)은 영조가 80세 고령이 되어 당시 세손이던 정조에게 대리청정을 시킬 무렵 이를 기화로 역모를 꾀하려 하였으나, 결국 실패한 전말을 기록한 것이다.

당시 『명의록』을 완성하고 김치인(金致仁) 등이 올린 차자(箚子)에서는 "지금 광명한 의리를 발휘(發揮)하여 흉측하고 간사한 정상을 갈파하여…… 엄하게 하지 않으면…… 번복(飜覆)시키려는 계교가 다시 싹트게 될까 걱정스럽습니다. 이번에 이를 찬집(纂輯)하라고 명한 것은 군강(君綱)을 확립시키고 인심(人心)을 바루며 순역(順逆)을 밝히고 공죄(功罪)를 분별하여 명분(名分)을 엄히 하고 제방(隄防)을 존엄하게 하여 신자(臣子)들로 하여금 천상(天常)은 무시할 수 없고 왕법(王法)은

간범할 수 없는 것을 환히 알게 하기 위한 것"이었다고 그 간행 의의
를 밝히고 있다(『실록』, 정조 1년 3월 29일).

『속명의록』은 『명의록』의 후편이 아니라, 또다시 일어난 역모 사
건에 대한 경계의 글이다. 즉 『명의록』에 기록된 사건 후 얼마 지나지
않아 역모 사건이 또다시 일어났다. 곧 민항렬(閔恒烈)과 홍상간(洪相
簡) 등 주모자들이 잡히고 처단되었지만, 그 사건의 전말을 다시 책으
로 엮으니 『속명의록』이다. 『속명의록』은 앞서의 『명의록』과 같은 형
식으로 펴냈는데, 한문과 한글 두 가지 판으로 인출하여 전국 방방곡
곡에 반포하였다(정조 2년 1월 6일). 앞서의 『명의록』보다 더 넓은 지
역을 대상으로 강도 높게 보급 사업을 벌인 것이다. 당시 정조도 이
책의 간행 의의에 대하여 이렇게 강조한 바 있다. "변란(變亂) 때에
적자(赤子)들은 또한 장차 이 글에서 힘입는 바가 있게 될 것이니, 올
린 『속명의록』을 즉시 간인(刊印)하여 오래 전해지도록 하라"(『실록』,
정조 2년 2월 27일). 왕 자신이 앞으로 나올 역도에 대하여 강도 높은
경계를 보낸 것이다.

『감란록』은 조선 중기 붕당(朋黨)의 폐단을 경계한 책이다. 영조(英
祖)가 송인명(宋寅明)·박사수(朴師洙) 등에게 명하여 편찬하게 하였는
데, 목호룡(睦虎龍) 형제와 김일경(金一鏡) 등이 패싸움 끝에 변란을 일
으킨 경위를 상세히 기록하여 당쟁의 무서움에 대해 경계를 삼고자
하였다. 영조는 『감란록』이 완성되자, 책을 찬집한 당상(堂上)과 낭청
(郎廳)들에게 시상하였다는 기록이 있다(『실록』, 영조 5년 11월 4일).

『어정사기영선(御定史記英選)』은 사마천의 『사기』에서 정수를 뽑아
엮어 후학의 규범이 되게 만든 책으로 정조가 직접 편집하였는데,
1796년(정조 20) 정유자로 인쇄하였다.

『국조명신주의(國朝名臣奏議)』는, 중국 명대(明代) 명신(名臣)들의 주의(奏議)를 엮은 책인 『역대명신주의요략(歷代名臣奏議要略)』을 규장각 제학 김종수(金鍾秀)가 편집하여 정조에게 올린 다음, 1783년(정조 6) 같은 목적으로 우리나라 명신들의 주의를 다시 모아 편집한 책이다.

김종수는 『역대명신주의요략』의 간행 의의에 대하여, "이 책은 크게는 군덕(君德)·치도(治道)에서부터 작게는 일정일령(一政一令)에 이르기까지 근본을 거슬러 파헤치고 은미한 것을 탐구하여 흠결을 지적하지 않은 것이 없습니다. ……전하께서 한가한 여가에 반복하여 완미하고 생각함으로써 눈여겨 보고 마음으로 통달해서 일에 따라 반성하신다면, 이 책 속에 들어 있는 허다한 명석(名碩)들이 전하의 쟁신(諍臣)이 아닌 사람이 없을 것입니다"(『실록』, 정조 6년 3월 24일)라고 밝힌 바 있다.

이것의 연장선상에서 김종수는 『국조명신주의』를 완성하고 진헌하면서 차자를 올려 그 편찬 의의를 이렇게 밝히고 있다.

책 속의 허다한 명신들은 대저 열성조(列聖朝)께서 배양(培養)하여 성취(成就)시켜 놓은 사람들이었습니다. 말을 하게 되는 사람은 아래에 있는 사람들이니, 그들을 말하기 전에 고무(鼓舞)시키므로 선비들이 말하지 않는 것을 수치로 여기게 되고, 이미 말한 다음에 화평하게 받아들이므로 사람들이 말하지 않은 것을 죄 지은 것으로 여기게 되어짐은, 위에서 할 일입니다. 전하께서 선계(善繼)하고 선술(善述)하시는 효성으로, 책을 펴 보며 감동을 일으키어 선대(先代)의 업적(業績)을 빛내려고 생각하게 되기가, 대저 어찌 대충대충 전대(前代)의 주의(奏議)를 보시는 것과 비교될 것이겠습니까(『실록』, 정조 7년 10월 20일).

『육주약선(陸奏約選)』은 정조가 평소 육지(陸贄)의 주의(奏議)가 명백하고 간절하여 정치와 교화에 보탬이 있다고 여겨, 교서관에 명하여 간행하게 한 책이다(『실록』, 정조 21년 6월 12일).

『무원록언해(無冤錄諺解)』는 중국 원나라 왕여(王與)가 편찬한 『무원록』을 언해하여 1791년(정조 15) 간행한 것이다. 원래 『무원록』은 세종이 최치운(崔致雲) 등에게 명하여 주해를 하게 한 후 모든 살인 사건에서 의학적 지식을 응용하여 검시할 수 있도록 한 것이다. 말하자면 법의학 서적에 해당된다. 그런데 『무원록』의 본문이 까다로와 누구나 쉽게 알기 어렵다 하여, 정조는 능은군(綾恩君) 구윤명(具允明)에게 언해를 짓도록 명령하였다. 책이 완성되자, 정조는 형조에 명해서 간행하여 내외에 반포하도록 하였다(『실록』, 정조 15년 3월 15일).

또한, 1792년(정조 16)에 정조는 형조 정랑 홍호원의 건의에 따라 교서관에 명하여 『증수무원록(增修無冤錄)』을 간행 반포하게 하였다(『실록』, 정조 16년 11월 20일). 이것은 왕여의 『무원록』을 우리의 관습과 실정에 맞도록 새롭게 개수한 것이다.

『제중신편(濟衆新編)』은 정조가 세자로 있을 때 10년 동안 영조의 약시중을 들면서 연구했던 진맥(診脈)에 대한 비결과 탕약(湯藥)에 대한 이론들을 토대로 펴낸 책이다. 정조는 이 책을 내기 위하여 널리 의술(醫術)의 이치를 탐구하여 위로는 『소문(素問)』과 『난경(難經)』으로부터 아래로 역대의 모든 처방에 이르기까지 두루 참조하였다.

그 내용을 보면, 풍(風)·한(寒)·서(暑)·습(濕)으로부터 약성가(藥性歌)에 이르기까지 모두 70목(目)으로 되어 있는데, 각 목마다 먼저 진맥에 대한 비결과 증세를 서술한 다음 합당한 처방과 약제를 붙여놓음으로써 멀리 외딴 시골에 사는 백성들까지도 환히 알게끔 하였다고

한다. 책의 이름도『제중신편』이라 하고 주자소(鑄字所)에 넘겨 간행
해서 반포토록 하였는데, 제목부터 백성들에게 널리 알리고자 하는
의지를 담고 있다(『실록』, 정조 23년 12월 11일).

『진역방(疹疫方)』은 칠곡 사람 박상돈(朴尙敦)과 진천 사람 남기복(南
紀復)이 엮은 의서로 전염병 예방에 관한 책이다. 혜민서에서 진역방
이 비록 신기한 처방은 아니지만 족히 사용할 수 있는 법이라 여겼다.
그래서 서울에는 이것을 중복하여 반포할 것이 없지만 여러 도에 반
포하면 유익할 것이니, 즉시 한문과 언문을 섞어 번역하여 팔도에 내
려 보내도록 청하여 왕의 허락을 받았다(『실록』, 정조 10년 5월 28일).
이것은 정부 간행물이지만 소수 신료들이 아니라 전 국민을 상대로
한 출판 행위였다는 데서 의의를 찾을 수 있다.

『동국문헌비고(東國文獻備考)』는 조선시대의 문물제도를 분류, 정리
한 백과 사전에 해당하는 책이다. 이 책의 범례(凡例)는 모두 중국에서
나온『문헌통고(文獻通考)』를 따랐지만, 우리나라 관련 사항들을 중심
으로 하였다. 1770년(영조 46) 편집청에서『동국문헌비고』40권을 간
행하여 임금에게 바쳤다(『실록』영조 46년 8월 5일). 말하자면, 이 책은
형식에서 중국 서적을 모방하였지만, 내용에서는 동국, 곧 조선의 문
물제도를 정리해보려는 주체적인 의식의 표현이라 할 수 있다.

『자휼전칙(字恤典則)』은 1783년 흉년으로 버려진 아이들을 돌보게
하기 위한 정부의 구휼책을 기술한 책이다. 1821년에도 도로에 버려
진 아이들을 불쌍하게 여겨 옛날 광제원(廣濟院)과 육영사(育英祀)의 법
을 모방하여『자휼전칙(字恤典則)』을 제정하여 안팎에 반포한 다음 거
두어 기른 아이들의 수를 매월 보고하게 하고 관아에서 사람의 수에
따라 식량을 공급하였다는 기록이 있다(『실록』, 순조 21년 8월 7일).

『병학통(兵學通)』은 군인 교련서(敎鍊書)인데, 1777년 정조의 명에 따라 장지항(張志恒)이 편찬하고, 서명선 등 무신(武臣)들의 교열을 거쳐 1785년 윤행임 등의 책임하에 간행되었다(http://100.naver.com). 조선시대의 군제(軍制)는 『병학지남(兵學指南)』을 전용(專用)하였는데, 이것은 대체로 중국 척계광(戚繼光)의 『기효신서(紀效新書)』를 모방한 것이다. 그런데 각 도의 조련(操鍊)이 서로 들쭉날쭉하여 대부분 어긋나는 일이 많았다. 정조는 이것을 개선하고자 여러 장신(將臣)에게 명하여 장조 정식(場操程式)을 편집하게 하였는데, 조목(條目)을 나누고 진도(陳圖)를 덧붙인 것이 바로 『병학통』인 것이다(『실록』, 정조 9년 9월 11일).

『자초신방(煮硝新方)』은 효과적인 화약 제조 방법을 다룬 책인데 역관 김지남이 북경에서 입수한 것을 1796년(정조 20) 무고(武庫)에서 간행하였다. 당시 우의정 윤시동은 이 책의 효용성에 대하여 다음과 같이 말한 바 있다. "『자초신방』은 전날의 방법보다 공력이 매우 적게 들면서도 화약의 생산은 몇 배나 많고 화약의 품질도 폭발력의 강도가 높았으며, 지하에 두고서 10년 동안 장마를 겪더라도 절대로 습기가 끼어 못쓰게 되는 문제가 없습니다. 그리고 길에서 흙을 취하고 초목을 태운 재를 그대로 이용하면 3분의 1의 흙을 줄일 수 있으니 이는 바로 간편한 방법으로서 훌륭한 단서입니다"(『실록』, 정조 20년 5월 12일).

이 책의 목적은 화약 제조법을 익히기 위한 것인데 그것은 바로 정조가 건설하려 했던 화성의 방위에 직결시키고자 했던 것이다.

『무예도보통지(武藝圖譜通志)』는 중국 척계광(戚繼光)의 『기효신서(紀效新書)』와 모원의(茅元儀)의 『무비지(武備志)』 등을 참고해 만든 조

선 후기의 종합 무예서이다. 정조가 규장각 검서관 이덕무(李德懋), 박
제가(朴齊家)에게 명하여 장용영(壯勇營)에 사무국을 설치하고 자세히
상고하여 편찬하게 하였다(『실록』, 정조 14년 4월 29일).

이 책은 당시의 무예서들이 전략과 전술 등 이론을 위주로 한 것들
인 데 비해, 곤봉(棍棒), 장창(長槍), 쌍수도(雙手刀), 죽장창(竹長槍), 예
도(銳刀), 왜검(倭劍), 교전(交戰), 월협도(月挾刀), 쌍검(雙劍), 권법(拳法),
편(鞭), 기창(旗槍), 마상월도(馬上月刀), 마상쌍검(馬上雙劍), 마상편곤(馬
上鞭棍) 등등 24개의 전투기술을 중심으로 한 실전훈련서이다.

『위장필람(爲將必覽)』은 영조가 직접 저술한 병서(兵書)이다. 저술을
마치고 군문(軍門)으로 하여금 인쇄하여 여러 무신들에게 반포하게 하
였다(『실록』, 영조 30년 8월 20일).

『시용통서(時用通書)』는 영조 때 역학을 배우는 생도들의 연습 자료
로 삼기 위해 관상감에서 간행한 책이다(『실록』, 영조 22년 12월 4일).

『소학선정전훈의(小學宣政殿訓義)』는 1744년(영조 20) 영조가 『소
학』을 풀이한 책이다. 영조는 유신(儒臣)들에게 "『소학』은 내가 평생
동안 존신(尊信)한 글이다. 내가 세종조(世宗朝)의 『사정전훈의(思政殿
訓義)』를 본떠 음훈(音訓)의 사실(事實)과 선유(先儒)의 성명(姓名)·출처
(出處)를 집해(集解) 아래에 나누어 풀이하여 보는 데에 편리하게 하고
자 한다"고 하면서 그 간행 목적을 밝힌 바 있다(『실록』, 영조 부록/영
조대왕 행장 ④). 이 『소학』은 왕 자신이 직접 풀이할 만큼 조선조 사
회에서 필독서였음을 알 수 있다.

『예학집요』는 보덕(報德) 정술조(鄭述祚)가 세자의 교육용으로 편집
하여 정조에게 바친 책이다. 정술조는 소장(疏章)에서 『예학집요』는
"고사(古事)를 본떠 세자(世子)에게 도움이 되는 옛부터 내려오는 격언

(格言)과 가모(嘉謨)를 모아 장절(章節)을 나누어 모범(謨範)이 될 만한 말을 조열(條列)하였다"고 하면서, 그 내용으로 첫번째 국본(國本)을 정하는 일, 두번째 덕성(德性)을 기르는 일, 세번째 후손(後孫)을 편안히 살 수 있도록 하는 일, 네번째 효제(孝齊)를 돈독히 하는 일, 다섯번째 빈료(賓僚)를 가리는 일, 여섯번째 교도(敎導)를 부지런히 하는 일, 일곱번째 학문(學問)에 힘쓰는 일, 여덟번째 게으르고 안일(安逸)함을 경계하는 일이라고 밝혔다(『실록』, 정조 9년 9월 6일).

『오륜행실』은 1797년(정조21) 정치를 돕고 세상을 권면하는 도구로서 사용하고자 『삼강행실(三綱行實)』과 『이륜행실(二倫行實)』을 하나로 정리하여 간행한 책이다. 『삼강행실』은 세종 때에 집현전의 제신(諸臣)에게 명하여 고금의 전기(傳記)를 수집 열람하여 효자·충신·열녀로서 행실이 특출한 자 1백여 인을 뽑은 뒤 앞에 그림을 그리고 뒤에 사실을 기록하게 하고 이를 간인(刊印)해서 중외에 반포하여 풍교(風敎)를 돕게 한 책이다. 또한, 『이륜행실』은 중종 때에 김안국(金安國)이 다시 역대 제현(諸賢) 중에 장유(長幼)간에 처신한 것과 붕우간에 교제한 것이 본보기가 될 만한 사람 47인을 취하여 사실을 기록하고 그림을 그리고 찬(讚)을 지어 『삼강행실』의 미비한 점을 보완한 책이다. 정조는 각신(閣臣) 심상규(沈象奎) 등에게 명하여 『삼강행실』과 『이륜행실』 두 서적을 가져다가 합하여 바로잡고 증정(證訂)하고 언해(諺解)하여 이름하기를 『오륜행실』이라 하여 간행한 것이다(『실록』, 정조 21년 7월 20일).

정조는 『오륜행실』과 같은 책을 권장하는 것이 사회의 풍속을 바로잡는 길이라고 보았지만, 이 책의 배경에는 다음과 같은 정조조라는 특수한 상황을 배제할 수 없을 것이다. "왕성한 학문적 기풍과 문예의 활기찬 부흥기를 맞이하던 정조 연간의 국가사업은 효라는 대의 명분과 밀접한 관련이 있다. 화성으로의 성묘나 『오륜행실』의 간행 등 정조는 효라는 대의명분을 강조하면서 보수세력의 견제와 건국초 와 같은 유교적 건강성의 회복과 새로운 이상을 추진해나가고자 한 것이다"(http://user.chollian.net/~yoosohee/five/low1.html).

『여사서(女四書)』는 여성의 교양과 지켜야 할 도리를 설명한 책으로 서 영조는 이 책의 중요성을 이렇게 강조한 바 있다. "당판(唐板)인 『여사서(女四書)』는 『내훈(內訓)』과 다름이 없다. 옛날 성왕(聖王)의 정 치는 반드시 가문(家門)을 바로잡는 일로써 근본으로 삼았으니, 규문 (閨門)의 법은 곧 왕화(王化)의 근원이 된다. 이 서적을 만약 간행(刊行) 하여 반포(頒布)한다면 반드시 규범(閨範)에 도움이 있을 것이나, 다만 언문(諺文)으로 해석한 후에야 쉽게 이해할 수가 있을 것이다"(『실 록』, 영조 10년 12월 20일).

영조는 1734년(영조 10) 이 책을 교서관으로 하여금 간행하여 올리 라고 명한 바 있으며, 1736년(영조 12)에는 『여사서(女四書)』의 서문을 직접 지어 내리고 홍문 제학 이덕수(李德壽)에게 언문으로 번역하여 간행하라고 명하였다(『실록』, 영조 10년 12월 20일; 영조 12년 8월 27일).

『아송(雅誦)』은 정조가 주자의 시 중에서 가려 뽑은 책이다. 정조는 『아송』의 간행 취지를 이렇게 말한 바 있다. "순(舜) 임금의 조정에서 는 뒤를 이을 아들에게 제일 먼저 음악을 가르쳤다. 오늘날 음악 교육 은 마땅히 시(詩)를 통해 이루어져야 하는데, 「삼백편」 이후로 사무사 (思無邪)의 뜻을 얻은 것은 오직 주자의 시밖에 없다. 따라서 문왕을 기다려야 하는 선비들을 흥기시키려면 무엇보다도 주자의 시를 가르 쳐야 할 것이다"(『실록』, 정조 23년 10월 3일). 다시 말하면, 정조는 시

도(詩道)가 정치 교화의 성패에 직결되는 것으로 주장하는데, 정조대
의 시들을 보면 날이 갈수록 낮고 슬픈 음조를 띠고 있다고 여겼다.
그리하여 옛날의 순박했던 시로 되돌릴 방법을 생각하여 주자(朱子)의
시를 뽑아 만든 것이 바로 이『아송』인 것이다(『실록』, 정조 23년 12월
28일).

여기에서 우리는, 정조가 문학을 정치의 한 방편으로 파악하고, 공
자와 맹자를 이은 주자를 정통으로 삼아 당대의 문학과 학문, 문화를
선도하고자 한 의도를 알 수 있다. 즉『아송』의 편찬을 통해 주자의
시를 선양함으로써 당대의 쇠미해진 문풍을 쇄신하려 한 것이다(강혜
선, 2000: 40).

『팔자백선(八子百選)』은 정조가 지식인들의 문장이 소설 문체를 닮
아가는 것을 우려하여 문장의 모범을 보이고자『당송팔가문(唐宋八家
文)』에서 직접 가려 뽑아 모범적인 글들을 모은 책이다. 정조는 문체
를 대단히 중요시하였다.『실록』에 의하면, 정조는 근래 선비들의 글
은 "패관 소품의 문체를 사람들이 모두 모방하여 경전 가운데 늘상
접하여 빠뜨릴 수 없는 의미들은 소용없는 것으로 전락하였다. 내용
이 빈약하고 기교만 부려 전연 옛사람의 체취는 없고 조급하고 경박
하여 평온한 세상의 문장 같지 않다"고 지적하면서 당판(唐板)을 수입
하지 못하게 하였으며, "성균관 시험의 시험지 중에 만일 조금이라도
패관 잡기에 관련되는 답이 있으면 비록 전편이 주옥 같을지라도 하
고로 처리하고, 이어 그 사람의 이름을 확인하여 과거를 보지 못하도
록 하여 조금도 용서가 없어야 할 것이다"고 지시할 정도였다(정조 16
년 10월 19일).

이런 상황에서 정조는 금지와 단속뿐만 아니라 모범적인 형식을 보

여주고자 『팔자백선』을 펴낸 것이다.

『두육천선(杜陸千選)』은 중국의 유명한 시인 두보와 육무관(陸務觀)의 시를 각각 오언(五言)과 칠언(七言) 오백 수씩 뽑아 편찬한 책이다. 정조는 "오늘날과 같은 시대에 옛날 시대의 것을 구하여 백성을 가르치고 풍속을 변화시키려면 두(杜)·육(陸)을 놔두고 어떻게 하겠는가" 하며 이와 같은 작업을 하였다고 밝히고 있다(『실록』, 정조 23년 12월 28일).

『반계수록(磻溪隨錄)』은 실학자 유형원(柳馨遠, 1622~1673)의 저술로서, 당시의 국가정책을 비판하고 구세제민(救世濟民)을 위한 강력한 혁신책을 제안한 것이었다. 숙종조에 유생들이 『반계수록』의 사본 일부를 왕에게 올렸으나 주목받지 못하다가 1769년에야 비로소 영조의 주목을 끌어 간행하게 되었다(신동아편집실, 1981: 134). 그 후 정조도 유형원을 크게 평가하였다. 정조는 유형원을 평하여, "실용성 있는 학문으로 국가의 경제에 관한 것을 저술하였으니, 기특하도다. 그가 수원의 지형을 논하면서는 읍치를 옮기는 데 대한 계책과 성을 쌓는 데 대한 방략을 백 년 전 사람으로서 오늘날의 일을 환히 알았고, 면(面)을 합치고 번을 드는 대신으로 돈을 내게 하는 등의 세세한 절목에 있어서도 모두 마치 병부(兵符)를 맞추듯이 착착 들어맞았다"고 하였다(『실록』, 정조 17년 12월 10일).

이상으로 방각본 출판의 제2기에 발행된 관판본의 간행 취지를 하나하나 살펴보았다. 이상의 관판본의 목적은 다음과 같이 종합해볼 수 있을 것이다.

첫째, 제2기 관판본 출판의 목적에서 주된 것은 충효 인물의 부각과 역모나 붕당 행위에 대한 경계에 두고 있다. 구체적으로 『임경업실기』와 『김덕령유사』 같은 책은 전쟁에서 국가를 위하여 싸운 장군과 의병장의 충절을 기리기 위한 목적으로 출판한 책이다. 충신은 아니지만, 정조의 화성 행렬 의전 행위를 책으로 만들어 놓음으로써 선왕의 업적을 기리려 한 것도 출판 목적상 같은 맥락으로 이해할 수 있다.

충신에 대한 것과 아울러 역모 사건에 연루된 사람들과 그 사건 자초지종을 기록한 책을 『실록』에서는 매우 중요시하고 있다. 역모 사건 같은 경우, 오늘날처럼 유사 사건에 도용될 수도 있어 처벌만 강조되는 것이 아니라, 그 전말을 기록하여 후세의 경계로 삼아 다시는 재발하지 못하도록 하였다. 『명의록』과 『속명의록』이 그것이다.

역모사건은 물론, 붕당을 지은 행위도 단순한 서류 기록이 아니라 '책'으로 만들어 널리 알림으로써 경계를 삼고자 하였다. 『감란록』이 그것이다.

둘째, 정치 쇄신 또는 문화적 분위기를 일신하기 위한 목적에서 관판본이 만들어졌다. 이 작업에는 정조 자신이 직접 책을 편집하고 강의하면서 앞장섰다. 정조의 경우, 정치 쇄신과 주자학의 흥기, 정치 개혁과 문예 부흥 또는 문학적 분위기 일신은 바로 직결된 사안이었다. 여기에서 나온 책들이 앞에서 검토한 대로, 『대학유의』, 『오경백편』, 『아송』, 『팔자백선』, 『두육천선』 등인 것이다. 특히, 정조는 시정 개혁안을 담은 실학작 유형원의 『반계수록』까지도 국가 경제에 관한 중요한 저술로서 크게 평가한 바 있다.

이러한 정치 쇄신을 위한 관판본 출판에서 또하나 중요하게 다루어야 할 것은 언로에 관한 기록물로서의 출판이다. 언로의 기록물은 제1기에도 숙종 때 『동현주의』라 하여 세자의 교육용을 겸하여 출간된

적 있지만, 정조는 매우 중요시 여겨 중국에서 역대 명신들이 왕에게 건의한 내용을 모아 놓은 『역대명신주의요략』을 규장각에서 편집하도록 하였고, 이어서 한국에서 명신들이 건의한 내용도 편집하여 책으로 만들 수 있도록 누차 지시 격려하여 『국조명신주의』를 발행하게 한 것이다. 이러한 일련의 작업은 중국뿐만 아니라 한국 선대(先代)의 현명한 신하들의 주장을 되살림으로써 정치 쇄신을 이룩하고자 한 정조의 의지가 담겨 있는 출판물이라고 할 수 있다.

셋째, 제2기의 관판본에서는 의례 교육을 목적으로 한 도서들이 중요시되었다. 『예의유집』, 『향례합편』 등이 직접적으로 의례 교육을 목적으로 한 책이다. 또한 『화성성역의궤』 역시 선왕의 업적을 부각시키려는 것이 주요한 목적이지만, 동시에 "화성의 성역을 마무리한 전후의 제도 의식을 순서에 따라"(『실록』, 순조 1년 9월 18일), 기록함으로써 의전에도 중요한 자료로 남게 되었다. 이러한 의례서에 대한 강조는 실상 『오륜행실도』, 『여사서』, 『소학선정전훈의』 등과 같은 교양 교화서적의 출간 목적과도 일맥 상통한다고 볼 수 있다.

넷째, 관판본 출판의 목적에서 실용성이 제1기와 마찬가지로 강조되고 있다. 실용성의 내용도 다양하여, 검시를 위한 법의학서, 의학서, 기아(棄兒) 구휼책, 역학 등 다양하지만, 무엇보다 군사학 서적의 출판이 활성화된 점이 특기할 만하다. 군사학 서적도 그 목적이 군제의 개선을 위한 『병학통』, 화약 제조 기술을 전하는 『자초신방』, 실전 훈련을 위한 『무예도보통지』 등 다양한 목적으로 나타났다. 일반적으로 문약한 조선조 사회에서 군사학 서적 간행의 활성화는 의의 있는 출판이라 할 수 있을 것이다.

관판본과 방각본의 차이

이상에서 검토한 관판본의 목적을, 제4장에서 밝힌 방각본의 그것과 비교하여, 차이점을 살펴보고자 한다.

첫째, 제4장 방각본의 내용적 특성에서 살펴본 대로, 방각본의 목적에서 가장 중요한 것은 관판본의 목적에서 강조해온 충효, 역모, 붕당 등의 구체적인 사건에 대한 기록과 그 선양이나 경계가 아니라, 유학 경전이나 공자 자체를 그대로 배우고 받아들이려는 것이다. 이에 따라 『사서삼경』에 대한 언해본과 주석서들이 활발하게 출간되었다. 조선시대에 지식인 사회의 분위기는 『사서삼경』을 기초로 하는 유교적 교양을 필요로 했을 뿐만 아니라, 과거시험에서 『사서삼경』을 그대로 암송하거나 응용하여 대답해야 하는 것이 중요한 절차였기 때문에, 유학 경전과 그 해설서가 방각본의 주요 출판 목록으로 등장한 것은 당연한 결과였다고 생각한다. 이러한 분위기는 공자 자체의 생애와 업적을 배우거나 추숭(追崇)하는 서적들, 곧 『공자통기』, 『공자가어』, 『신간소왕사기』와 같은 서적들의 출간으로 이어졌다고 생각된다.

제2기 관판본의 출판경향에서 중심이 되던 정치 쇄신이나 문학적 분위기의 일신을 목적으로 하는 서적들은 방각본에서 찾기 어려웠다. 관판본에는 실학자 유형원의 저서인 『반계수록』이 들어 있지만, 방각본에는 실학자의 서적이 없었다. 그것은 실학자의 서적이 상업용으로 활용되지 못하는 사회적 분위기와 관련이 있다고 생각한다. 일부 선각자들의 서적은 널리 유통시켜야 하는 방각본의 대상으로 적절하지 않았기 때문으로 생각된다.[25]

---

25) 다만, 장혼이 저술한 『아희원람』은 실학적인 정신을 바탕으로 한 아동 교재인데

둘째, 관판본에서 강조하던, 성인들을 대상으로 하여 출판된 의례 교육이나 교화 목적의 도서들이 방각본에는 별로 없고, 그 대신 아동들을 대상으로 한 학습 목적의 서적 출판이 활기를 띠었다. 『주해천자문』, 『동몽선습』, 『아희원람』 등이 그것이다. 이것은 관판본과 방각본의 차이가 독서 대상에서 나타나고 있는 현상인데, 방각본의 유통이 확대되어가는 현상으로 해석할 수 있다.

셋째, 방각본 출판에서는 관판본과 달리 재미 또는 오락을 목적으로 한 서적이 나오기 시작했다. 즉 소설 『구운몽』의 출간인 것이다. 관판본에서는 소설은 물론이고 소설적인 문체를 사용하는 것도 엄금하고 있는 상황에서 커다란 차이점이라 할 수 있다. 이것은 또한 독서관의 차이이기도 하다. 조선시대 지식인들은 유학 경전 관련 서적은 엄숙한 독서의 대상이지 심심풀이로 읽어서는 안 된다고 보았다. 이러한 독서관은 "패관 소기는 말할 것도 없고 경서나 사기라도 당판(唐板)인 경우 절대로 가지고 오지 말도록" 지시한 당시 최고의 지식인이었던 정조의 말에서 그대로 확인할 수 있다. "우리나라 서책은 종이가 질겨 오랫동안 두고 볼 수 있으며 글자가 커서 늘 보기에도 편리한데 하필 종이도 얇고 글씨도 자잘한 당판을 멀리서 구하려 하는 것인가. 그런데 이것을 꼭 찾는 이유는 누워서 보기에 편리해서인 것이다. 이른바 누워서 본다는 것이 어찌 성인의 말씀을 존숭(尊崇)하는 도리이겠는가"(『실록』, 정조 16년 10월 19일).

방각본으로 출간되었다.

제3기

관판본의 목적

앞서와 마찬가지로 제3기에 나온 관판본은 『조선왕조실록』의 헌종 말기와 철종대 그리고 『고종순종실록』에 나온 간행 기사를 찾았으나, 매우 적었다. 물론 유학 중에서도 성리학 서적은 각도에 비치하도록 명령하여 전국적으로 퍼지도록 장려하였으나, 신간 서적의 발행은 별로 없었다. 이때는 조선에 진출한 열강의 강대한 세력 앞에서 국가의 기운이 기울기 시작한 시기로서, 국가 재정은 열악하고 민란 등으로 사회는 불안하였다. 이 시기에는 관판본 발행도 특기할 만한 것은 별로 없다고 할 수 있다. 제3기에는 『양현전심록』과 『대전회통』이 있어 관판본의 목적을 검토하기 위하여 다음에 각각 살펴보았다.

『양현전심록(兩賢傳心錄)』26)은 정종조에서 주자(朱子)의 글과 송시열(宋時烈)의 유집(遺集)에서 초출(抄出)하여 어정(御定)으로 휘편(彙編)한 책이다. 즉 여기에서 양현은 주자와 송시열을 일컫는 것이다. 정조는 주자학을 공자의 정통으로 인정하면서 또한 송시열을 주자와 같은 반열의 사상가로 높였다. 그렇게 하여 책명도 '양현전심록'이라고 붙인 것이다. 정조는 1774년에 쓴 『양현전심록』의 서문에서, 공자의 심법을 계승한 이는 송나라의 주자이며, 주자의 대의를 계승한 이는 조선의 송시열이라고 파악하면서, "우리 조선에 우암 송선생이 나타나

---

26) 『양현전심록』은 실상 정조대에 편찬하고 순조대에 운관으로 하여금 인간(印刊)하도록 명령하였다는 기록이 있어(『실록』, 순조 즉위년 12월 2일), 제2기에 넣어야 하지만, 본격적인 간행은 1855년(철종 6년) 왕이 경기 유생 임수철 등의 상소를 받고 경기도에서 간행하도록 보조하게 하라고 지시했다는 기록(『실록』, 철종 6년 11월 5일)에서 찾을 수 있기 때문에, 여기에서는 제3기에 넣었다. 물론 그 편찬 자체는 정조대인 제2기에 속하는 책이다.

<표 7> 조선시대 관판본 (제3기)

책명	편저자	간행연도	주제 분류	간행 취지 및 의의
兩賢傳心錄	정조	1856 철종 7	儒學書	경학 부흥
大典會通	조두순 외	1865 고종 2	法律書	법전 집대성

자료: 『조선왕조실록』(철종대)과 『고종순종실록』의 서적 간행기사를 근거로 작성한 것임.

자 인륜이 밝아지고 천리가 확고히 섰으니, 그가 지킨 것은 주자의 대의이고, 그가 가르친 것은 주자의 대도이다. 주자가 떠나간 후에 다시 주자가 태어난 셈"이라고 주장했다(김문식, 2000: 255).

철종은 『양현전심록』의 간행 건의를 받고, 이 책은 "백세 뒤에서도 정조조(正祖朝)의 성학(聖學)의 고명(高明)함을 우러러 알 수 있고, 오랜 뒤에도 밝고 깊음을 느낄 수 있다"고 하면서 경기도 관찰사에게 간행 비용을 보조하라고 명령한 바 있다(『실록』, 철종 6년 11월 5일). 정조에 의해 편찬된 이 책의 중요성은 계속 인식되어 철종대에까지 이어진 것이다.

『대전회통(大典會通)』은 1865년(고종 2)에 편찬된 조선왕조의 마지막 법전으로서 실무자의 편의를 위하여 당시에 전래되고 실용되던 모든 법전을 그 때 나름대로 계통적으로 정리, 종합하고 아울러 법전에는 들지 않았으나 실용되고 있는 새로운 조례를 첨보, 집대성한 책이다. 고종 2년 영의정 조두순, 좌의정 김병학 등이 왕명을 받고 정조 때의 『대전통편』이후의 약 80년 간 법전에 수록되지 않은 것을 정리하여 『대전통편』에 추보하여 교서관으로 하여금 출판케 한 것이다(신동아편집실, 1981: 128~129). 이후 이 책은 각 관청과 지방의 감영은 물론 고을, 진영(鎭營), 역참(驛站)에까지 배포하도록 하였다(『실록』, 고종 2년 12월 17일).

　이상에서 검토한 제3기 관판본의 목적은 한마디로 경학의 강조와 법전의 집대성이라고 볼 수 있을 것이다. 경학의 강조는 조선후기 어느 왕조에나 한결같은 서적 발행의 목적이었다. 『실록』의 기사에서 특기할 점은 『대전회통』의 간행을 위하여 왕과 대신들 간의 문답이 여러 차례 이어진 점이다. 그만큼 법전의 중요성을 강조한 것인데, 이것은 당시 체제의 정통성과 안정성 확보를 위하여 국가적으로 관심을 쏟은 것으로 생각된다.

　관판본과 방각본의 차이

　이와 같은 제3기 관판본의 목적을, 제4장에서 밝힌 방각본의 그것과 비교하여, 차이점을 살펴보아야 할 것이다. 그러나 제3기의 경우, 방각본 출판은 더욱 발전하고 활성화되었는 데 비해서, 관판본 출판은 오히려 매우 위축되었기 때문에 비교 자체가 애매한 측면이 있다. 이러한 점을 고려하여 간략하게 비교하고자 한다.

　첫째, 제4장 방각본의 내용적 특성에서 살펴본 대로, 방각본의 목적에서 가장 중요한 것은, 오락적 기능이었다. 그것은 소설로 대표하는데, 제2기에서 한 권에 불과하던 소설이 23종이나 되어 전체 방각본의 절반을 이룬다. 그 종류도 일반 영웅소설은 물론 여성영웅소설, 가정소설, 사회비판소설 등 다양했고, 독자층은 더욱 확대되었다.

　그러나 제3기의 관판본 출판은 소설을 금지하던 제2기의 전통이 그대로 이어졌고, 제2기에서 강조하던 문예부흥이나 정치쇄신의 분위기도 출판에서 전혀 드러나지 않는다. 오히려 유학이나 예전 전통에 집착하는 출판사업을 벌였으나, 그것도 매우 미약한 활동에 그치고 말았다.

이에 비해서 민간의 방각본 출판에서는 오락적 목적의 소설 출판 외에도 다양한 종류와 다양한 목적의 실용서들이 등장하였다. 백과사전, 한자옥편, 의례, 가정살림, 도가서, 의술 관련 서적 출판 등 왕성한 활동을 벌였다. 반면에 유학 관련 서적이 새롭게 등장한 것은 별로 없었다.

이 시기 방각본의 특징은 단순한 독서에서 나아가 서식이나 서간문을 직접 작성하는 방법을 전하기 위한 목적의 실용서들이 다수 등장하였다. 이것은 실용적 커뮤니케이션의 강화 현상이라고 볼 수 있다. 시민의식의 성장이라는 사회적 분위기와 맞물리는 것으로 볼 수 있다. 이에 반해서 관판본 출판은 거의 휴지기 상태라 해도 과언이 아니었다.

출판물 유형에서의 차이

출판물 유형에서의 차이는 발간 목적에서의 차이와 상호 중복되는 부분이 있을 것이므로, 각 시기별로 가르지 않고 종합적으로 살펴보고자 한다.

내용상에서 출판물 유형을 분류할 때, 첫번째 차이점은 <표 5>~<표 7>에서 보듯이, 방각본의 경우는 소설과 유학서에 치중되어 나타나는 반면, 관판본의 경우는 다양한 분야에서 전반적으로 고른 분포를 보이고 있는 점이다.

즉 방각본 출판에서는 <표 2>~<표 4>에서 볼 때, 소설 23종을 포함한 어문학 분야가 32종이고 유학서가 21종으로 나와 있어, 합치

면 53종이나 되어 전체 80종 중에서 60퍼센트가 넘는 비중을 보이고
있다. 반면에, 관판본의 경우는 제1기에서 제3기까지를 다 합쳐도 가
장 많은 것이 역사전기 10종, 유학서 7종, 의례서 7종으로 나와 있다.
말하자면, 방각본의 경우는 유학서와 문학서(특히 소설)에 치중되어 있
는 반면, 관판본은 유학서, 역사, 의례, 어문학, 교화, 군사, 의학 등
골고루 다양한 분야를 담고 있다고 볼 수 있다.[27)]

두번째 차이점은 방각본에서는 아동이나 초학자들을 대상으로 하
는 학습용 도서가 다수 나와 있는 데 비하여, 관판본의 경우는 별로
보이지 않고 있으며 성인용을 위주로 하고 있음을 알 수 있다. 세자의
교육용 도서로 제공한 책으로『동현주의』,『예학집요』등이 있으나,
아동용 학습서로는 적절치 않은 것이다.

세번째 차이점은 문장 쓰기 또는 서식이나 서간문 작성을 위한 도
서들이 방각본 출판에서는 활발하게 나왔으나, 관판본에서는 별로 없
다는 점이다.

다만, 문장학 교과서로 알려져 있는『고문진보대전』의 경우, 정부
에서도 상당히 중요하게 다루고 있음은 제4장에서 이미 검토한 바와
같다. 그러나 서식이나 서간문 작성에 대한 것은 관판본에서 나오지
않고 있는데, 이런 유형의 서적들은 단순히 읽는 독자의 입장이 아니
라, 실용문을 직접 작성하기 위한 노하우를 배우려는 것으로 실용적
커뮤니케이션의 확대 현상에 해당한다고 앞에서 언급한 바 있다.

---

27) 여기에서 유의할 사항은 관판본의 경우도『사서삼경』을 중심으로 하는 유학서는
다수 나와서 활용하고 있지만, 이 연구를 위하여 관판본의 범위에서 신간에 국한
시켰기 때문에, 그 수가 줄어들었다는 점이다. 예를 들면, 선조대에 시작된 사서삼
경의 언해본은 통계에서 제외하였다. 그것은 이 연구에서 관판본을 검토하는 것이
방각본 출판과의 비교를 위해서이기 때문이다.

네번째 차이점은 방각본보다는 관판본의 경우에 분야가 더 다양하게 나타나고 점이다. 즉 왕에게 건의한 내용을 담은 서적들(예를 들어 『동현주의』, 『국조명신주의』 등), 역모나 붕당을 경계하는 서적들, 한자 이외의 외국어 학습서, 한국의 선유(先儒)를 기리는 서적들, 유형원과 같은 실학자의 저서 등은 관판본에서는 보이지만, 방각본에서는 보이지 않고 있다. 이것은 독자의 수요에 민감하게 대응해야 하는 방각본의 속성에서 나오는 현상일 것으로 생각된다.

보급·유통의 차이

관판본과 방각본은 그 보급·유통에서 차이가 있다. 그것은 간행 보급 주체가 다르고, 앞에서 보았듯이, 서적의 발간 목적이 다른 데에서 오는 당연한 결과일 것이다.

우선, 관판본의 경우, 간행부터 보급까지의 과정을 살펴보면 다음의 몇 가지로 나눌 수 있다.

첫째, 선비나 신료가 자발적으로 저술하여 이것을 왕에게 헌상(獻上)한 후, 왕이 검토하고 간행을 결정하는 경우가 있다. 『실록』의 기록을 토대로 몇 가지 예를 들면 다음과 같다.

* 『진역방(疹疫方)』은 칠곡 사람 박상돈(朴尙敦)과 진천 사람 남기복(南紀復)이 엮은 의서인데, 왕이 보고 "혜민서에서 진역방이 비록 신기한 처방은 아니지만 족히 사용할 수 있는 법이라 여겨 서울에는 이것을 중복하여 반포할 것이 없지만 여러 도에 반포하면 유익할 것"이라 하였다(정조 10년 5월 28일).

* 보덕(輔德) 정술조(鄭述祚)가 상소하고 『예학집요(睿學輯要)』를 올렸는데, 왕이 보고 "『예학집요』는 더욱 초학(初學)에 먼저 읽히는 것이 합당한데, 책 첫머리에 서문(序文)이 없을 수 없다. 서문을 바야흐로 내가 지으려고 하니 써서 내리기를 기다려 교서관(校書館)에 보내어 원서(原書)와 함께 간행(刊行)하여 서연(書筵)을 열 때에 진강(進講)하도록 하라"고 하였다(정조 9년 9월 6일).

* 『육례의집(六禮疑輯)』은 숙종 때의 석학, 문신 박세채(朴世采)가 엮은 책인데, "『육례의집(六禮疑輯)』을 홍문관으로 하여금 관검(管檢) 교정하여 영남 감영[嶺營]에 내려 보내 간인(刊印)하도록 하였다"(영조 34년 4월 25일).

* 유형원(柳馨遠)의 『반계수록(磻溪隨錄)』을 간행하되, 단지 3건만 인쇄하여 바치도록 명하였다. 그리고 한 건은 곧 남한산성에 보내어 판본(板本)을 새기게 하고, 다섯 군데 사고(史庫)에 간직할 것도 또한 남한산성에서 인쇄해 가지고 오게 하였다(영조 45년 11월 11일).

둘째, 왕이 정부기관이나 신료에게 저술이나 편찬을 명령하여 원고를 완성하고 간행하여 배포하는 경우가 있다. 『실록』의 기록을 토대로 몇 가지 예를 들면 다음과 같다.

* 『국조유선록』은 선조가 부제학 유희춘에게 명하여 찬집하게 한 책인데, 선조가 살펴본 후 교서국(校書局)에 내려 인행(印行)하게 하였다(선조 3년 12월 1일).

* 『임경업실기』는 정조가 각신(閣臣) 김희(金熹)에게 엮어내게 한 책인데, 책이 이루어지자 어제로 서문을 지어주고, 호남의 도신에게 간행하도록 명하였다(정조 15년 4월 26일).

* 『대전회통』은 영의정 조두순 등이 왕명을 받고 정리하였는데, 찬집소에서 제의하기를, "『대전회통』은 이제 이미 인쇄도 끝났으니 각 관청과 지방의 군영(軍營), 고을, 진영(鎭營), 역참(驛站)에 나누어주는 것이 어떻겠

습니까"라고 하니, 승인하였다(고종 2년 12월 17일).

셋째, 왕 자신이 직접 저술 또는 편집하여 간행하여 배포하는 경우가 있다. 『실록』의 기록을 토대로 몇 가지 예를 들면 다음과 같다.

* 『어정사기영선』은 정조가 직접 편집하였는데, 정조 20년 정유자로 인쇄하여 배포하였다. 열흘 후, "주자소(鑄字所)에서 인쇄하여 올린 『어정사기영선(御定史記英選)』을 신하들에게 나누어주고, 태백산·오대산·적상산세 산성에 나누어 보관하게 하였다. 그리고 영남·호남·관서에 명하여 그대로 다시 새겨서 올리게 하였다"(정조 20년 12월 25일).
* 정조가 두율(杜律)과 육률(陸律)에서 직접 뽑아 만든 뒤 이름을 『두육천선(杜陸千選)』이라 하고, 주자소(鑄字所)에서 간행해 올리게 하여 여러 신하들에게 내려 주었다(정조 23년 12월 28일).
* 『위장필람(爲將必覽)』은 영조의 저술인데, 군문(軍門)으로 하여금 인쇄하여 여러 무신들에게 반포하게 하였다(영조 30년 8월 20일).

이상은 관판본 중에서 간행 배포가 명백하게 나타난 것을 가려내어 예로 들은 것인데, 책의 저자가 누구인지는 별로 관계가 없이 그 책의 성격에 따라, 다양한 보급 상태를 보여준다. 즉 단순히 경연에서의 논의에 사용되기도 하고(『예학집요』), 영남이나 호남 등 서적과 관련 있는 특정 지역에 내려 보내 그곳에서 다시 인쇄 간행하게도 하였다. 『진역방』과 같은 의학서적의 경우는 중외에 또는 여러 도에 배포하게 하였으며, 일부 도서의 경우는 주위의 신하들에게 나누어주는 데 그쳤고(『두육천선』), 군사학 도서의 경우는 인쇄하여 무신들에게 보급하였다. 결국, 관판본의 보급은 책의 성격에 따라 전국을 대상으로 다양하게 보급되어갔음을 알 수 있다.

그러나 방각본의 경우는 유통이 일부 대도시 지역에 국한되어 이루어졌다. 그것은 현재 남아 있는 방각본을 조사한 연구 결과들에서 확인되는 사실이다. 현재 남아 있는 방각본의 서지사항을 종합 정리한 바에 의하면(이혜경, 1999), 서울(경판), 전주(완판), 태인(태인판), 금성(금성판) 등에서 간행되어 그곳에서 유통된 것으로 나타났다. 같은 방각본이 서울, 전주, 태인 등 두 곳 이상에서 간행된 경우도 나타나고 있으나, 그 수는 그리 많지 않다. 또한 그럴 경우에도 유통의 대상 지역은 두세 곳의 정해진 상기 도시 지역을 넘어서지 못하고 있다.

예를 들어, 영웅소설인『조웅전』은 조선시대에 가장 많이 읽힌 소설로서 알려졌는데, 그 간행지역은 전주에서 6번, 서울에서 1번, 안성에서 1번 간행된 것으로 나와 있다(이혜경, 1999). 즉 발행횟수는 8번이나 되어 상당한 인기 소설에 해당되지만[28], 간행지역은 전주와 서울과 안성의 세 지역에 국한되어 있는 것이다. 그 외 인기소설인『삼국지』의 경우는 5번 간행되었는데, 지역은 서울, 전주, 안성의 세 곳에 국한되었다.

소설이 아닌 대부분의 방각본들도 간행 지역이 서울, 전주, 달성 일부 지역에 국한되어 있는 것으로 알려졌다. 다만『천자문』의 경우는 예외적이어서 간행 횟수가 21회로 조사되었는데[29], 간행지역도 서울 및 경기도가 10건으로 가장 많지만, 그 외 지역인 전주, 순천, 창녕, 밀양 등에서도 간행된 것으로 나타났다. 그러나 그 외 방각본들은

---

28) 간행연도가 확인되지 않은 경우까지 계산할 경우에도『조웅전』이 16회로서 가장 많은 것으로 나타났고, 2위는『소대성전』과『장풍운전』이 각 8회로 나타났다(한국고소설연구회, 1995: 263~268; 조동일, 1985: 286).

29) 안미경(1998)의 조사에 따른 것인데, 간행연도가 확실하지 않은 것과『신간해편 심경』으로 명명된 서적까지 포함한 횟수이다.

간행 횟수가 그렇게 많지 않고 간행지역도 서울, 전주, 태인, 달성 등 몇몇 대도시에 한정되었음이 현재까지의 연구에서 확인되고 있다.

여기에서 관판본과 방각본의 차이점이 그 보급·유통에서 분명히 드러나게 됨을 알 수 있으니, 관판본이 전국을 대상으로 한 일반인과, 서적의 내용과 관련된 직업인이나 전문가층을 중심으로 국가의 힘을 통하여 배포 형식으로 보급되었다면, 방각본은 몇 개 도시 지역을 중심으로 일반인과 아동층을 대상으로 상업적인 유통망을 통해 퍼져나갔음을 알 수 있다.

그러나 서적 출판의 발전은 정부의 힘을 통한 관판본이 제1기와 제2기에서는 활발하였지만, 제3기에 들어서서는 위축되어 갔다. 이에 비해서, 방각본은 후기로 올수록, 더 활발해지면서, 다양한 오락 도서 시장을 형성하였으며, 출판물의 내용도 더 풍부해지고 종류도 다양해졌다. 이것은 관 주도의 경우는 출판물의 시장 기능이 형성될 수 없었기 때문에 적극적인 독자층의 형성이 이루어지기 어려웠을 것임에 비하여, 방각본의 경우는 오락적인 목적으로 독서를 즐기려는 계층과 실용문을 스스로 작성하려는 적극적인 독자층의 확대에 따라 도서 시장의 활성화가 가능했기 때문이라고 생각된다.

방각본 시장의 활성화는 소설의 출판과 유통을 통해서 이루어진 것인데, 이것은 정부의 강력한 금지에도 불구하고 이루어낸 것이다. 소설 문장을 쓰는 행위는 아무리 내용이 좋아도 과거에 낙방시키겠다는 정부의 방침에도 불구하고 소설은 계속 읽혔고 오히려 그 수요가 늘어나면서 방각본의 유통이 활성화된 것으로 분석된다.

제7장 조선시대 방각본 출판과 사회상황

인구 변동과 방각본 출판

　조선 시대 사회상황을 검토하는 데 있어 인구 변동 현상은 중요한 요소의 하나이다. 일반적으로 인구 현상은 경제사회현상의 선행지표이기도 하면서 특정 사회현상에 대한 후속지표가 되기도 하는데, 예컨대 조선사회의 생산력 수준이 낮을 경우, 인구 수준은 그에 영향을 받기도 하고, 또 높은 인구수준을 부양하기 위하여 보다 높은 생산력의 발전을 도모하기도 한다(이영구, 1996: 9).

　조선 시대 정부에서는 인구 실태를 파악하기 위해 3년마다 한 번씩 호구 조사를 하였다. 호구통계를 작성할 때는 연령 구조를 4단계로 구분했는데, 남녀 10세 이하를 아(兒), 11세에서 15세까지를 약(弱), 16세에서 50세까지를 장(壯), 51세 이상을 노(老)로 구분했다. 이와 같은 기준에 의해 작성된 조선시대의 호구 조사자료를 기반으로 인구의 변동 상황을 파악하는 것은 충분하다고 할 수 없을 것이다.[30] 그러나

---

[30] 그 조사가 충분치 못하는 이유로는 다음의 몇 가지로 설명할 수 있다. 즉 당시의 통계에서는 출생과 사망 등 인구의 자연증감에 대한 기록이 없으며, 사회적 요인

당시의 조사 결과를 통해 대체적인 인구 변동 상황은 파악할 수 있을 것으로 생각한다.

조선 후기 사회상황에서 가장 커다란 영향을 끼친 사건은 1592년에 시작된 임진왜란일 것이다. 인구의 면에서도 조선 인구는 임진왜란 이후 약 15퍼센트 정도가 감소했다고 한다. 그러나 조선의 인구는 1660년대에 이미 임진왜란 이전의 수준으로 복귀하였다.

물론 1668년의 전염병, 1671년 흉년으로 기근이 발생하여 수만 명의 인구가 감소했다는 기록은 있지만, 이런 미세한 시점시점의 변화를 일련의 흐름 속에 묶어 놓는다면, 인구는 역시 증가하고 있었다는 결론이 나온다(이영구, 1996: 247).

특히, 18세기에는 정부의 행정력이 강화되어 인구파악도가 높아지고 은루자가 감소되어 정부에서 파악한 인구수는 증가했다. 그러나 19세기에는 전염병과 기근으로 인한 자연감소 외에도, 세도정치의 여파로 행정력이 이완된 결과 인구가 감소된 것으로 집계되었으리라 생각된다(강만길, 1997: 93). 말하자면, 인구 통계상의 차이이지, 조선시대의 실제적인 인구는 지속적으로 증가했다고 보는 것이 일반적인 주장이다.

또한 조선 후기 인구 변동의 특징은 서울로 모여들면서 인구집중 현상이 생긴 점인데, 그 원인은 다음의 몇 가지로 정리할 수 있다(고동환, 2002: 37~39).

에 의한 전출입 상황도 기록되어 있지 않다. 또한, 전국 인구를 추계하는 과정에서 대개 아(兒)에 해당하는 연령층의 인구가 통계에서 제외되어 있다. 인구 조사 과정에서도 많은 기피자와 누락자가 발생한다. 각종 공부(貢賦)의 의무를 지고 있던 남성의 경우에 은루자(隱漏者)가 더 많은 것은 당연한 현상이었다(강만길, 1997: 92).

<표 8> 조선 시대 인구 변동 추이

연대	호	인구(증가지수)
1669(현종10)	1,342,074	5,164,524(100)
1699(숙종25)	1,293,083	5,772,300(111.8)
1729(영조5)	1,630,873	6,945,248(134.5)
1759(영조35)	1,654,248	6,796,690(131.6)
1789(정조13)	1,772,837	7,403,606(143.4)
1819(순조19)	1,533,515	6,512,349(126.1)
1849(헌종15)	1,540,480	6,550,640(126.8)
1879(고종16)	1,923,528	6,560,027(127.0)

자료: 현종부터 정조까지는 『조선왕조실록』 각 연도; 순조 이후는 강만길, 1997: 92 참조.

첫째, 후술하게 될 내용으로서 금속화폐의 유통과 대동법의 시행을 계기로 전국적인 시장권이 형성되기 시작하면서, 다양한 인구들이 집주(集注)하기 시작한 점이다.

둘째, 임진난 이후 정부에서는 전란 동안 흩어진 상인들을 서울로 끌어들이는 정책을 시행하였으며, 군역과 대규모 토목공사 등에 필요한 사람들을 모집하는 관행이 자리잡으면서, 서울에는 빈민들이 노동력을 팔아 살아갈 수 있는 조건이 마련되었다.

셋째, 전국의 유민(流民)이 서울로 집중된 점이다. 17세기에 조선사회는 전지구적으로 나타났던 소빙기(小氷期) 기후로 인하여 흉년과 전염병이 계속 돌았고, 그 여파로 농민들의 유리가 심화되었다. 당시 『실록』에는 흉년으로 인하여 생긴 걸인들과 버려진 아이들에 대한 기사가 곳곳에 기록되어 있다(현종 11년 8월, 현종 12년 1월, 현종 12년 3월 등). 그런데 지방에서는 진휼(賑恤) 대상을 자기 고을 사람에게만 한정시킨 반면, 서울은 모든 사람에게 진휼을 하였으므로, 지방 유민

<표 9> 조선후기 대구지방의 신분변동(단위 %)

	兩班戶	常民戶	奴婢戶
1690(숙종 16)	9.2	53.7	37.1
1729(영조 5)	18.7	54.6	26.6
1783(정조 7)	37.5	57.5	5.0
1858(철종 9)	70.3	28.2	1.5

자료: 四方博(1938), "朝鮮人口に關する身分階級別的觀察", 『朝鮮經濟の硏究 3』. 변태섭, 1986: 351에서 재인용.

들이 대거 서울로 몰려든 것이다.

조선시대 인구 변동의 특징은 후기로 갈수록 평민 수는 감소하고 양반 수가 증가하였다는 점이다. 이것은 후술하게 될 사회경제적 변화 속에서 종래의 농민층과 양반층 내에서 경제적 계층분화가 이루어지면서, 종래의 신분적 지배·예속관계는 더 이상 유지될 수 없었다. 즉 부를 통해 노비와 양인층이 각각 양인·양반으로 신분을 상승시켜 지배 신분층은 격증하고 반대로 피지배 신분층은 격감하는 사태가 야기되었기 때문이다(변태섭, 1986: 350).

이러한 신분 변동에 대한 전반적인 통계나 조사는 없지만, <표 9>에서 보여주는 대구 지방을 대상으로 하여 조사한 신분상의 인구 변동 자료를 통하여 조선 후기 신분변동상의 인구 변동 상황을 대략 알 수 있다. <표 9>에서 보듯이 17세기 후반 10퍼센트에도 미치지 못하던 양반 호수의 비율이 18세기 후반에 37.5퍼센트로 상승하더니 1858년에는 70.3퍼센트로 크게 늘어난 반면, 상민과 노비 특히 노비 수는 같은 기간에 37.1퍼센트에서 1.5퍼센트까지 크게 감소하였음을 알 수 있다.

이상으로 조선 시대 인구 변동에 관하여 개략적으로 살펴보았다.

조선 시대 인구 변동과 방각본 출판의 관계에 대하여 다음의 두 가지 사항을 언급하고자 한다.

첫째, 조선시대는 전체 인구의 증가와 함께, 양반 인구의 증가가 이루어졌는데, 이것은 독서가능 인구의 증가와 밀접한 관계를 맺을 것이기 때문에, 방각본 출판이 발달할 수 있는 토대를 마련한 것이라고 생각한다. 방각본 출판은 1기, 2기, 3기를 거치면서 즉, 후기로 올수록 발행량이 증가하고 발달하였는데, 이것은 후술하게 될 농업생산력의 증대와 상품화폐경제의 발달과 어우러지면서 그 기반이 되어준 것이라고 생각한다. 조선조 사회에서 양반은 직업상 선비로서 관리가 되기 위하여 공부하는 것을 가장 중시하였고, 그 기초로서 독서 능력을 갖추는 것은 필수적인 일이었다. 따라서 양반 인구의 증가는 바로 독서가능 인구의 증가로 보아도 무방할 것이다.

둘째, 조선시대의 인구는 양반 인구의 증가와 함께 서울 인구가 크게 증가하였는데, 이러한 사실은 서울을 중심으로 상품화폐경제가 발달한 사실과 어울리며, 서울 지역 방각본 출판을 활성화시키는 데 기여하였다고 생각한다. 인구가 서울로 모여들면서, 서울은 단순한 행정 수도에서 나아가 본격적인 상업활동의 중심지로 발전하고, 출판 분야에서도 양적 증가가 일어났다고 생각한다. 조선 시대에 서울에서 발행된 경판이 제1기에는 1종이던 것이, 제2기에는 6종, 제3기에는 26종으로 늘어났다. 이와 같은 출판은 소설을 중심으로 이루어지는데, 제3기에 발행된 23종의 방각본 소설 중에서 6종을 제외한 나머지가 서울에서 출간되었다.

농업생산력의 증대와 방각본 출판

농업생산력이란 조선 시대의 사회상황을 알려주는 중요한 요소가
아닐 수 없다. 조선조 사회는 농업이 중심이 된 사회로서, 농업은 선
비[士] 다음으로 중요시되던 직업이었고 '농자천하지대본(農者天下之
大本)'31)이라 하여 농사를 천하의 근본으로 삼았다. 이와 같은 의식(意
識)상의 문제뿐만 아니라 농업의 발달은 경제 발달 즉, 국민 생활의
향상과도 직결되는 사항이었다. 17세기 이후 농업의 발달은 농업생산
력의 뚜렷한 진전에서 이루어졌는바, 구체적으로 농사 기술의 발전과
농업 경영 방식의 변화를 들 수 있다.

농사 기술의 발전은 중요한 것으로 두 가지를 들 수 있는데, 이앙법
(移秧法)과 도맥(稻麥)이모작이 실시된 점이다. 조선 전기에는 논이나
밭에 볍씨를 뿌린 땅에서 그대로 수확하는 직파법(直播法)이 대부분이
었다. 이앙법은 못자리에서 모를 길러 논으로 옮겨 심는 방법으로서
조선 전기에는 삼남 지방 일부에서만 보급되었을 뿐이었다. 당시 정
부에서는 이앙법이 여름에 종묘를 이식할 때 가뭄을 만나면, 농사를
완전히 망칠 수 있기 때문에 세원(稅源)의 결핍을 우려하여 금령을 내
렸다. 그러나 조선 후기에 올수록 이앙법이 널리 시행되어갔다. 그것
은 이앙법이 직파법보다 노동력을 덜면서도 수확을 높일 수 있었기
때문이었다. 즉 모를 옮겨 심음으로써 벼의 성장이 촉진되고 또 굳건
히 자랄 수 있어서 생산량이 증대되기도 했지만, 볍씨를 논에 직접
뿌릴 때보다 못자리에서 길러 옮겨 심으면 논매기 횟수가 줄어들어

---

31) 중국 한(漢)나라 효문제(孝文帝)가 농민들에게 농사를 권하기 위한 조서(詔書)의
　　첫머리에 쓴 말로서 조선조 사회에서도 즐겨 인용하던 문구이다.

노동력이 그만큼 절감되었다. 기록에 의하면 직파법으로는 10마지기도 못 짓던 농가에서 이앙법으로는 20마지기 내지 40마지기까지도 지을 수 있게 되었다 한다(강만길, 1997: 77). 그뿐만 아니라 수전(水田)에서의 이앙법은 이모작을 가능케 하여 농지이용도를 높이고 농민의 소득을 증대시켰다.

이 밖에 수리시설의 정비·확대로 18세기 말에는 전국에 저수지가 약 6,000개에 달하였고, 시비법의 개발, 농기구의 개량으로 생산력이 크게 증대하였다(변태섭, 1986: 340~341). 또한 단위농가의 경작면적이 넓어지는 광작(廣作)농업이 발달함에 따라 광작을 하는 일부 농가들의 소득이 높아졌다. 자작농의 일부는 물론 일부 소작농도 더 많은 농토를 경작할 수 있어서 차차 경제적 여유가 생겼다. 그 결과 일부나마 자작농은 부농층으로, 소작농은 자소작농으로 상승하게 되었다. 나아가서 이들은 자가(自家)소비를 넘어 상품으로서 쌀을 생산하기에 이르렀다(강만길, 1997: 77). 즉 상업적 농업이 생겨나기 시작한 것이다. 농산물이 상품으로 생산되기 시작하면서 담배, 인삼, 면화 등 특수 작물의 재배가 확산되었으며, 농업생산은 전문화·다양화되어 가고 농민층의 소득도 높아갔다.

한편 농업노동력의 절감과 생산력의 증대에 힘입어 일부 농민들은 경영규모를 확대하고 부를 축적하여 지주화하였다. 이들은 자작농이거나 소작농이거나 막론하고 농업생산성의 상승을 토대로 이른바 광작을 행하여 수확을 증대시키거나, 또는 당시 상품화폐경제의 발달과 관련해서 시장을 상대로 하는 농업, 즉 상업적 농업을 행하여 부를 증대시켰다. 이 때의 주요 상품은 곡물을 비롯해서 직물·채소·유채류·약재·연초 등이었으며 여기에 소요되는 노동력은 임노동이 기본이었으니, 이러한 농업경영을 통해서 성장하고 있던 새로운 계층, 즉 경영형 부농이 생겨났다(변태섭, 1986: 341).

이상의 검토를 토대로, 농업생산력의 증대와 방각본 출판의 관련성을 살펴보고자 한다.

이 관련성에서 첫번째로 인식해야 할 것은 농업생산력의 발달에 방각본 출판이 바로 직접적인 영향을 미쳤다는 사실이다. 즉 조선 후기의 농업생산력의 향상에서 중요한 요소의 하나인 농사 기술의 발달과 그 보급에는 『농가집성』이라는 방각본의 출판이 큰 작용을 한 것이다. 신속(申洬)이 엮은 『농가집성』은 농사 기술의 진전을 이루는 데 중요한 역할을 한 농사법인 이앙법의 실시 방법과 주의사항을 설명하고 있고, 그 외에도 다양한 작물들의 농사 방법을 제시하고 있다.

둘째, 농업생산력의 증대와 함께 생겨난 경영형 부농층의 등장은 독서 인구의 증가를 가능케 하는 토대를 마련해준 것으로 생각한다. 또한 부농층의 확대는 상품화폐경제의 발달과정에서 나온 상인세력의 성장과 함께 출판시장의 구매력 형성에 기여하는 요인으로 작용하게 되었을 것으로 생각한다. 상인세력은 후술하겠지만, 크게 공인, 시전상인, 사상으로 이루어져 있다.

유럽의 경우에서 보면, 인쇄술의 보급과 상공부르주아지의 형성이 함께 어우러져 인쇄술의 발달과 출판업이 동시에 발전한 것으로 나와 있다. 즉 독일이나 이탈리아 등과 같은 서유럽 국가들은 새로 등장하는 상공부르주아지에 힘입어 인쇄업이 크게 발전하기 시작한 것이다(방정배, 1988: 241). 한국의 경우, 유럽과 같은 본격적인 상공부르주아지의 등장과 사회적 수요가 밑받침되는 구매력 시장이 형성되지 못하여, 유럽처럼 인쇄술의 발달을 통한 대규모 출판업의 성장은 이루어

내지 못했다고 생각한다. 그러나 한국에서도 유럽과 비교할 수준은
아니지만, 일부 부농층이 확대되고 상인세력이 성장함으로써, 단순한
수공업 형태로서의 목판인쇄 방식을 통해서라도 방각본을 제작 유통
시켜 상업적 출판시장의 맥을 형성해 나간 토대가 되었을 것으로 생
각된다.

상품화폐경제의 발달과 방각본 출판

조선 후기는 중세적 사회질서가 전반적으로 해체되어 가는 시기에
해당한다. 이 시기의 사회경제적 변화 중에서 가장 두드러진 부문의
하나가 상품화폐경제의 발달인데, 특히 봉건적 상업구조의 해체와 이
에 따른 상인의 자유로운 경쟁관계에 입각한 새로운 상품유통구조의
대두는 봉건사회 해체기의 주요한 경제현상으로 볼 수 있다(변광석,
2001: 11). 그리고 농업생산력의 발달과 조세의 금납화(金納化)는 상품
·화폐경제의 발전을 촉진시켰다. 또한 인구가 증가하고 농민의 계층
분화가 심화되어가는 속에서 비농업인구의 도시 유입이 현저해짐으
로써 상업은 더욱 발달하였다. 조선후기 상업활동의 주체가 된 것은
공인(貢人)과 시전(市廛), 그리고 사상(私商)을 들 수 있다.[32]
공인은 대동법의 실시에 따라 나타난 존재로서 관청과 결탁한 일종
의 어용상인으로 볼 수 있다. 공인들은 서울의 시전(市廛)뿐 아니라 지
방의 장시를 중심으로 활동하였고 특정 물품을 대량으로 취급하는 까

---

32) 공인, 시전, 사상 등에 대한 설명은 강만길(1997), 변광석(2001), 이해경(1992) 참
조.

닭에 독점적 도매상인 도고(都賈)로 성장하였다. 또 이들은 물종에 따라 공동출자를 해서 계를 조직하고 상권을 독점하였으며, 직접 수공업자와 세력을 맺기도 하여 점차 상업자본으로 발전해갔다.

시전은 상인세력 중에서도 서울의 최대 상인조직이었고, 동시에 서울을 중심으로 각 지방에서 올라오는 세곡이나 제반 상품을 취급하면서 상권을 주도하였다. 즉 시전은 서울 도성민의 생활용품을 공급하면서도 관청에서 필요로 하는 물품을 조달하게 되어 있었으므로 국가권력과 밀접하게 관련되어 있었다. 시전상인은 정부에 대하여 시역33)(市役)이라는 기본 의무를 지고 있었으며, 그 대가로 독점적 상업활동을 허가받았다.

사상은 서울을 비롯한 각지에서 활발한 활동을 벌였는데, 이들은 당시 농산물 및 수공업제품의 활발한 유통을 배경으로 한 공인의 성장에 자극 받아 역시 도매상인으로 성장하였다. 즉 지방 장시(場市)의 객주·여각들이 도매로 발전하여 전국적인 상업망을 개척하였으며, 특히 물산의 집산지나 유통의 중심지 등 상업활동이 유리한 지역의 상인들도 종전의 상업기반을 전국으로 확장시켜나갔다.

인구의 급증으로 상업이 특히 발달하였던 서울에는 일찍부터 상업활동을 독점해왔던 시전상인과 비시전 사상들 사이에 충돌이 일어나게 되었다. 시전상인들은 정부로부터 금난전권(禁難廛權)이라는 독점적인 권리를 얻어내어 사상들의 활동을 억압하였다. 그러나 사상들은 이를 무릅쓰고 금난전권이 행사되지 않는 4대문 밖에서 상행위를 계

---

33) 시역이란 정부에 대한 제반 의무를 말하는데, 주로 정기적인 전세(廛稅), 진배(進排), 유사시의 요역(徭役) 등이다. 전세는 모든 시전이 매월 화폐로 내는 세금이고, 진배는 중국과의 사행관계에서 필요로 하는 수요품을 조달하는 것이고, 요역은 부정기적으로 부담하는 노동력의 제공이었다(변광석, 2001: 247~248).

속함으로써 번창해갔다. 한편 시전상인들이 금난전권을 과도하게 사용하여 물가가 상승하는 등 부작용이 일어나자 정부는 다시 사상들의 건의를 받아들여 금난전권을 점차 완화시키다가 1791년(정조 15) 6의 전을 제외한 나머지 시전의 특권을 모두 폐지하였다. 이로써 서울에도 사상들의 자유로운 상업활동이 보장되었다.

사상의 성장은 전국적인 장시의 발달에 토대를 둔 것이었다. 18세기 중엽에 전국의 장시는 이미 1,000여 개소를 넘을 정도로 발달해 있었다. 이와 같은 장시를 통한 전국적 시장권의 형성과 도매상업의 발달에 따른 자본의 축적은 화폐의 사용을 불가피하게 하였다. 따라서 1678년(숙종 4) 정부의 재정 확보책으로 주조되었던 상평통보가 점차 전국에 통용되기에 이르렀다.

조선후기는 비록 단순상품유통일지라도 화폐유통이 활발히 진행되고 있었던 상업중심지와 물물교환이 지배적인 농촌지역이 서로 분명하게 구조적 대치관계를 형성하고 있었다. 다만 일부 대도시지역에서는 부분적인 상품생산이 진행되었으며 화폐를 매개수단으로 한 교환이 이루어지기도 하였다(이해경, 1993: 190).

이와 같은 상품화폐경제의 발달에 따라 농업에서도 화폐지대가 나타나기 시작하였다. 화폐지대제는 작인들이 지주에게 생산물을 바치는 것이 아니라 그 가격을 지불하는 것이기 때문에 농산물의 가격차가 심하면 지방에 따라서 지주나 작인 중 어느 한쪽이 지나치게 불리해지므로 그것이 유지되기 어려웠다. 그러나 대체로 18세기 이후부터 도시수공업 제품이나 농촌의 가내수공업 제품 및 농산물이 비슷한 시장가격에 의해 매매되고 있어서 화폐지대가 발달할 수 있는 소지가 마련되어갔다(강만길, 1997: 83~84).

이상으로 상품화폐경제의 발달에 관하여 대략 살펴보았다. 상품화
폐경제란 한 마디로 자급자족이 아니라, 물건을 시장에 내다 팔 수
있는 상품으로 만들어 보급하고 거기에서 이윤을 추구하는 것이라 할
수 있다. 이와 같은 현상은 조선 후기 출판에서도 드러난다. 그동안
보관 목적 아니면 가까이에 있는 잘 아는 사람들에게 배포할 목적으
로 만들던 서적이 본격적으로 상품으로 바뀌어진 것이다. 서적이 상
품화되었다는 것은 불특정 다수를 겨냥하여 출판하였다는 것을 말한
다. 이에 따라 상품으로서의 서적의 내용이 다수를 겨냥하여 달라졌
을 것으로 해석할 수 있다.

제일 먼저, 방각본에서 한문을 고수하던 기존의 경향은 사라질 수
밖에 없게 된다. 즉 한글서적들의 출판이 활발해진 것이다. 우선,『논
어언해』『대학언해』『중용언해』『주역언해』『시경언해』등 유학 경
전 언해본들의 간행이 활발해졌다. 이 유교 경전의 언해본들은 원래
관판본으로 간행된 것이지만, 늘어나는 수요를 맞출 수 없었기 때문
에, 방각본으로 다시 출간된 것이다. 그 외에도 국민 교화용 서적, 역
사서, 가정생활백과, 서간 작성법 등과 같은 다양한 분야의 서적들
(『언해경민편』『십구사략언해』『閨閤叢書』『언간독』등)이 한글로 나왔
고, 특히 많은 소설과 가사들이 한글로 출간되어 널리 퍼져갔다. <표
10>에서 보듯이, 언해본 또는 한글 방각본은 시기가 후기로 올수록
많아지는 것이 확연하게 드러나고 있다. 한글 서적의 발행종수도 늘
어나고 있지만, 전체 방각본에서 차지하는 비중도 후기로 올수록 커
지고 있음을 알 수 있다.

이것은 방각본의 독서 행위가 소수 사대부계층에서 다수 일반인에
게로 확대되어갔음을 의미한다. 다시 말하면, 출판물도 다른 물건처

럼 시장에서 매매되는 상품으로 바꾸어지게 됨에 따라, 다수의 수요에 맞추기 시작했음을 의미한다. 이와 같은 현상은 유럽의 출판 역사에서도 발견된다.

유럽의 경우, 서적이 상품으로 바꾸어지는 현상은 일찍이 15세기 중반 구텐베르크의 활판인쇄술 등장 이후 일어났다. 가우어(Gaur, 1984)는 이와 같은 현상을 서적 생산의 매개 또는 근거가 '패트런(patronage)'에서 '자본(capital)'으로 달라진 것이라고 말한다. 인쇄술 등장 이전, 저자는 자기의 저술이 인쇄되면, 문화애호가인 귀족이나 고위 성직자에게 바치고 그로부터 얼마만큼의 금품을 받는 이른바 패트런 제도가 유럽사회의 관습이었지만(이광주, 1993: 122), 인쇄술이 널리 퍼진 이후에는 그 서적이 판매의 대상이 됨으로써 다수 익명의 독자들로부터 호응을 얻어 판매대금을 받아야 작가의 생존과 출판인쇄업의 존립이 가능해졌다. 따라서, 구텐베르크 이후 100년 동안 급속도로 발전된 새로운 출판인쇄사업은 주로 상업중심지에서 행해졌다. 또한 익명의 독자층의 주의를 끌기 위하여, 출판인쇄업자들은 텍스트의 언어도 한 국가 내의 서로 다른 지역과 상이한 여러 계층의 사람들이 두루두루 이해할 수 있도록 표준화시켰다(Gaur, 1984: 205). 성경도 라틴어에서 자국어로 번역되어 출판되었다.

둘째, 언어의 형식뿐만 아니라 내용에서도 변화를 가져와, 교양이나 학습 목적의 출판물이 주류를 이루던 경향에서 후기로 오면, 오락적 목적의 서적들이 다수를 형성하게 되었다. 오락적 독서물로는 소설과 가사 등의 문학 작품인데, 대표적인 것은 소설이라 할 수 있다. 소설의 경우, 제1기에는 방각본 출판에서 전혀 보이지 않았고, 제2기에는『구운몽』하나이던 것이, 제3기에는 23종이나 되어 전체 발행종수의 절반 이상을 차지한다. 소설 중에서도 독자들의 관심을 가장 많이 끌었던 영웅소설의 발행이 가장 활발하였다. 이는 영웅소설이 독자들의 인기를 끌면서 가장 많은 수요를 창출한 데에서 나온 현상일 것이다. 영웅소설의 경우는 독자들의 흥미 진작을 위하여 도식적인 구성에 짜맞추어 독자 확대를 노리는 작품들이 다수였다. 이에 따라 소설의 작품적 완성도나 문학성보다는 소설적 재미의 강조가 두드러지게 나타났다는 평가를 받고 있다.

그러나 전체적인 출판 커뮤니케이션의 발달이라는 관점에서 볼 때, 상품화폐경제의 발달과 함께 더욱 진전된 출판물의 상품화는, 책의 내용을 독자들의 요구에 맞추려는 경향을 띠게 된다. 이것은 이제까지 저작자 중심의 출판 경향에서 독자 중심의 출판으로 변화되는 특징을 보여주는 현상으로 해석할 수 있을 것이다. 특히, 조선조 사회에서 후기로 오면, 사대부가의 부녀자와 궁녀 등을 중심으로 여성 독자들이 많아지면서 방각본 소설에서도『옥주호연』,『정수정전』과 같은 여성영웅소설들이 등장하기도 하였다.

이것은 앞에서 살펴본 관판본의 경우에서는 나타나기 어려운 현상이었다. 관판본은 일관된 입장을 견지한 정부의 태도에 따라 그 출판물의 유형과 내용이 같은 틀을 유지하였지만, 방각본 출판의 경우는 독자들의 요구에 맞추면서 줄거리의 변형과 분량의 축소 등이 자연스럽게 이루어졌다.

출판이 발전하면서 오락적 독서물로 변화해나간 현상은 활판인쇄술이 널리 퍼져나간 유럽의 경우에도 그대로 나타나고 있다. 즉 독일에서는 인쇄술 발명 초기부터 종교서적이 활발히 간행되었지만, 20년쯤 지난 후에는 민중의 대부분은 종교관계의 서적에 등을 돌리고 세

<표 10> 조선시대 언해본 및 한글 방각본(시기별)

시기	책명(주제분류)	한글서적 발행종수	전체 발행부수
제1기	新刊救荒撮要(農學書)	1	8
제2기	諺解警民編(윤리 교화서), 三略直解(兵法書), 十九史略諺解(歷史書), 中庸諺解, 論語諺解, 周易諺解, 大學諺解, 書傳諺解, 詩經諺解(이상 儒學書)	9	29
제3기	유충열전, 심청전, 진대방전, 옥주호연, 사씨남정기, 장경전, 장풍운전, 당태종전, 양풍운전, 숙향전, 삼국지, 용문전, 숙영낭자전, 신미록, 위지경덕전, 조웅전, 정수정전, 초한전, 전운치전, 화룡도, 소대성전, 쌍주기연(이상 소설), 퇴별가, 南薰太平歌, 한양가(이상 가사), 閨閤叢書(가정용 백과), 언간독(서간문 작성법), 牖蒙彙編(아동, 국한문)	28	43

속적인 오락서에 흥미를 갖기 시작했다는 주장이 나온 바 있다(Engelsing, 1985: 44~45). 이것은 당시 상류계층의 전유물로 인식되던 서적이 15세기 후반에 이미 일반 대중 속으로 침투되었음을 보여주는 것이라 할 수 있다. 그래서 1498년 브란트(Sebastian Brant)가 서적이란 예전에는 부자나 왕만이 소유할 수 있었지만, 이제는 검소한 일반가정에서도 발견된다고 말할 정도였다(Presser, 1979: 125). 부연하면, 이러한 일반가정의 목록에서는 오락적 독서물이 중요한 위치를 차지하게 되었음을 의미한다. 이러한 오락적 독서물은 계속 확대되어, 영국에서는 18세기 중반 이후 가정부, 하인 등 하류계급에게로도 퍼져나갔다. 당시 일반인들은 철도 운행도 대폭 제한되어 놀러 다니기도 어려웠고, 게임 등 다른 오락도 금지되었다. 결국, 일요일에 교회에 가지 않는 시간에 하류계급 사람들에게 허용되었던 것은 독서나 명상 정도였다고 한다(角産榮 外, 1994: 264). 이처럼, 경제적으로 하류층에 속하는 사람들을 위해서 보다 싼 값의 인쇄된 오락물들이 많이 있었

다. 예를 들면, 민요집, 짤막하게 줄인 기사들의 로맨스, 범죄 이야기, 혹은 기상천외한 사건들을 다룬 싸구려 책이었다(Watt, 1988: 57~58).

신분제의 변화와 방각본 출판

농업생산의 발달과 상품화폐경제의 진전 등은 조선후기에 나타난 새로운 사회경제적 변화였으며, 따라서 이는 자연히 사회계층의 분화를 초래하였다. 여기서 경영형 부농과 서민지주, 그리고 상업자본가와 임노동자 및 독립 자영수공업자 등 새로운 계층이 나타났던 것이다. 이는 종래의 사회구성을 변질시켜 신분제를 붕괴시켰으니, 농민층과 양반층의 분해, 노비제의 해체 등이 그 실상이었다(변태섭, 1986: 349).

농민층의 분해는 양반층으로의 상승보다 자체의 양극분해 현상에서 두드러지게 나타났는데, 농민층의 일부가 상업적 농업, 합리적 농업경영을 통해 새로운 서민지주로 성장하거나 자영농민적 부농층이 되어가는 한편, 대다수의 농민들은 영세소작농민이나 임금노동자의 처지로 떨어져간 것이다(강만길, 1997: 124).

양반층의 분해 현상은 전쟁을 겪으면서 몰락한 양반층이 생겨나는 한편, 전쟁 후 계속되는 당쟁 속에서 밀려난 세력들은 정치적 경제적으로 몰락하여 잔반(殘班)이라 불리는 층으로 떨어진 것이다.

노비제도도 전쟁을 겪으면서 균열되기 시작했다. 노비들은 전쟁에서 공로를 세워 면천되기도 하였고, 전화(戰禍)로 인하여 노비문서가 불타 없어지거나 도망가는 노비들이 많아지면서 그 수가 줄어들었다.

또한 전후에 정부에서는 예전의 많던 노비들을 부지할 재정적 능력도
상실하였다. 정부는 군량미의 조달과 전후의 지속적인 재정 고갈을
해결하는 방안으로 납속자들에게 면천하는 조치를 취하였고, 이를 통
해서 재력 있는 사람들은 합법적으로 신분을 상승해갈 수 있었다. 따
라서 부를 축적한 양민·노비들은 이 방법 이외에도 호적을 고쳐 양반
이라고 사칭하거나 몰락 양반의 족보를 매입하는 등 여러 가지 통로
로 신분 상승을 꾀하고 있었다.34) 이에 따라 조선 전기에 엄격하던
신분제는 후기로 올수록 해체되고 실질적인 의미를 상실하였다. 앞의
표에서 보았듯이 양반 수는 늘어나는 데 비하여 양민과 노비 수는 크
게 줄어들었다.

　이상으로 조선시대 신분제의 변화에 대하여 대략 살펴보았다. 요약
한다면, 신분제의 변화는 조선후기에 농업생산력과 상공업의 발달로
나타난 자연적인 사회경제적 현상이라고 볼 수도 있고 동시에 임진왜
란과 병자호란 기간 중 그리고 전쟁 이후 정부가 재정 적자를 해결하
기 위하여 양반 신분을 남발하게 되면서 인위적으로 만들어진 측면도
있다. 이러한 사회적 변화들은 방각본 출판에도 영향을 주고 있다. 신
분제의 변화와 방각본 출판의 관련성을 살펴보고자 한다.

　우선, 신분제의 변화는 인구 변동에서 보았듯이 양반인구가 증가하
게 됨에 따라 서적을 필요로 하는 층이 늘어나게 되었다. 신분제의
변화는 기존의 엄격하던 신분제의 고수라는 틀이 무너지면서, 상민이
나 노비의 수는 격감하고 양반 수의 급증 현상을 몰고 왔다. 이것은

---

34) 18세기에는 이미 양반이란 말 자체가 한양의 상인 상호간의 호칭이 되다시피 하
　　였고, 더욱이 한양에서는 신분을 가리지 않고 여유 있는 자들이 양반의 의관을 착
　　용하여 양반의 체모를 갖추고 다니게 되었다(한우근, 2001: 327).

그대로 출판에도 반영되었으니, 즉 책을 필요로 하는 계층이 넓어지고, 책이 과거(科擧) 공부나 교양을 위한 것이든, 아니면 변화된 신분을 확인시키기 위한 장식용으로든 도서의 수요는 확대되었음을 의미한다. 이에 따라 방각본 출판의 양적 증가와 함께 다양한 종류의 출판물이 등장하는 토대를 만들었다고 생각한다.

둘째, 신분제의 변화는 교육열을 강화시키고 이로 인한 방각본 출판의 활성화로 이어졌을 것이다. 국가에 대한 공로, 납속, 족보 매입 등 어떤 방법으로든지 양반의 신분을 획득한 많은 사람들은 자신은 물론 자녀들의 관직 진출의 가능성이 열리게 되었으므로, 교육에 특별한 관심을 쏟았을 것으로 생각된다. 여기에서 아동 교육용 도서의 수요가 크게 늘어났을 것으로 생각된다.

셋째, 신분제의 변화는 몰락 양반층의 확대를 가져왔는바, 이것은 바로 이들 양반층이 소설의 작가층으로 등장하는 계기가 되었으며, 또한 소설에서 신분제의 붕괴를 반영하여 몰락 양반층의 생활상을 표현하는 소설들이 다수 등장하게 되는 직접적인 원인으로도 작용하였을 것으로 생각된다.

정치적 경제적으로 몰락한 잔반들은 생계수단이 없었다. 일부는 자영이나 소작으로 농사에 종사하기도 하였지만, 이것은 그동안 글공부만 하던 양반들에게 적합한 것은 아니었다. 이때 다수 독자층을 의식하여 이들을 위한 소설 창작작업이 이들이 할 수 있는 익숙한 작업이었을 것으로 생각한다. 물론 당시 소설 창작은 양반으로서는 부끄러운 작업이었지만, 작자가 익명으로 처리되는 것이 관례였기 때문에 별로 문제가 되지 않았을 것으로 보인다. 방각본 출판을 업으로 하는 사람들은 이들 몰락 양반에게 의뢰하여 독자들이 좋아하는 도식적 줄

거리의 소설들을 다수 양산해내었을 것으로 생각된다. 이런 소설들에
는, 신분제의 붕괴 현상, 몰락 양반층의 생활상 등이 그대로 드러나게
된다.

제8장 결론

　이상으로 조선시대의 방각본 출판 현상을 역사적으로 살펴보았다. 이를 위해, 방각본 출판을 3기로 시기 구분하고, 우선 방각본의 내용적 특성을 각 시기별 지역별로 고찰하였다. 또한 방각본 출판을 관판본 출판과 비교하여 그 특성을 살피고, 방각본 출판이 당시 시대상황과는 어떤 관계가 있는지 밝혀보았다.

　이상의 검토를 통하여 우리는 조선시대 출판은 관판본이든 방각본이든 현실에 뿌리를 내리면서, 실제 삶과 역사 속에서 나름대로의 역할을 수행해왔음을 확인하게 된다.

　이번의 연구를 통하여 얻은 것은 첫째, 한국인들의 서적에 대한 존중과 애호를 확인한 점이고, 이것이 민족의 문화적 자부심으로 형성되어왔다는 사실을 인식하였다는 점이다. 서적에 대한 존중과 애호는 국왕부터 일반 서민들에 이르기까지 시기적으로는 연구로 삼은 조선시대 전기간에 걸쳐 이어져왔음을 알 수 있었다. 여기에 전형적인 인물의 하나로 정조(正祖)를 들 수 있다. 그는 수많은 서적을 섭렵하고 그것을 다시 독자적인 안목으로 핵심을 잡아내어 직접 편찬한 다음, 신료와 백성들에게 독서용으로 제시하였다. 이를 통하여 정치를 일신하고 사회와 문화를 쇄신시키자는 것이 정조의 구상이었다. 이렇게 나온 책들은 관판본으로, 일부는 방각본으로 제작되어 국민들에게 퍼져나갔다. 몇 가지만 예를 들면,『오경백편』『어정사기영선』『주서백선』 등이 바로 그 책들인 것이다. 정조가 책을 얼마나 존중했는지는 유학 경서(經書)일지라도 누워서 읽을 수 있는 당판(唐板)의 수집을 금지한 데에서 드러난다. 누워서 하는 독서는 성인의 말씀을 존숭하는 도리가 아니기 때문이라는 것이다. 유학 경전 같은 경우 책의 내용, 곧 성인의 말씀은 모든 정치와 행정과 삶의 원칙으로 작용하고 있는데, 정조가 말하는 그 성인은 공자와 주자로 끝나는 것이 아니라,『양현전심록』에서 보듯이, 송시열로 이어지고 있다. 공자와 주자는 머나먼 과거의 중국인이라면, 송시열은 바로 당대에 가까운 한국인이라는 데에서 민족의 문화적 자부심이 표현된 점이기도 할 것이다. 물론 정조의 작업은 정조 개인의 힘이라기보다 규장각 학자 등의 두뇌 집단이 있어 가능했는데, 이들을 문화적 작업에 효과적으로 동원할 수 있었기 때문에 정조대의 문예부흥이 일어났다고 생각한다. 이 무렵, 방각본 출판에서는 유학 경전과 주석서들, 아동 학습서 등이 다수 제작 유통되어 민간 출판의 활성화가 이루어져 독서 분위기가 노소(老少) 전체로 퍼져갔고, 그 이후에는 소설 출판을 통하여 대중적 독서시장의 형성에 기여하기도 하였다.

둘째, 서적에 대한 존중과 애호는 원칙의 강조로 이어졌는데, 이는 서적이 행위의 근거로 작용하게 되는 데에서 나온 것이라고 생각한다. 조선시대에 유학서적이 보편적인 독서물이 되었다는 것은 성인의 가르침이 책의 내용이 되었음을 의미한다. 이것은 서적이 정치, 행정 등 공적인 일에서건 개인적인 삶에서건, 준수해야 할 실천의 근거로서 작용하게 되는 것을 의미한다. 국정을 논하거나 의례를 정하거나 할 때, 항시 서적을 참조하여 그것에 따랐다는 기록이 『실록』에는 자주 나온다. 또한, 왕은 국가 통치의 최고권자이지만, 경연, 곧 한 권의 서적을 정하여 강의하고 토론하는 자리에 참석하여 가르치거나 배우는 것을 정기적으로 해왔음을 볼 수 있다. 유능하고 공적이 많은 왕일수록 이 경연의 횟수와 강도는 높았다. 이 경연은 학습뿐만 아니라 국가 중요 정책을 결정하는 자리였다. 『조선왕조실록』을 보면, 왕과 대신들 간에 이 경연에서 사용할 책을 무엇으로 정할 것인가 놓고 토론하는 기사가 자주 등장한다. 『대학』, 『주역』 같은 유학 경전이 경연에서의 교재로 정해지기도 하지만, 당대의 신료나 학자들의 저술이 채택되기도 한다. 그렇게 해서, 이 연구에서 관판본으로 살펴본, 『절작통편』(송시열), 『성학집요』(이율곡), 『대학유의』(정조) 등이 경연의 교재로 채택되어 활용되는 것이다. 조선시대 원칙의 강조는 바로 서적을 통하여 이루어졌음을 확인하게 된다.

이러한 원칙의 강조는 지나친 명분 우위의 주장으로 나타나기도 하여 실제적인 현실 삶과 유리되는 경우도 낳고, 변화하는 시대적 상황에 탄력적으로 대응하지 못하여 역사 속에서 실패를 불러오기도 하였다. 구한말 당시 열강의 각축장 속에서 척화만 부르짖다가 자주권을 잃고 말았던 실패의 역사를 우리는 안다. 국내외적 상황이 새로운 변화를 요청하는 19세기 후반 곧 방각본 출판의 제3기 이후에도 정부는 출판사업에서도 여전히 전통적 가치의 고수를 주장하는 데 불과한 서적의 간행에 집착함으로써 출판 자체가 위축되어버리고 말았던 것을 확인한 바 있다.

그러나 이와 같은 실패의 역사를 극복하는 작업은 다시 바로 위에서 말한 서적의 존중을 통하여 문화의 힘을 확인하는 데에서 찾아야할 것이다. 한국 민족은 문화적 정체성(正體性)의 회복을 통하여 현실을 극복하고 역사적 실패를 만회할 힘을 키울 수 있다고 믿었다. 이것은 방각본 출판의 역사에서도 확인되는데, 예를 들면, 임진왜란, 병자호란 등의 치욕적 전쟁을 겪으면서 국민들은 외적을 물리치는 영웅소설을 열렬히 탐독하였고 남성들로 인하여 패배한 전쟁을 여성 장군이나와 승리하는 스토리로 바꾸어 내기도 하였다. 서적 즉 문화를 통하여 현실을 극복하고자 하는 시도라고 볼 수 있다. 이러한 시도는 분단의 오늘에도 시사하는 바가 크다고 할 수 있다. 즉 현재 한국이 처한분단을 극복할 방안 역시 정치, 군사력이나 경제력의 보강만으로는이루어지기 어려울 것이다. 문화의 힘, 곧 민족의 문화적 자부심과 정체성을 새롭게 세우는 작업을 통해야 보다 효과적인 방안이 나올 것이라고 생각한다.

셋째, 한국의 출판문화적 전통은 실용성이 바탕이 되고 있다는 점이다. 이것은 관판본과 방각본에 공통되는 현상이다. 관판본 출판에서는 왕과 세자의 교육은 물론 일반 백성들에 대한 윤리적 교화작업을 서적을 통하여 이루려고 했고, 기근이나 질병 등 국가적 재난 역시서적의 발간과 보급을 통하여 극복하려고 했음을 알 수 있었다. 특히,『구황촬요』같은 서적의 경우, 중앙과 지방의 행정력을 총동원하여모든 백성들에게 보급하여 당면한 기근 문제를 해결하려고 한 사실을『조선왕조실록』의 기사에서 확인하였다. 방각본 출판에서도 과거시험 공부는 물론 아동들의 학습, 의례 교육, 가정살림살이, 의료 등 다양한 분야에서 서적을 통하여 실제적인 문제의 해결을 도모하였다.이와 같은 실용서적의 활용은 경제가 발달한 현대의 출판 상황에서도 그대로 적용되고 있다. 이러한 추세는 한국 민족의 출판문화적 전통에 비추어볼 때 앞으로도 지속될 것이라고 생각한다.

넷째, 조선시대의 독서문화에서는 오락과 메시지가 함께 병존되어 나타나고 있다는 사실을 확인하였다. 방각본 출판의 제3기에 해당되는 19세기 후반 이후 방각본은 오락적 기능이 중시된 소설이 주축이 되었다. 이 소설은 영웅소설, 여성영웅소설, 애정소설, 가정소설, 사회비판소설, 도술소설 등 다양하게 나타났다. 가장 인기를 끌었던 것은 영웅소설이었는데, 그렇게 되자 방각본 출판업자들은 도식적인 줄거리에 맞추어 문학성이나 작품의 완성도보다는 독자의 흥미을 끌기 위하여 앞다투어 방각 소설들을 유통시켰다. 그 외 소설들도 국민의 오락적 욕구를 만족시키면서 점점 확산되어갔다. 그러나 이와 같은 작업 속에서도 소설 작가와 방각본 출판업자들은 작품 속에 사회 개혁이나 현실 극복의 메시지를 담았다. 병자호란 같은 전쟁에서 항복하여 국가적 치욕을 당했을 때에는 소설을 통하여 그 전쟁을 승리의 역사로 바꾸어놓아 국민적 스트레스를 풀어나가기도 했다. 조선시대 소설은 이처럼 오락과 교훈 내지 메시지가 함께 병행되어 나타나야 독자들의 호응을 얻을 수 있었던 것이다. 이것은 오늘날도 출판 발전과 독서문화를 진작시키는 데 중요한 시사를 주게 될 것이라고 생각한다.

다섯째, 여권신장의 선구적 작업이 이미 방각본 출판을 통하여 드러났음을 확인하였다. 여권의식의 강화는 남성과의 상호 협조를 통하여 이루어지는 경우(『옥주호연』)와, 여성 우위에서 이루어지는 경우(『정수정전』) 두 가지가 있을 수 있겠는데, 이 두 가지가 모두 조선후기에 방각본으로 출간되었다는 것은 한국 페미니즘 연구에서도 의미 있게 다루어질 사항이라고 생각한다.

여섯째, 조선시대 방각본 출판의 연구에서, 시대상황의 변화에 탄력적으로 대응하여 대도시 독자층의 수요에 맞추어나감으로써 나름대로 상업 출판의 맥을 형성해낸 역사적 경험을 확인하였다.

이것은 관판본과 대비되는 면에서의 방각본 출판의 의의라 할 수 있다. 물론, 앞에서 언급했듯이, 관판본 출판에서도 충효인물 선양이나, 역모와 붕당 등의 경계 등 체제 유지와 옹호, 왕과 세자의 교육, 국민들의 윤리 교화는 물론, 기근 구제, 농사 기술 전파, 전염병 예방과 치료 등 국민과 직결되는 실생활에서 필요한 서적의 출간에 힘을 기울여왔음을 확인한 바 있다. 그러나 정부 특히, 국정의 최고 책임자인 왕의 뜻에 따라 이루어지는 배포에 주로 의지하던 관판본 시장은 정부의 의지나 힘이 약화됨과 함께 위축되어갔다. 이에 비해서, 방각본 출판은 초기에는 과거 공부에 도움이 되는 백과사전류나 유학 경전, 아동 학습서 등에 치중했으나, 후기로 올수록 이와 같은 서적 출판은 줄어들고 소설 중심의 오락적 독서물 간행에 나섰다. 이것은 정부의 의도와는 전혀 반대의 길이었고 일반인이 그렇게 중시하던 과거 공부에도 역행하는 길이었지만, 생활의 향상, 상품화폐경제의 발달, 신분제의 붕괴 등 변화되는 시대 상황 속에서 독자층의 수요에 맞추어 나감으로써 나름대로 출판 발전을 이루었다. 이렇게 해서 활발해졌던 출판시장의 역사적 경험은 이후 개화기에 이어지고 오늘날 우리 출판의 뿌리로서 긍정적인 작용을 할 수 있다고 생각한다.

참고문헌

강만길. 1997,『고쳐 쓴 한국근대사』, 서울:창작과비평사.

강순애. 1983,「朝鮮 英祖朝의 도서편찬 및 간행에 관한 書誌的 硏究」, 성균 관대학교 대학원 도서관학과 석사학위논문.

강순애. 1989,「규장각의 도서 편찬 간인 및 유통에 관한 연구」, 성균관대학 교 대학원 도서관학과 박사학위논문.

강준호. 1999,「음란소설 '구운몽' 연구」, ≪배달말교육≫ 제20호.

강혜선. 2000,『정조의 시문집 편찬』, 서울: 문헌과해석사.

桂五十郎. 1974,『漢籍解題』, 東京: 名著刊行會.

고동환. 2002,『조선후기 서울상업발발사 연구』, 서울: 지식산업사.

高麗大學校 民族文化硏究所 編著. 1971,『韓國圖書解題』, 高麗大學校 民族 文化硏究所 出版部.

『古漢籍解題(史部·集部 合刊)』I. 1990, 전북대학교도서관.

『孔子家語』. 1972, 서울: 을유문화사.

國史編纂委員會 編. 1982,『韓國現代史』, 서울: 탐구당.

권혁래. 1996,「신미록의 문학적 상상력과 역사의식」, ≪東洋古典硏究≫ 제 7집.

권희승. 1981,「호남 방각본에 관한 연구」, 성균관대학교 대학원 도서관학 전공 석사학위논문.

『奎章閣所藏語文學資料–文學篇 解說 I』. 2001, 서울: 태학사.

『奎章閣所藏語文學資料–文學篇 解說 II』. 2001, 서울: 태학사.

『奎章閣所藏語文學資料–語學篇 解說』. 2001, 서울: 서울대학교규장각.

『奎章閣韓國本圖書解題(經·子部) 1』. 1978, 서울: 서울대학교도서관.

김경남. 1997, 「군담소설의 전쟁 소재와 욕망의 관련 양상-소대성전·장풍
　　운전·조웅전을 중심으로」, ≪건국어문학≫ 제21·22집.
김경숙. 1997, 「장풍운전 연구-군담소설과 가정소설의 접촉」, ≪洌上古典
　　硏究≫ 제10집, 열상고전연구회.
金都鍊·鄭珉 譯註. 1995, 『通鑑節要』, 傳統文化硏究會.
김동욱 편. 1973, 『고소설판각본전집』 2, 연세대학교출판부.
김동욱. 1970, 「방각본에 대하여」, ≪동방학지≫ 제11집.
_____. 1960, 「한글소설 방각본의 성립에 대하여」, ≪鄕土서울≫ 8.
金東旭·黃浿江. 1998, 『한국고소설입문』, 서울: 開文社.
김동협. 1983, 「신미록의 작자의식」, ≪문학과언어≫ 제4집, 문학과언어연
　　구회.
김동환. 1999, 「초략본 명심보감의 간행 경위와 그 내용」, ≪書誌學硏究≫
　　제18집.
김두종. 1979, 『韓國醫學史』, 서울: 탐구당
김문식. 2000, 『정조의 경학과 주자학』, 서울: 문헌과해석사.
金世漢. 1991. 「朝鮮朝 初學 敎材 硏究」, 『漢文學散藁』, 安東: 安東大學校出
　　版部.
金玉根. 1977, 『朝鮮後期 經濟史硏究』, 서울: 서문당.
金龍鳳. 1993, 「정수정전과 홍계월전과의 對比 考察」, 『청람어문학』, 청람어
　　문학회.
金容燮. 1990, 『朝鮮後期農業史硏究 I, II』, 서울: 一潮閣.
金侑鎭. 1990, 『唐太宗傳 硏究』, 한국교원대학교 대학원 국어교육학과 석사
　　학위논문
김윤식. 1992, 「세종조의 도서편찬 및 간행에 관한 연구」, 성균관대학교 대
　　학원 문헌정보학과 박사학위논문.
김인회. 1987, 「艶精類 小說의 人物 硏究」, 고려대학교 교육대학원 국어교육
　　전공 석사학위논문
김일렬. 1980, 「英雄小說의 近代的 變貌에 關한 一考察」, ≪語文論叢≫, 경
　　북어문학회.
_____. 1995, 「도선적 신비 속의 사회적 현실-숙영낭자전의 경우」, ≪어문
　　논총≫ 제29호, 경북어문학회.
김정국. 1748, 『諺解警民編』, 龍城.
金貞淑. 1987, 「정약용의 사회신분제 개혁사상」, 서울: 경희대학교 교육대학

원 석사학위논문.

金致雨. 1972, 「攷事撮要의 書誌的 硏究」, 성균관대학교 대학원 도서관학과 석사학위논문.

_____. 1973, 「우리나라에 있어서 書肆의 기원에 관한 연구」, ≪圖書館≫ 제28집.

김현우. 2000, 「영웅소설의 변화와 대중성의 길」, ≪韓國學論集≫, 제27집.

大谷森繁. 1984, 「조선조의 소설 독자 연구」, 고려대학교 대학원 국문학과 박사학위논문.

孟澤永. 1978, 「諺解書의 史的 考察」, ≪청주교육대학논문집≫ 제15집.

文守弘. 1986, 「朝鮮時代 納粟制에 관한 연구」, 서울: 성균관대학교 대학원 사학과 박사학위논문.

민긍기. 1995, 「'조웅전'에 표현된 아름다움에 대하여」, ≪洌上古典硏究≫ 제8집, 열상고전연구회.

민병덕. 1969, 「출판학 서설」, ≪出版學≫ 제1집.

박기석 외. 1997, 『한국고전문학입문』, 서울: 집문당.

박현희. 1999, 「조선후기 한글소설 방각본의 書風에 대한 연구-완판본을 중심으로」, 원광대학교 대학원 미술학과 석사학위논문.

방대수. 1998, 「전우치전 異本群의 작품구조 연구」, ≪國文學硏究≫ 제87집, 서울대학교 대학원 국문학연구회.

방정배. 1988, 『自主的 말길 理論』, 서울: 나남.

백수이 주필, 방원성·김영무 번역. 1987, 『중국통사요강』, 北京: 민족출판사.

白周. 1993, 「사씨남정기 국문본과 한문본의 대비적 고찰」, 성균관대학교 교육대학원 한문교육 전공 석사학위논문.

변광석. 2001, 『朝鮮後期 市廛商人 硏究』, 서울: 도서출판 혜안.

邊太燮. 1986, 『韓國史通論』, 서울: 삼영사.

서경희. 1998, 「용문전의 서지와 유통」, ≪이화어문논집≫ 제16집..

서인석. 1991, 「장풍운전」, 『한국고전소설 작품론』, 집문당.

서종문. 1997, 「한양가와 한양오백년가의 작품세계」, 『한국고전문학입문』, 서울: 집문당.

『선본해제 II』. 1971, 서울: 국립중앙도서관.

『선본해제 I』. 1970, 서울: 국립중앙도서관.

설성경·박태상. 1996, 『고소설의 의미와 구조』, 서울: 새문사.

성연수. 2000, 「조선조 소설에 나타난 성리학적 가치관-충, 효, 여성관을 중심으로, 서강대학교 대학원 사회학과 석사학위논문.

宋贊植. 1997, 『朝鮮後期 社會經濟史의 硏究』, 서울: 一潮閣.

신동아편집실(1981), 『한국을 움직인 고전백선』, 서울: 동아일보사.

申洬 編. 1686, 『農家集成』, 田以采朴致維.

_____ 編. 1686, 『新刊救荒撮要』, 田以采朴致維.

신양선. 1994, 「朝鮮後期 書籍政策硏究」, 동국대학교 대학원 박사학위논문.

안미경. 1998, 「朝鮮時代 千字文 刊印本 硏究」, 서울: 성균관대학교 대학원
    문헌정보학과 박사학위논문.

안춘근. 1967, 『韓國書誌學』, 서울: 통문관.

安春根. 1968, 「坊刻本論攷」, ≪書誌學≫ 창간호.

안춘근. 1987, 『韓國出版文化史大要』, 서울: 청림출판.

梁玉姬. 1991, 「서울의 人口 및 居住地 變化: 1394~1945」, 서울: 이화여자
    대학교 대학원 사회생활학 박사학위논문.

梁仁實. 1980, 「韓國 古代女性 英雄小說의 硏究」, ≪建國大學校大學院 論文
    集≫, 제11집.

여세주. 1988, 「고소설 玉珠好緣 再攷」, ≪啓明語文學≫ 제4집, 계명어문학
    회.

염정섭. 2000, 「조선시대 농서 편찬과 농법의 발달」, 서울대학교 대학원 국
    사학과 박사학위논문.

儒敎事典編纂委員會 編著. 1990, 『儒敎大事典』, 서울: 博英社.

柳浚景. 1996, 「방각본 영웅소설의 문화적 기반과 그 미학적 특성: 구술적
    성격을 중심으로」, 서울대학교 대학원 국어국문학과 석사학위논문.

柳鐸一. 1980, 「完板坊刻小說의 文獻學的 硏究」, 동아대학교 대학원 고전문
    학 전공, 박사학위논문.

유탁일. 1981, 「湖南地方刊行 坊刻本 硏究(1)」, ≪人文論叢≫제20집, 부산:
    부산대학교.

유탁일. 1989, 『한국문헌학연구』, 아세아문화사.

윤동원 편. 2000, 『고서 해제(1)』, 안동: 안동대학교 도서관.

尹英淑. 1996, 「朝鮮 時代 初學 敎材 硏究-『童蒙先習』과 『擊蒙要訣』
    을 中心으로」, 韓國敎員大學校 大學院 國語敎育學科 碩士學位論文.

윤정옥. 1985, 「순조·헌종조의 관찬·관인서적에 관한 연구」, 연세대학교 대
    학원 도서관학과 석사학위논문.

殷棋洙. 1987, 「朝鮮朝 人口 및 身分硏究資料로서의 戶籍에 관한 一硏究」,

서울: 서울대학교 대학원 사회학과 박사학위논문.

이가원. 1980,「작품해설」,『한국 고전문학대계 1 구운몽』, 일신각.

이강엽. 1993,「신재효 퇴별가의 풍자적 특성과 계층갈등」, ≪연세대 원우론집≫제20집.

이광주. 1993,『유럽사회-풍속산책』, 서울: 까치.

李基白 책임편집. 1991,『韓國史 市民講座』제9집, 서울: 一潮閣.

李東采. 1990,「朝鮮後期 農業의 生産樣式에 관한 考察」, 서울: 영남대학교 대학원 경제학과 석사학위논문.

李東歡 譯. 1983,『明心寶鑑』, 서울: 玄岩社.

이문원. 1993,「장혼의 아희원람에 나타난 아동교육론」, ≪한국교육문제연구소 논문집≫, 제8집.

이민희. 2000,「조선후기 경판 방각소설 판본의 형태물리적 특성 연구」, 숙명여자대학교 대학원 문헌정보학과 도서관학 전공.

이상구. 1991,「숙향전의 현실적 성격」, ≪고전문학연구≫ 제6집.

이성무. 2000,『韓國의 科擧制度』, 서울: 집문당.

이세영. 2001,『朝鮮後期 政治經濟史』, 서울: 혜안.

李永九. 1996,「朝鮮時代의 人口變動과 經濟發展」, 경북대학교 대학원 농업경제학과 박사학위논문.

李榮薰. 1988,『朝鮮後期 社會經濟史』, 서울: 한길사.

이원수. 1991,「가정소설 작품세계의 시대적 변모」, 경북대학교 대학원 박사학위논문.

이이화. 1993,『이야기 인물 한국사』, 서울: 한길사.

이중연. 2001,『책의 운명: 조선~일제강점기 금서의 사회·사상사』, 서울: 혜안.

이창헌. 1994,「경판 방각소설 판본 연구」, 서울대학교 대학원 국어국문학과 박사학위논문.

이창헌. 1995,「경판방각소설 '삼국지'에 대한 연구」, ≪仁濟論叢≫ 제11권 제2호.

이태문. 1998,「윤리의식의 중세적 형상화-진대방전을 중심으로」, ≪연세학술논집≫, 제27집.

李海經. 1993,「朝鮮後期의 貨幣流通에 관한 연구」, 전북대학교 대학원 경제학과 박사학위논문.

李鉉國. 1984,「九雲夢과 淑香傳의 比較考察-作家의 삶에 대한 認識과 世

界觀을 中心으로」, ≪文學과 言語≫ 제5집.

이혜경. 1999, 「朝鮮朝 방각본의 서지학적 연구」, 전남대학교 대학원 문헌정
　　보학과 석사학위논문.

梨花女大 史學科研究室 編譯. 1987, 『朝鮮身分史研究: 身分과 그 移動』, 서
　　울: 法文社.

임성래. 1996, 「완판본 조웅전의 대중소설적 기법 연구」, ≪洌上古典研究≫
　　제9집.

『藏書閣古小說解題』. 1999, 성남: 韓國情神文化究院..

『장서각한글자료해제』. 2000, 성남: 한국정신문화연구원.

정병헌. 1986, 『신재효 판소리 사설의 연구』, 평민사

정상진. 2000, 『한국고소설연구』, 서울: 삼지원.

鄭奭種. 1983, 「朝鮮後期 社會變動 研究」, 서울: 서울대학교 대학원 사학과
　　박사학위논문.

정순목. 1985, 『조선시대의 교육명저순례』, 서울: 배영사.

鄭良婉 譯. 1992, 『閨閤叢書』, 서울: 寶晉齊.

鄭愛俐. 1987, 「三說記 研究」, 이화여자대학교 대학원 국어국문학과 석사학
　　위논문.

정영훈. 1993, 「'辛未錄' 研究」, 이화여자대학교 대학원 국어국문학과 석사
　　학위논문.

정재영 외. 2000, 『정조대의 한글 문헌』, 서울: 문헌과해석사.

정형우. 1982, 「朝鮮時代의 書籍政策研究」, 단국대학교 대학원 사학과 박사
　　학위논문.

정후수. 1998, 「천자문의 구성과 가치에 대한 연구」, ≪동양고전연구≫ 제11
　　집.

趙璣濬. 1991, 『朝鮮後期 社會經濟史 研究入門』, 서울: 민족문화사.

조동일. 1979, 『한국문학사상사시론』, 서울: 지식산업사.

조동일. 1985, 『한국소설의 이론』, 서울: 지식산업사.

조성윤. 1992, 「조선후기 서울 주민의 신분구조와 그 변화」, 서울: 연세대학
　　교 대학원 사회학과 박사학위논문.

조좌호. 1996, 『한국과거제도사연구』, 서울: 범우사.

朱子思想研究會 譯. 2000, 『주서백선』, 서울: 혜안.

차배근. 1987, 『커뮤니케이션학개론』(하), 서울: 세영사.

차옥덕. 1999, 「여도(女道) 거부를 통한 남성우월주의 극복: 홍계월전, 정수

정전, 이형경전을 중심으로」, ≪한국여성학≫ 제15권 제2호.

천혜봉. 1990, 『한국전적인쇄사』, 서울: 범우사.

千惠鳳. 1995, 『韓國書誌學』, 서울: 민음사.

최삼룡. 1996, 「유충렬전」, ≪한국고전문학전집≫ 24집, 서울: 고려대학교 민족문화연구소.

최완기. 2000, 『테마로 읽는 조선의 역사』, 서울: 느티나무.

최현배. 1940, 『한글갈〔正音學〕』, 서울: 정음사.

최호진. 1974, 『韓國貨幣小史』, 서울: 서문당.

한국고소설연구회 편. 1995, 『고소설의 저작과 전파』, 서울: 아세아문화사.

『韓國圖書解題』. 1971, 서울: 고려대학교 민족문화연구소.

『한국민족문화대백과사전』. 1991, 성남: 한국정신문화연구원.

『韓國銀行古書解題』. 2001, 서울: 한국은행.

韓永愚. 1997, 『朝鮮時代 身分史硏究』, 서울: 集文堂.

_____. 1998, 『朝鮮後期史學史硏究』, 서울: 일지사.

韓沽劤. 2001, 『韓國通史』, 서울: 을유문화사.

韓貞美. 2001, 「쌍주기연 연구」, 서울: 이화여자대학교 대학원 국어국문학과 석사학위논문.

許文燮. 1985, 『朝鮮古典文學史』, 심양: 료녕민족출판사.

Courant, Maurice. *Bibliographie Coréenne*, 李姬載 譯, 1994, 『韓國書誌』, 서울: 일조각.

Engelsing, Rolf. *Analphabetentum und Lektüre: zur Socialgeschichte des Lesen in Deutschland zwischen feudaler und industrieller Gesellschaft*, 中川勇治 譯, 1985, 『文盲と讀書の社會史』, 東京: KIC思索社.

Fang, Irving. 1997, *A History of Mass Communication: Six Information Revolutions*, 심길중 옮김, 2002, 『매스커뮤니케이션의 역사—6단계 정보혁명』, 서울: 한울.

Gaur, Albertine. 1997, *A History of Writing*, London: Focal Press.

Gedin, Per. 1982, *Literature in the Marketplace*, London: Farber and Farber Limit.

Presser, Helmut. 1979, *Johannes Gutenberg*, Reinbek bei Hamburg.

Watt, Ian. 1988, 『소설의 발생』(전철민 역), 서울: 열린책들.

角山榮, 村岡健次, 川北稔. 1994, 『産業革命と民衆』, 東京, 河出書房新社.

金澤庄三郎 篇, 『朝鮮書籍目錄』(1911年 自費出版), 1976(재발행), 서울: 성

진문화사.

前間恭作. 1944, 『古鮮冊譜』 第二冊, 東京: 財團法人東洋文庫.

朝鮮總督府. 1932, 『朝鮮圖書解題』, 京城: 朝鮮通信社.

陳國慶 著. 1985, 『漢籍版本入門』(澤谷昭次 譯), 東京: 硏文出版.

부록 | 조선시대 간지(干支) 및 왕 재위년 비교

연도	간지	왕 재위년	연도	간지	왕 재위년	연도	간지	왕 재위년
1392	壬申	태조 1	1422	壬寅	세종 4	1452	壬申	문종 2
1393	癸酉	2	1423	癸卯	5	1453	癸酉	단종 1
1394	甲戌	3	1424	甲辰	6	1454	甲戌	2
1395	乙亥	4	1425	乙巳	7	1455	乙亥	세조 1
1396	丙子	5	1426	丙午	8	1456	丙子	2
1397	丁丑	6	1427	丁未	9	1457	丁丑	3
1398	戊寅	7	1428	戊申	10	1458	戊寅	4
1399	己卯	정종 1	1429	己酉	11	1459	己卯	5
1400	庚辰	2	1430	庚戌	12	1460	庚辰	6
1401	辛巳	태종 1	1431	辛亥	13	1461	辛巳	7
1402	壬午	2	1432	壬子	14	1462	壬午	8
1403	癸未	3	1433	癸丑	15	1463	癸未	9
1404	甲申	4	1434	甲寅	16	1464	甲申	10
1405	乙酉	5	1435	乙卯	17	1465	乙酉	11
1406	丙戌	6	1436	丙辰	18	1466	丙戌	12
1407	丁亥	7	1437	丁巳	19	1467	丁亥	13
1408	戊子	8	1438	戊午	20	1468	戊子	14
1409	己丑	9	1439	己未	21	1469	己丑	예종 1
1410	庚寅	10	1440	庚申	22	1470	庚寅	성종 1
1411	辛卯	11	1441	辛酉	23	1471	辛卯	2
1412	壬辰	12	1442	壬戌	24	1472	壬辰	3
1413	癸巳	13	1443	癸亥	25	1473	癸巳	4
1414	甲午	14	1444	甲子	26	1474	甲午	5
1415	乙未	15	1445	乙丑	27	1475	乙未	6
1416	丙申	16	1446	丙寅	28	1476	丙申	7
1417	丁酉	17	1447	丁卯	29	1477	丁酉	8
1418	戊戌	18	1448	戊辰	30	1478	戊戌	9
1419	己亥	세종 1	1449	己巳	31	1479	己亥	10
1420	庚子	2	1450	庚午	32	1480	庚子	11
1421	辛丑	3	1451	辛未	문종 1	1481	辛丑	12

연도	간지	왕 재위년	연도	간지	왕 재위년	연도	간지	왕재위년
1482	壬寅	성종 13	1512	壬申	중종 7	1542	壬寅	중종 37
1483	癸卯	14	1513	癸酉	8	1543	癸卯	38
1484	甲辰	15	1514	甲戌	9	1544	甲辰	39
1485	乙巳	16	1515	乙亥	10	1545	乙巳	인종 1
1486	丙午	17	1516	丙子	11	1546	丙午	명종 1
1487	丁未	18	1517	丁丑	12	1547	丁未	2
1488	戊申	19	1518	戊寅	13	1548	戊申	3
1489	己酉	20	1519	己卯	14	1549	己酉	4
1490	庚戌	21	1520	庚辰	15	1550	庚戌	5
1491	辛亥	22	1521	辛巳	16	1551	辛亥	6
1492	壬子	23	1522	壬午	17	1552	壬子	7
1493	癸丑	24	1523	癸未	18	1553	癸丑	8
1494	甲寅	25	1524	甲申	19	1554	甲寅	9
1495	乙卯	연산군 1	1525	乙酉	20	1555	乙卯	10
1496	丙辰	2	1526	丙戌	21	1556	丙辰	11
1497	丁巳	3	1527	丁亥	22	1557	丁巳	12
1498	戊午	4	1528	戊子	23	1558	戊午	13
1499	己未	5	1529	己丑	24	1559	己未	14
1500	庚申	6	1530	庚寅	25	1560	庚申	15
1501	辛酉	7	1531	辛卯	26	1561	辛酉	16
1502	壬戌	8	1532	壬辰	27	1562	壬戌	17
1503	癸亥	9	1533	癸巳	28	1563	癸亥	18
1504	甲子	10	1534	甲午	29	1564	甲子	19
1505	乙丑	11	1535	乙未	30	1565	乙丑	20
1506	丙寅	중종 1	1536	丙申	31	1566	丙寅	21
1507	丁卯	2	1537	丁酉	32	1567	丁卯	22
1508	戊辰	3	1538	戊戌	33	1568	戊辰	선조 1
1509	己巳	4	1539	己亥	34	1569	己巳	2
1510	庚午	5	1540	庚子	35	1570	庚午	3
1511	辛未	6	1541	辛丑	36	1571	辛未	4

연도	간지	왕 재위년	연도	간지	왕 재위년	연도	간지	왕 재위년
1572	壬申	선조 5	1602	壬寅	선조 35	1632	壬申	10
1573	癸酉	6	1603	癸卯	36	1633	癸酉	11
1574	甲戌	7	1604	甲辰	37	1634	甲戌	12
1575	乙亥	8	1605	乙巳	38	1635	乙亥	13
1576	丙子	9	1606	丙午	39	1636	丙子	14
1577	丁丑	10	1607	丁未	40	1637	丁丑	
1578	戊寅	11	1608	戊申	41	1638	戊寅	6
1579	己卯	12	1609	己酉	광해군 1	1639	己卯	7
1580	庚辰	13	1610	庚戌	2	1640	庚辰	8
1581	辛巳	14	1611	辛亥	3	1641	辛巳	9
1582	壬午	15	1612	壬子	4	1642	壬午	20
1583	癸未	16	1613	癸丑	5	1643	癸未	21
1584	甲申	17	1614	甲寅	6	1644	甲申	22
1585	乙酉	18	1615	乙卯	7	1645	乙酉	23
1586	丙戌	19	1616	丙辰	8	1646	丙戌	24
1587	丁亥	20	1617	丁巳	9	1647	丁亥	25
1588	戊子	21	1618	戊午	10	1648	戊子	26
1589	己丑	22	1619	己未	11	1649	己丑	27
1590	庚寅	23	1620	庚申	12	1650	庚寅	효종 1
1591	辛卯	24	1621	辛酉	13	1651	辛卯	2
1592	壬辰	25	1622	壬戌	14	1652	壬辰	3
1593	癸巳	26	1623	癸亥	인조 1	1653	癸巳	4
1594	甲午	27	1624	甲子	2	1654	甲午	5
1595	乙未	28	1625	乙丑	3	1655	乙未	6
1596	丙申	29	1626	丙寅	4	1656	丙申	7
1597	丁酉	30	1627	丁卯	5	1657	丁酉	8
1598	戊戌	31	1628	戊辰	6	1658	戊戌	9
1599	己亥	32	1629	己巳	7	1659	己亥	10
1600	庚子	33	1630	庚午	8	1660	庚子	현종 1
1601	辛丑	34	1631	辛未	9	1661	辛丑	2

연도	간지	왕 재위년	연도	간지	왕 재위년	연도	간지	왕 재위년
1662	壬寅	현종 3	1692	壬申	숙종 18	1722	壬寅	경종 2
1663	癸卯	4	1693	癸酉	19	1723	癸卯	3
1664	甲辰	5	1694	甲戌	20	1724	甲辰	4
1665	乙巳	6	1695	乙亥	21	1725	乙巳	영조 1
1666	丙午	7	1696	丙子	22	1726	丙午	2
1667	丁未	8	1697	丁丑	23	1727	丁未	3
1668	戊申	9	1698	戊寅	24	1728	戊申	4
1669	己酉	10	1699	己卯	25	1729	己酉	5
1670	庚戌	11	1700	庚辰	26	1730	庚戌	6
1671	辛亥	12	1701	辛巳	27	1731	辛亥	7
1672	壬子	13	1702	壬午	28	1732	壬子	8
1673	癸丑	14	1703	癸未	29	1733	癸丑	9
1674	甲寅	15	1704	甲申	30	1734	甲寅	10
1675	乙卯	숙종 1	1705	乙酉	31	1735	乙卯	11
1676	丙辰	2	1706	丙戌	32	1736	丙辰	12
1677	丁巳	3	1707	丁亥	33	1737	丁巳	13
1678	戊午	4	1708	戊子	34	1738	戊午	14
1679	己未	5	1709	己丑	35	1739	己未	15
1680	庚申	6	1710	庚寅	36	1740	庚申	16
1681	辛酉	7	1711	辛卯	37	1741	辛酉	17
1682	壬戌	8	1712	壬辰	38	1742	壬戌	18
1683	癸亥	9	1713	癸巳	39	1743	癸亥	19
1684	甲子	10	1714	甲午	40	1744	甲子	20
1685	乙丑	11	1715	乙未	41	1745	乙丑	21
1686	丙寅	12	1716	丙申	42	1746	丙寅	22
1687	丁卯	13	1717	丁酉	43	1747	丁卯	23
1688	戊辰	14	1718	戊戌	44	1748	戊辰	24
1689	己巳	15	1719	己亥	45	1749	己巳	25
1690	庚午	16	1720	庚子	46	1750	庚午	26
1691	辛未	17	1721	辛丑	경종 1	1751	辛未	27

연도	간지	왕 재위년	연도	간지	왕 재위년	연도	간지	왕 재위년
1752	壬申	영조28	1782	壬寅	정조 6	1812	壬申	순조 12
1753	癸酉	29	1783	癸卯	7	1813	癸酉	13
1754	甲戌	30	1784	甲辰	8	1814	甲戌	14
1755	乙亥	31	1785	乙巳	9	1815	乙亥	15
1756	丙子	32	1786	丙午	10	1816	丙子	16
1757	丁丑	33	1787	丁未	11	1817	丁丑	17
1758	戊寅	34	1788	戊申	12	1818	戊寅	18
1759	己卯	35	1789	己酉	13	1819	己卯	19
1760	庚辰	36	1790	庚戌	14	1820	庚辰	20
1761	辛巳	37	1791	辛亥	15	1821	辛巳	21
1762	壬午	38	1792	壬子	16	1822	壬午	22
1763	癸未	39	1793	癸丑	17	1823	癸未	23
1764	甲申	40	1794	甲寅	18	1824	甲申	24
1765	乙酉	41	1795	乙卯	19	1825	乙酉	25
1766	丙戌	42	1796	丙辰	20	1826	丙戌	26
1767	丁亥	43	1797	丁巳	21	1827	丁亥	27
1768	戊子	44	1798	戊午	22	1828	戊子	28
1769	己丑	45	1799	己未	23	1829	己丑	29
1770	庚寅	46	1800	庚申	24	1830	庚寅	30
1771	辛卯	47	1801	辛酉	순조 1	1831	辛卯	31
1772	壬辰	48	1802	壬戌	2	1832	壬辰	32
1773	癸巳	49	1803	癸亥	3	1833	癸巳	33
1774	甲午	50	1804	甲子	4	1834	甲午	34
1775	乙未	51	1805	乙丑	5	1835	乙未	헌종 1
1776	丙申	52	1806	丙寅	6	1836	丙申	2
1777	丁酉	정조 1	1807	丁卯	7	1837	丁酉	3
1778	戊戌	2	1808	戊辰	8	1838	戊戌	4
1779	己亥	3	1809	己巳	9	1839	己亥	5
1780	庚子	4	1810	庚午	10	1840	庚子	6
1781	辛丑	5	1811	辛未	11	1841	辛丑	7

연도	간지	왕 재위년	연도	간지	왕 재위년	연도	간지	왕 재위년
1842	壬寅	현종 8	1865	乙丑	2	1888	戊子	25
1843	癸卯	9	1866	丙寅	3	1889	己丑	26
1844	甲辰	10	1867	丁卯	4	1890	庚寅	27
1845	乙巳	11	1868	戊辰	5	1891	辛卯	28
1846	丙午	12	1869	己巳	6	1892	壬辰	29
1847	丁未	13	1870	庚午	7	1893	癸巳	30
1848	戊申	14	1871	辛未	8	1894	甲午	31
1849	己酉	15	1872	壬申	9	1895	乙未	32
1850	庚戌	철종 1	1873	癸酉	10	1896	丙申	33
1851	辛亥	2	1874	甲戌	11	1897	丁酉	34
1852	壬子	3	1875	乙亥	12	1898	戊戌	35
1853	癸丑	4	1876	丙子	13	1899	己亥	36
1854	甲寅	5	1877	丁丑	14	1900	庚子	37
1855	乙卯	6	1878	戊寅	15	1901	辛丑	38
1856	丙辰	7	1879	己卯	16	1902	壬寅	39
1857	丁巳	8	1880	庚辰	17	1903	癸卯	40
1858	戊午	9	1881	辛巳	18	1904	甲辰	41
1859	己未	10	1882	壬午	19	1905	乙巳	42
1860	庚申	11	1883	癸未	20	1906	丙午	43
1861	辛酉	12	1884	甲申	21	1907	丁未	순종 1
1862	壬戌	13	1885	乙酉	22	1908	戊申	2
1863	癸亥	14	1886	丙戌	23	1909	己酉	3
1864	甲子	고종 1	1887	丁亥	24	1910	庚戌	4

찾아보기

■ 지은이

부길만

한국외국어대학교 독어과와 중앙대학교 신문방송대학원을 졸업하고,
한양대학교 대학원 신문방송학과에서 문학박사학위를 취득했다. 영국
셀리오크 대학에서 수학했으며, 평화방송 문화센터, 서일대학 출판과,
경희대학교 신문방송대학원, 동국대학교 언론정보대학원의 강사를 역
임했다.
현재 동원대학 출판미디어과 교수로 있으며, 한국출판학회와 어린이도
서연구회의 이사로 활동하고 있다.
저서로는 이 책 외에 『한국출판문화변천사』(공저), 『취재기자가 되려
면』(공저) 등이 있고, 논문으로 「한국도서출판물 유통에 관한 사적 고
찰」, 「구텐베르크 활판인쇄술 등장의 역사적 의의」 등이 있다.

조선시대 방각본 출판 연구
한국 현대 출판의 뿌리를 찾아서

ⓒ 부길만, 2003

지은이 | 부길만
펴낸이 | 김종수
펴낸곳 | 서울출판미디어

편집 | 백은정

초판 1쇄 인쇄 | 2003년 9월 20일
초판 1쇄 발행 | 2003년 9월 30일

주소 | 121-801 서울시 마포구 공덕동 105-90 서울빌딩 3층
전화 | 영업 326-0095, 편집 336-6183
팩스 | 333-7543
전자우편 | hanul@hanulbooks.co.kr (대표)
          plan@hanulbooks.co.kr (기획)
          edit@hanulbooks.co.kr (편집)
          marketing@hanulbooks.co.kr (마케팅)
          design@hanulbooks.co.kr (디자인)
등록 | 1994년 5월 7일, 제21-590호

Printed in Korea.
ISBN 89-7308-126-8 93020

* 가격은 겉표지에 표시되어 있습니다.
* 서울출판미디어는 도서출판 한울의 자회사입니다.